Gökay Karaduman

19. Yüzyılda Üsküp/Koçana Kazasının Sosyo-Ekonomik Durumu

Gökay Karaduman

19. Yüzyılda Üsküp/Koçana Kazasının Sosyo-Ekonomik Durumu

Osmanlı Arşiv Belgeleri Çerçevesinde

Türkiye Alim Kitapları

Impressum / Künye
Bibliografische Information der Deutschen Nationalbibliothek: Die Deutsche Nationalbibliothek verzeichnet diese Publikation in der Deutschen Nationalbibliografie; detaillierte bibliografische Daten sind im Internet über http://dnb.d-nb.de abrufbar.
Alle in diesem Buch genannten Marken und Produktnamen unterliegen warenzeichen-, marken- oder patentrechtlichem Schutz bzw. sind Warenzeichen oder eingetragene Warenzeichen der jeweiligen Inhaber. Die Wiedergabe von Marken, Produktnamen, Gebrauchsnamen, Handelsnamen, Warenbezeichnungen u.s.w. in diesem Werk berechtigt auch ohne besondere Kennzeichnung nicht zu der Annahme, dass solche Namen im Sinne der Warenzeichen- und Markenschutzgesetzgebung als frei zu betrachten wären und daher von jedermann benutzt werden dürften.

Deutsche Nationalbibliothek tarafından yayınlanan bibliyografik bilgiler: Deutsche Nationalbibliothek, bu yayını Deutsche Nationalbibliografie'de listeler; detaylı bibliyografik bilgi İnternet'te http://dnb.d-nb.de sitesinde mevcuttur.
Bu kitapta bahsedilen herhangi bir marka ve ürün adı, tescilli marka, marka veya patent korumasına tabidir ve ilgili sahiplerin ticari veya tescilli markalarıdır. Marka, ürün, ortak ve ticari adların, ürün açıklamalarının v.s. işbu eserde özel işaretleme olmadan bile kullanılması, bu çeşit adların, tescilli marka ve marka korunması kanunu açısından kısıtlanmamış ve böylece herkes tarafından kullanılabilir olarak hiç bir şekilde yorumlanamaz.

Coverbild / Kitap kapağı resmi: www.ingimage.com

Verlag / Yayıncı:
Türkiye Alim Kitapları
ist ein Imprint der / yayınevinin bir ticari markasıdır
OmniScriptum GmbH & Co. KG
Bahnhofstraße 28, 66111 Saarbrücken, Deutschland / Almanya
Email / E-posta: info@omniscriptum.com

Herstellung: siehe letzte Seite /
Basım yeri: son sayfaya bakın
ISBN: 978-3-639-67232-9

Zugl. / Approved by: İstanbul, Marmara Üniversitesi, 2014 Yüksek Lisans Tezi

ÖNSÖZ

19.yy'da Osmanlı Devleti'nde Tanzimat fermanı ile birlikte bir takım mali ve iktisadi ıslahatlar yapılmıştır. Bu yenilikler çerçevesinde 1844 yılında yapılan tahrirler sonucu Osmanlı toplumunda hanelerin emlak, arazi ve gelirleri, ödedikleri vergiler ile birlikte temettuat defterlerine kaydedilmiştir. Bu kitapta, 19.yy'da Osmanlı Devleti Üsküp Eyaleti, Köstendil Sancağı, Koçana kazasının temettuat defterleri incelenerek Koçana kazasının sosyal ve ekonomik yapısı irdelenmiştir. Koçana'nın gelir dağılımı Gini katsayısı ve Lorenz eğrisi kullanılarak hesaplanmıştır.

In the 19th century, in the Ottoman Empire, several financial and economic reforms are made with the edict of Gulhane. Within the framework of these innovations, real estate, land and income, along with taxes Ottoman households pay are recorded as temettuat registers as a result of census carried out in 1844.In this book, the social and economic structure of the Kochani township was revealed by examining defter of Kochani township located in the Ottoman Empire, Skopje Province, Kyustendil Sanjak. Kochani income distribution is calculated by using Gini coefficient and Lorenz Curve.

İÇİNDEKİLER

GİRİŞ......9

1. TEMETTUAT DEFTERLERİ

1.1. Temettuat defterlerinin kapsam ve önemi......11

1.2. 1840 ve 1844-45 tarihli Temettuat Kayıtlarının Farklılıkları......13

1.3. Temettuat Defterlerinde Vergi Çeşitleri......14

1.3.1. Vergi-yi Mahsusa......15

1.3.2. Öşür......16

1.3.3. Aded-i Ağnam......17

1.3.4. Cizye......17

2. KOÇANA'NIN COĞRAFİ VE İKTİSADİ YAPISI

2.1. Koçana'nın Tarihçesi......19

2.2. Koçana'da Yerleşim......19

2.3. Koçana'da Tarım ve Ekonomi......20

3. XIX. YÜZYIL KOÇANA KAZASININ İKTİSADİ VE SOSYAL YAPISI

3.1. Koçana Kazası Temettuat Kayıtları......22

3.1.1. Bodlak-ı Bala Karyesi......22

3.1.2. Yuneş Karyesi......25

3.1.3. Laska Karyesi......27

3.1.4. Mevruzre Karyesi......30

3.1.5. Praska Karyesi......35

3.1.6. Sas Karyesi......41

3.1.7. Bana Karyesi 45
3.1.8. Raçene Karyesi 48
3.1.9. İsvilanova Karyesi 50
3.1.10. Molla Abdullah Çiftliği 52
3.1.11. Paşacık Karyesi 54
3.1.12. Viroste Karyesi 58
3.1.13. Tırbonbice Karyesi 64
3.1.14. Dince Karyesi Mehmed Ali Bey Çiftliği 66
3.1.15. Gradiç Karyesi 69
3.1.16. Yılanca Karyesi 76
3.1.17. Dılanca Karyesi 88
3.1.18. Evrendar Karyesi 93
3.1.19. Oblaşova Karyesi 97
3.1.20. Kostendol Karyesi 102
3.1.21. Bulake Karyesi 105
3.1.22. Biricine Karyesi 109
3.1.23. Pikilne Karyesi 111
3.1.24. Lepoyliçe Ashab Çiftliği 113
3.1.25. Tedos Karyesi 115
3.1.26. Bezikova Karyesi 117
3.1.27. Nivyate Karyesi 121
3.1.28. Koçana Kazası Müslimlerin Temettuat Defteri 124
3.1.29. Virbilice Karyesi 140
3.1.30. Teranca Karyesi 143
3.1.31. Ulaksalar Karyesi 150
3.1.32. Gardofça Karyesi 153
3.1.33. Leşke Karyesi 159

3.1.34. Pantele Karyesi 161
3.1.35. Ğumna Karyesi 163
3.1.36. Nuvisil Karyesi 165
3.1.37. Pirbac Karyesi 167
3.1.38. Esbancova Karyesi 170
3.1.39. İvranince Karyesi 175
3.1.40. Pigelene Karyesi 177
3.1.41. Lika Karyesi 180
3.1.42. Orizar Karyesi 185
3.1.43. Yastermik Karyesi 189
3.1.44. Coşpin Karyesi 192
3.1.45. Trasna Karyesi 194
3.1.46. Estebene Karyesi 198
3.1.47. Koçana Kazası Gayrimüslimler Temettuat Defteri 205
3.1.48. Peçe Karyesi 215
3.1.49. Burulcuva Karyesi 219
3.1.50. Diniçe Karyesi 222
3.1.51. Dikdel Karyesi 228
3.1.52. Bala Karyesi 230
3.1.53. Zekance Karyesi Ashab çiftliği 234
3.1.54. Ğarat Karyesi 237
3.1.55. Turbiyo Karyesi 240
3.1.56. Pedolkar-ı Zir Karyesi 242
3.1.57. Vitoş Karyesi 246
3.1.58. Boyalodekça Karyesi 251
3.1.59. Çeşnofça Karyesi 253
3.1.60. Noycan Karyesi 256

3.1.61. Çorlak Karyesi 260
3.1.62. Zernofçe Karyesi 263
3.1.63. Sakolarca Karyesi 273
3.1.64. Paşacık Karyesi 278
3.1.65.Dargopaya Karyesi 280

4. XIX. YÜZYIL KOÇANA KAZASINDA MERKEZ VE KARYELERDE GELİR DAĞILIMI

4.1. Koçana Kazasında Mesleki Dağılımlar 284
4.2. Gini Katsayısı ve Lorenz eğrisi 287
4.3. Koçana Kazası Gelir Dağılımları ve Lorenz Eğrileri 287

KAYNAKÇA 300

ŞEKİL LİSTESİ

Harita 1 : Makedonya Haritası 20

Grafik 1 : Toplam gelire göre Koçana Kazası Lorenz Eğrisi.............289

Grafik 2 : Kullanılabilir Gelire göre Koçana Kazası Lorenz Eğrisi....

Grafik 3 : Toplam Gelire göre Koçana Kazası 290

Kent ve Kırsalı Lorenz Eğrisi 292

Grafik 4 : Kullanılabilir Gelire göre Koçana Kazası

Kent ve Kırsalı Lorenz Eğrisi 292

KISALTMALAR

BOA. ML.VRD.TMT.d. : Başbakanlık Osmanlı Arşivi Maliye Varidat Temettuat Defteri

Ev. : Evsat Cizye Resmi

Ed. : Edna Cizye Resmi

A. : Ala Cizye Resmi

K.G. : Kullanılabilir Gelir

Vb. : Ve benzeri

Bkz. : Bakınız

T.C. : Türkiye Cumhuriyeti

S. : Sayfa

yy. : Yüzyıl

çev : Çeviren

GİRİŞ

Günümüzde; ekonometri, istatistik veya matematik yardımıyla iktisatçılar, ülkelerin refah düzeyleri, servet ve gelir dağılımları, büyüme ve gerileme gibi konularda çalışmalar yapmaktadırlar. Fakat bu çalışmaların tarihsel açıdan neticelendirilmesi ve somutlaştırılması ise birincil kaynak yetersizliğinden ya da veri yetersizliğinden dolayı kısıtlıdır ve ulaşılamaz karmaşık analizleri beraberinde getirmektedir. Böyle gelişmiş bir tarihsel çözümleme; tarihçilerin, iktisat tarihçilerinin ve sosyal tarihçilerin çalışma alanına girmektedir. Çünkü tarihteki iktisadi olayların, incelendiği dönemin değer yargılarından, sosyal durumundan ve iktisadi farklılıklarından bağımsız bir biçimde ele alınması mümkün değildir. Türkiye'de ise toplumsal açıdan bu tip bir çalışma Osmanlı Devleti ekseninde gerçekleştirilmek durumundadır. Fakat Osmanlı Devleti ile ilgili doğru ve çalışma açısından yeterli verileri bulmak her zaman mümkün olmamaktadır. Özellikle Osmanlı toplumunun sosyal ve iktisadi refahı söz konusu olduğunda ilgili veriler oldukça kısıtlıdır. Osmanlı Devleti'nde hanelerin gelir düzeyleri, servetleri, geçim kaynakları gibi bilgileri ihtiva eden kaynaklar 16.yy'da yapılan tahrirler ve 1844 yılı temettuat kayıtlarıdır. Bu iki tahrir türündeki veriler iktisadi analiz için ve günümüz iktisat teorisi açısından yeterli görülmektedir. Bu kitapta da 19.yy'da Padişah Abdülmecid döneminde, Tanzimat'ın etkisiyle tutulan 1844-45 yıllarına ait temettuat kayıtlarından yararlanılarak, Koçana kazasının sosyal, ekonomik ve demografik yapısı incelenecektir. Koçana kazası defterleri Başbakanlık Osmanlı Arşivi'nde Maliye Varidat Kalemi Defterlerinden "ML. VRD. TMT." koduyla tasnif edilen defter serilerinin içerisinde yer almaktadır. Koçana, Üsküp eyaletinde Köstendil Sancağına bağlı bir kazadır. Günümüzde ise halen Koçana, Kocani(Kochani) ismiyle var olan şehir, Makedonya Cumhuriyeti sınırları içerisinde yer almaktadır.

Bu kitaptaki amaçlardan biri; 19.yy Koçana kazasındaki sosyal ve ekonomik yapıyı Gini katsayısından da yararlanılarak iktisat tarihi perspektifinde incelemektir. Koçana kazası karyelerinin tamamının ele alınacağı bu kitapta hanelerin emlak ve arazi detayları ve kişi adlarının üzerinde durmaktan çok, iktisadi açıdan anlamlı olan kullanılabilir gelir, vergiler, gelir dağılımı, servet dağılımı gibi kavramlar irdelenecektir. Her karye ayrı ayrı incelenip tablo haline getirilecek ve hanelerin emlak ve arazi kayıtları yorumlanacaktır. Tarihsel metodoloji ve bürokrasi açısından önemli olduğundan Koçana kazası temettuat defterlerin tutuluş biçiminden bahsedilecektir.

Bu kitap 19.yy'da Koçana'nın yer aldığı Balkanlardaki sosyal ve iktisadi yaşam hakkında ipuçları verecek ve Üsküp coğrafyasındaki tarımsal ve ticari faaliyetler ile ilgili bilgileri ortaya çıkaracaktır. Defterlerde 19.yy Osmanlı toplumu sosyal ve iktisadi yapısını yansıtan; hanelerin ayrı ayrı detaylı emlak ve arazileri, verdikleri vergiler, elde ettikleri yıllık gelirleri, bunun yanında mesleklerinin ve ek gelirlerinin de belirtilmesi iktisat tarihi açısından veri kaynağıdır. Ayrıca karyelerde bulunan hayvan çeşitleri ve sayıları bunun yanında ekilen tarlaların çeşitleri ve dönümleri, yine iktisat tarihi dışında zooloji, coğrafya, tarih, sosyoloji gibi bilimler için de kaynak oluşturmaktadır.

Dört bölümden oluşan bu kitapta; birinci bölümde Temettuat tahrirlerinin ortaya çıkış nedenleri ve defterlerin kapsam ve öneminden bahsedilecektir. Ek olarak, 1840 yılında yapılan Temettuat tahrirleri ile 1844-45 yıllarında yapılan Temettuat tahrirlerinin farkları açıklanacaktır. Ayrıca Temettuat defterlerindeki vergi çeşitleri ayrı ayrı açıklanıp tarihsel kökenleri hakkında bilgiler verilecektir. İkinci bölümde ise, Koçana kazası hakkında tarihsel ve güncel bilgiler verilip coğrafi özellikleri üzerinde durulacaktır.

Burada özellikle 19.yy Koçana kazası ile günümüz Koçana şehri arasında kıyaslamalara yer verilecektir. Üçüncü bölüm çalışmanın ana temasını oluşturan defterlerin transkribe edildiği bölümdür. Bu bölümde karyelere ait defterler transkribe edilip tablolar haline getirilecek, iktisadi ve sosyal değerlendirmeler yapılacaktır. Dördüncü bölümde ise Koçana hakkında kümülatif istatistiki bilgilere yer verilecektir. Ayrıca Gini katsayısı yardımıyla Lorenz eğrisi oluşturulacak ve gelir dağılımı yorumlanacaktır.

BİRİNCİ BÖLÜM

TEMETTUAT DEFTERLERİ

1.1. Temettuat defterlerinin kapsam ve önemi

Osmanlı İmparatorluğunda, biri 16.yy'da diğeri ise 19.yy'da olmak üzere tutulan iki defter serisi, Osmanlı taşrasının ve Osmanlı coğrafyasındaki iktisadi ve sosyal hayatın anlaşılması bakımından önem arz etmektedir. Bunlardan ilki tüm İmparatorluk genelini kapsayan 16.yy tahrir defterleridir.[1]

Tahrir defterleri tımar sisteminin temelini oluşturmaktadır. Bir bölge fethedildiği zaman derhal orada idari teşkilatlanma tamamlanmakta ve peşinden tahrir işlemine başlanmaktadır. Tahrir işleminin sağlıklı yapılması tımar sisteminin iyi bir şekilde işlemesi açısından önem arz etmektedir. Sipahi-Reaya ilişkilerinin düzenli yürümesi, üretim ve vergi hususundaki muhtemel problemlerin önüne geçilmesi de yine tahrirlerin sıhhatine bağlıdır. Bundan dolayı Osmanlı devletinin klasik dönemde tahrir konusu üzerinde son derece hassasiyet ve titizlikle durduğu görülmektedir.[2]

Tımar sistemi askeri olduğu kadar mali sistemin de temelini oluşturmaktadır. Bu çerçevede Osmanlı topraklarında yapılan tahrirler sonucu, tespit edilen mali kaynaklara göre tımar dağıtımı yapılmıştır.[3] Temelinde, Osmanlı İmparatorluğu'nun yenileşme ve değişme teşebbüsü olan Tanzimat hareketinin olduğu 19.yy temettuat kayıtları ise bir bakımdan Tanzimat sonrası mali reformlar ile bağlantılıdır.

1839 yılında Tanzimat Fermanı'nın yayınlanmasından sonra, Osmanlı Devleti bünyesinde idari, sosyal, mali ve kültürel alanda birçok yeni yapılanmaya gidilmişti. Yeni bir vergi düzeni ülkeye getirildi. Yeni bir mali sistem için, önce ülke kaynaklarının saptanması gerekiyordu.

---

1 Ahmet Akgündüz ve Sait Öztürk, **Yozgat Temettuat defterleri**, Cilt 1 İstanbul: Yimpaş Holding, 2000 s.15

2 Mehmet Ali Ünal, **Osmanlı Devri Üzerine Makaleler-Araştırmalar**, 2.Baskı, Isparta: Fakülte Kitabevi, 2008, s.247

3 Emrah Solmaz, "Osmanlı Tarihi açısından Temettuat defterlerinin önemi üzerine bir inceleme örneği İncir Karyesi Temettuat Defteri", Yüksek Lisans (**Yayınlanmamış Yüksek Lisans Tezi**, Selçuk Üniversitesi SBE, 2009),s.11

Rumeli'de, Anadolu'da, Adalar'da ve Arap vilayetlerinde bulunan, kentlerde, kasabalarda, bucaklarda ve köylerde, ev ev dolaşılarak sayımlar yapıldı. Bu verilere göre 1844 yılı vergileri toplandı. 1845 yılı için de tahmini vergi miktarları yazıldı. O günkü idari, ekonomik ve mali ihtiyaçlar için düzenlenen bu defterlere Temettuat Defterleri adı verilmektedir.[4]

Temettû vergisi, tüccar ve esnafın senelik kazançları üzerinden alınan vergiye verilen addır. Temettû vergisinin adı daha sonra "Kazanç Vergisi" ne çevrilmiştir. Temettuat Defterlerinde kaza, köy gibi iskân merkezleri hâne hâne ele alınarak herkese ait şahsî mal varlığı, emlâk, arazi, hayvanat, ürün vb. bilgiler kaydedilmiştir. Temettuat Defterlerinin tasnifi ve kataloglanmasında o tarihlerdeki idarî taksimat esas alınmıştır. Defterler, içindeki bilgiler esas alınarak alfabetik olarak eyaletlere ayrılmıştır. Her eyalet de kendi içinde alfabetik olarak kazalara ayrılmıştır. Defterler 1840-1845 tarihleri arasında toplam 17.747 adettir. Bu defterler analitik envanter sisteme göre tasnif edilmiştir.[5]

Tanzimat dönemi, mali reformlara bakıldığında geleneksel vergi sisteminin değişime uğradığı önemli bir dönem olarak görülmektedir. Örneğin, maliyede merkezileşme (her türlü gelirin merkezi hazine adına toplanması ve her türlü giderin yine buradan ödenmesi), vergi hukuku ve bütçe anlayışındaki gelişmeler, örfi vergilerin kaldırılması, vergi tasnif biçimlerinde ayni yükümlülüklerde ve vergi muafiyetlerinde gözlenen değişmeler, yeni vergi konuları ve tahsil şekilleri oluşturma çabaları, iltizam usulüne son verilme teşebbüsleri, hedeflenen reform çabalarına örnek teşkil etmektedir.[6]

Bu reformların bir neticesi sayılabilecek Temettuat defterleri, 16.yy'da yapılan tahrirlerden daha kapsamlıdır ve net bilgiler vermektedir. Düzenleniş tarzı ve muhtevasındaki bir kısım farklı ögelerle, kişilerin gelirlerine göre vergi tayin edilmesine olanak sağlayan 19.yy Temettuat kayıtları, Osmanlı toplumunun iktisadi ve sosyal hayatı bakımından önemli bilgiler vermektedir.

---

[4] Resul Narin, **Temettuat Defterlerine göre Adapazarı Kazası**, 1.Baskı, Sakarya: Sakarya İl Kültür Turizm Müdürlüğü, 2011, s.24

[5] T.C. Başbakanlık Devlet Arşivleri Genel Müdürlüğü, **Başbakanlık Osmanlı Arşivi Rehberi**, 3.Baskı, İstanbul: Başbakanlık basımevi, 2010, s.248

[6] Akgündüz, s.23

Temettuat kayıtları, Tanzimat-ı Hayriye'nin uygulandığı ülke topraklarında yapılmıştır. Bu tahrirler, genellikle 1260-61 (1844-45) az da olsa 1256 (1840) yıllarını kapsadığı için özellikle Tanzimat arifesi ve Tanzimat sonrası Osmanlı taşrasının sosyo-ekonomik durumunun karşılaştırılması açısından araştırmacılar için önemli kaynaklar olarak karşımıza çıkmaktadır.

Osmanlı Devleti'nin dünya sistemine entegre olmasının bir sonucu olarak, merkeziyetçi bir devlet sistemini inşa etmeye başlaması ile bu yeni yapılanmayı ayakta tutacak bir ekonomik sistemi de oluşturması gerekmekteydi. Klasik dönemin bir kısım yerel ihtiyaçlardan ortaya çıkmış örfi nitelikli vergilerinin yerine, güçlü merkeziyetçi bir devleti ayakta tutacak olan modern bir vergi sistemi ile merkezi devletin oluşum sürecinin ekonomik boyutunun da tamamlanması bir zorunluluk haline gelmişti. Bu zorunluluğun bir sonucu olarak kurulan maliye nezaretinin o dönemin dünya standartlarında bir vergilendirme düzeni oluşturabilmesi için geleneksel vergi türlerinin yerlerine koymaya çalıştığı ve bir anlamda günümüz gelir vergisinin de ilkel bir biçimde bile olsa ilk adımını oluşturan temettuat vergisi uygulaması, insanların her türlü gelirinin belli bir oranda vergilendirilmesini esas almaktaydı.[7]

1.2. 1840 ve 1844-45 tarihli Temettuat kayıtlarının farklılıkları

Temettuat defterleri Hicri 1256(1840) ve Hicri 1261(1845) yılları olmak üzere iki farklı tarihlerde tutulmuştur. Bu iki tarihteki Temettuat defterleri arasında özellikle şekil yönünden farklılıklar mevcuttur. 1840'da muhassılların[8] denetiminde başlayan tahrirler ile adil ölçüler içerisinde bir vergilendirme yapılması amaçlanmıştır.

Ancak bu tahrirlerde hakkaniyet gözetilmediği, kayıtlarda usulsüzlükler yapıldığı ve kazadan kazaya değişen oranlarda vergi

---

[7] İsmail Arslan, "XIX.yy Osmanlı Tarihinde Temettuat defterlerinin yeri: İğdiç Selimağa Köyü Temettuat defteri örneği", Balıkesir Üniversitesi Sosyal Bilimler Dergisi,2008, http://sbe.balikesir.edu.tr/dergi/edergi/c5s8/makale/c5s8m4.pdf,(13 Nisan 2014)s.60

[8] Arapça "derleyen, toplayan, elde eden" anlamında bir sözdür. Genel olarak vergileri tahsil eden memur karşılığı olarak kullanılmıştır.

miktarı belirlendiği anlaşılmıştır. Bu sebeple ilk kayıtlara itibar edilmemiş yeniden temettuat tahrirleri yapılmasına karar verilmiştir.

Osmanlı'nın bütün toprakları Tanzimat uygulamalarına dâhil edilmemiş fakat 1840'da tahriri yapılmayan Erzurum, Diyarbekir ve Yanya gibi eyaletler 1844-45 tahririne dâhil edilmiştir.[9]

1840'daki tahrirleri muhassıllar yaptığından, bu tarihteki defterlerde muhassıl, müftü, mal ve emlak kâtipleri ve meclis azalarının mühürleri ile tasdik ibaresi altında naibin mührü bulunmaktadır. 1844'de sistemde değişiklik yapıldığı için Müslümanların yazılması Muhtar-ı evvel ve Sânîler ile köy imamları; Gayri Müslimlerin yazılması ise varsa kocabaşılar ve papazların sorumluluğunda yapıldığından bu tarihteki defterlerin sonunda bahsi geçen kişilerin mühürleri vardır. Ayrıca 1840 tahrirlerinde mal varlıklarında evlerin kat ve oda sayısı, hane reislerine ait tanıtıcı bilgilerde de boy, ten rengi, saç sakal rengi gibi detaylara yer verilmiştir.[10]

1845'deki kayıtlarda ise bir çizgi şeklinde hane reisini tanıtıcı kısa bilgi, üstte vergiler, altta ise o hanenin mal varlıkları yer almaktadır. Temettuat defterleri içerisinde, ait olduğu kaza, karye, ya da mahalle ile ilgili çeşitli bilgiler barındırmaktadır. Hane reisinin mesleği, vermiş olduğu vergiler, ekili arazisi, gelir kaynakları ve yıllık geliri, büyükbaş ve küçükbaş hayvanları gibi söz konusu yerleşim yeri ve hane hakkında sosyo-ekonomik tahlil ve tasvirlere olanak sağlayacak bilgiler yer almaktadır.

1.3. Temettuat Defterlerinde Vergi Çeşitleri

Osmanlı Maliyesinde merkezi anlayışın benimsenmesi, örfi vergilerin kaldırılması, vergilerin sınıflandırılması, ayni mükellefiyetler ve muafiyetlerde değişiklikler yapılması, yeni vergi konuları bulunması ve yeni tahsil usulleri geliştirilmesi ve dolayısıyla iltizam yönteminin

---

[9] Solmaz, s.14
[10] Solmaz, s.16

kaldırılması Tanzimat Dönemi'nde yapılmaya çalışılan mali reformlarının en önemlilerini oluşturmaktaydı.[11]

Tanzimat Fermanının ilanından yaklaşık bir ay sonra çıkarılan ve vilayetlere gönderilen ikinci bir ferman içerisindeki mali meseleler şunlardır: [12]

a) Örfi vergilerin kaldırılması ve yerine herkesin mal, arazi, hayvan miktarı ile elde ettiği gelirleri yazılarak servetleri oranında vergilerin belirlenmesi
b) Aşarda iltizam usulünün kaldırılması
c) Ağnam resminin tek kalemde birleştirilmesi
d) Haraç ve cizyenin ıslah edilmesi
e) Aynî vergi usulünün kaldırılması, yine bu doğrultuda memurların maaş ve masraflarına karşılık olarak halktan alınan ve çeşitli isimler taşıyan vergilerin de kaldırılması

Tanzimat döneminde idarecilerin vergiler ile ilgili reformları temettuat defterlerinde de kendini göstermektedir. Aşağıda temettuat defterlerinde yer alan vergiler hakkında bilgi verilmiştir.

1.3.1. Vergi-yi Mahsusa

Tanzimat'ın vergilemeye getirdiği önemli yeniliklerden bir diğeri de vergi sisteminin basitleştirilmesi ve sadeleştirilmesidir. Tekâlif-i Şer'iyye adı altında tımar, zeamet ve has sahipleri ile havass-ı hümayun ve diğerlerinin almakta olduğu birçok vergi benzeri mükellefiyet kaldırılmış ikame olarak zirai ürünlerden onda bir oranında öşür, koyunlardan ağnam resmi alınması ve gayrimüslimlerden alınan cizyenin yürürlükte kalmasına karar verilmiştir. Şer'i vergiler tekrar ele alınmış ve bunların sadece üçü yeni düzenlemeye tabi tutularak devam ettirilmiştir. Benzer şekilde tekâlif-i örfiyye adı altındaki birçok olağandışı vergi kaldırılmıştır. Dahası devlete kendir, kereste vb. malzeme sağlayan ayni mükellefiyetlikler lağvedilmiştir. Angarya

---

[11] Abdullah Mutlu, **Tanzimat'tan Günümüze Türkiye'de Vergileme Zihniyetinin Gelişimi**, 1.Basım, Ankara: Maliye Bakanlığı Strateji Geliştirme Başkanlığı, 2009, s.57

[12] Coşkun Çakır, "Tanzimat Dönemi Vergi Uygulamalarında Karşılaşılan Güçlükler ve Vergi İhtilalleri", İstanbul Üniversitesi, **İstanbul Üniversitesi İktisat Fakültesi Mecmuası**, Cilt: 52, Sayı: 1, İstanbul, 2001, s.72

kabilinden bazı yörelerin yol-köprü yapımı, derbentçilik gibi bedeni mükellefiyetlikleri de sona ermiştir. Örfi vergilerin yerine ancemaatin (toplulukça ödenen) bir vergi diğer bir adıyla Vergi-yi Mahsusa konmuştur. Ancemaatin vergileme ya da Vergi-yi Mahsusa, daha önceki birçok örfi verginin yerine onların birleştirilerek bir tek vergi şekline dönüştürülmesidir.

Böylelikle 1840 yılından itibaren genel servet vergisine geçilmiştir. Bu verginin unsurlarını her ferdin emlak, arazi, emval ve hayvanları ile yıllık ticari kazançları oluşturuyordu. Bu genel servetin takdiri ise tahrir neticesinde ortaya çıkarılmaya başlandı.[13]

"An-cemaatin vergi", "Vergi-yi Mahsusa", "Komşuca alınan vergi" ve "Vergi" gibi adlarla toplanan bu verginin miktarı liva ölçeğinde belirlenerek, toplam miktar kazalar arasında paylaştırılmaktaydı. Kazaların müdür ve meclis azaları, nüfusun dinî kimliğine göre imam, papaz ve kocabaşı gibi kişilerin katıldığı toplantıda, kasaba ve köylere isabet eden hisseler belirlenir; en sonunda köy ve mahalle düzeyinde kişilerin ödeme güçlerine göre paylaştırılırdı.[14] Halkın emlâk, arazi ve diğer kazançları tespit edilerek ödeme gücüne göre tahsil edilmesi kararlaştırılan vergi-yi mahsusa 1860 yılında kaldırılarak yerine arazi ve gelir vergileri getirilmiştir.[15]

1.3.2. Öşür

Aşar kelimesi öşrün çoğuludur. Öşrün sözlük anlamı onda bir demektir. Aşar isminin manasından da anlaşılabileceği gibi mahsullerin onda biri olarak alınan vergidir. Ancak uygulamada onda bir rakamı, asırdan asra ve zamandan zamana değiştirilebilmiş, lafzın manaya uyumu gözetilmemiştir.[16] Bu vergi dini bir mahiyet taşıdığı için şer'i vergilerdendir. Osmanlı Devleti'nin kuruluşundan bu yana var olan öşür zirai mahsullerden alınmaktadır. Temettuat defterlerinde Öşür hububattan alındığı gibi bağ, bostan, duhan (tütün) gibi tarlalardan da alınmaktadır. Öşür vergisi aynî, nakdî ve maktu olarak üç şekilde tahsil edilmektedir. Bunun yanında hububat aşarı dışında kayıtlarda ayrıca

[13] Mutlu, s.60
[14] Solmaz, s.17
[15] Solmaz, s.18
[16] Mutlu, s.48

tutulan bedel-i aşar-ı bostan, bedel-i aşar-ı duhan, bedel-i aşar-ı bağ, bedel-i aşar-ı pirinç gibi ibareler öşür vergisinin bu defterlerdeki kayıt şekli açısından diğer örnekleridir.

1.3.3. Aded-i Ağnam

Uygulamada farklı usulleri olan diğer bir şer'i vergi de Aded-i ağnamdır. Aded-i Ağnam Vergisi Osmanlı devletinde Aşar vergisi kadar eskidir. Âğnâm vergisine bazı kanunnamelerde resm-i merai, bazılarında resm-i ganem ve bir kısmında da koyun resmi denmektedir. Genel olarak küçükbaş hayvan vergisi olarak bilinir fakat aded-i ağnam genellikle kuzu ve keçi başına göre alınmaktadır.

1.3.4. Cizye

Ehl-i kitap olan gayr-i müslimlerden alınan bir baş vergisidir. Cizye vergisi ödeyenler askerlik yapmazlar ve devletin onların emniyetini sağlamasının karşılığı olarak bu vergiyi öderlerdi. Elbette tüm ehl-i kitap gayrimüslimler (zımmi) cizye ödememekteydi. Hür olmak, akıllı olmak, erkek olmak, sıhhatli ve sağlam olmak, çok fakir olmamak, çalışamayacak kadar ihtiyar olmamak, halk arasına karışıp çalışan rahip olmamak gibi kriterleri taşımayanlar bu vergiden muaf idiler. Maktu ve nisbi olmak üzere cizye iki kısımdır. Nisbi olarak alınan cizyeye "ale'l rüüs cizye" denmekteydi. Maktu cizye herhangi bir yerin fethedilmesi sırasında, sulh yolu ile alınmaktaydı. Ale'el Rüüs Cizye, Müslümanların, harp ile fethettikleri bir yerdeki halkı, kendi uyruklarına dahil ederek onlara mükellefiyet getirmeleridir. Bu cizyede mükellefler ödeme gücüne göre farklı bir vergilemeye tabi tutulabilmekteydi. Diğer taraftan bu verginin mükellefi Müslümanlığa geçerse bu vergiden muaf olurdu.[17] Gayri Müslimlerden alınan cizye vergisinin tahsilatında Temettuat defterlerinde de olduğu gibi üç miktar vardır. Bunlar genellikle zenginlerden alınan "Âlâ", orta halli geliri olanlardan alınan "Evsat" ve fakir cizyesi olarak da adlandırılan "Edna"dır.

---

[17] Mutlu, s.51

1566 tarihli, Çanad Kanunnamesindeki bir paragraf Cizyenin tahsili konusunda bilgiler vermektedir[18]:

> *"Bir evde gerek bir reâyâ, gerekse ata ile birkaç oğlu veyahut bir atadan iki üç birader bulunup yemekleri ve ticaretleri bir yer ve beraber olsa, o haneden bir tek cizye resmi alınır; fakat gerek biraderler gerekse atanın oğulları bir evde bulunmakla beraber, yemekleri ve ticaretleri ayrı ayrı olsa, ayrı ayrı cizye resmi alınır. İhtiyarlardan, kadıdlardan ve papaslardan cizye resmi alınmaz."*

Yukarıda da görüldüğü gibi, çok fakirden bazı yerde hiç cizye alınmaz, bazı yerde de edna cizyesi alınır. Bu kitapta yer alan Koçana Temettuat kayıtlarında da bazı hanelerden birden fazla cizye alınırken bazı hanelerde tek cizye resmi alınmıştır. Örneğin, bir hanede baba ve oğul aynı tarlayı ekip aynı evde oturduklarından cizye resmi sadece evsat: 1 şeklinde alınmıştır. Tek cizye resmi alınmasının sebebinin yukarıda bahsi geçen kanunname ile ilişkili olduğu düşünülmektedir.

---

[18] Neşet Çağatay, "Osmanlı İmparatorluğunda Reayadan Alınan Vergi ve Resimler", **Ankara Üniversitesi Dil ve Tarih-Coğrafya Fakültesi Dergisi**, 1947, Sayı 5, Cilt 5,s.495

İKİNCİ BÖLÜM

KOÇANA'NIN COĞRAFİ VE İKTİSADİ YAPISI

2.1. Koçana'nın Tarihçesi

Coğrafi konumu olarak elverişli koşullara ve yaşanabilir bir iklime sahip olan Koçana, antik çağda Peons, Medler ve Traklar tarafından yerleşim yeri olarak tercih edilmiştir. 6.yy'da bölgede Slavlar yaşamışlardır. 845 yılında ise Aziz Kiril ve Methodius kardeşlerin Bregalnica bölgesinde (Morodviz) Slav dillerinde Hıristiyanlığı vaaz ettiği bilinmektedir. Koçana 14.yy'dan itibaren Osmanlı İmparatorluğu'nun egemenliği altına girmiştir. 1662'de Evliya Çelebi seyahatnamesinde Koçana'dan 600 hanelik, bir cami, bir mescit, bir han ve 15 el sanatları dükkânının olduğu bir yerleşim yeri olarak bahsetmektedir. [19]

2.2. Koçana'da Yerleşim

Günümüzde, Makedonya doğu kesiminde yer alan ve Üsküp'e 120 km uzaklıkta yer alan Koçana'da yerleşim, Koçana Vadisinin kuzey kısmında yayılmaktadır. 2002 nüfus sayımına göre 38092 nüfusuyla 28 küçük yerleşim yerine sahiptir. Ilıman iklime sahip olan şehir, Bregalnica nehri boyunca Akdeniz iklimi etkisi altındadır. Koçana, Makedonya'nın en temiz şehri olarak bilinmektedir.[20] 19.yy'da şehir, pirinç ve haşhaş üretiminde oldukça bilinen bir pazar halini almıştır. Anadolu'dan Koçana'ya gelen Türklerle birlikte Koçana, Türk-Makedon yerleşim yeri olarak anılmıştır. Türkler genellikle şehrin Kuzeyinde yaşarken Makedonlar güney kısmında yaşamışlardır.[21] Günümüzde Koçana'da Kocani, Beli, G. Podlog, G. Gradce, Grdovci, D. Podlog, D. Gradce, Jastrebnik, Leski, Mojanci, Nivicani, Pantelej,

---

[19] Municipality of Kochani, "History of Kochani", http://www.kocani.gov.mk/English/istorija.htm(11.04.2014), s.1

[20] Municipality of Kochani, "Ecology of Kochani", http://www.kocani.gov.mk/English/ekologija.htm(11.04.2014), s.1

[21] Kochani Macedonia – "The City of Rice, 2002", http://www.whereismacedonia.org/where-to-go-in-macedonia/towns-in-macedonia/35-kocani-macedonia(05.04.2014), s.1

Pasadjikovo, Polaki, Pripor, Rajcani, Trkanje, Crvena, Niva, Orizari, Bezikovo, Vraninci, Glavovica, Kostin Dol, Nebojani, Novo Selo, Preseka, Pribacevo ve Recani olmak üzere 28 köy ve kasaba mevcuttur. Bunlarda en yoğun nüfusa sahip olan yerleşim yerleri ise Kocani, Orizari, Grdovci ve Trkanje'dir. Bu kasabaların nüfusları ise sırasıyla 28330, 3776, 1288 ve 1225'tir.[22] Bu yerleşim bölgelerinden Orizari 1844 yılı temettuat defterlerinde de aynı isimle geçmektedir. Yine defterlerde yer alan Gardofça'nın Grdovci köyü olduğu düşünülmektedir. 1844 yılında Orizar'ın nüfusu 39, Gardofça'nın ise 72'dir. Bunun yanı sıra günümüzde Koçana'daki bir çok köy ya da kasaba isminin değişmediği aynı ya da benzer isimlerle defterlerde geçtiği ortaya çıkmıştır.

2.3. Koçana'da Tarım ve Ekonomi

Koçana ekonomisi, geleneksel olarak elverişli iklim ve zengin alüvyal kökenli toprak sayesinde çiftçilik ve tarıma dayalıdır.(Bkz. Ek

[22] Municipality of Kochani, "Economy of Kochani", http://www.kocani.gov.mk/English/naselenie.htm(1.04.2014),s.1
Harita 1 :
http://www.kesfetmekicinbak.com/images/news/kitap1171/91fdfbfc_makedonya.jpg

3) Günümüzde yaklaşık 280 km^2'lik düzenli ve planlanmış sulama sistemi uygulanmaktadır. Koçana Pirinci bir asırlık gelenek ve üstün kalitesi ile en tanınmış ve uluslararası ödül almış tarımsal üründür.[23]

Bu kitabın ana kaynağını oluşturan Koçana Temettuat kayıtlarında da Pirinç ekiminin düzenli ve oldukça yaygın olduğu görülmektedir. Diğer tarım ürünlerinin yanında ekili olduğu arazinin büyüklüğü dikkate alınırsa daha fazla gelir getirdiği ve daha verimli olduğu görülmektedir.

[23] Municipality of Kochani, "Economy of Kochani", http://www.kocani.gov.mk/English/zemjodelstvo.htm(11.04.2014),s.1

ÜÇÜNCÜ BÖLÜM

XIX. YÜZYIL KOÇANA KAZASININ İKTİSADİ VE SOSYAL YAPISI

3.1. Koçana Kazası Temettuat Kayıtları

Üsküp Eyaleti/Koçana kazasının Temettuat Kayıtları T.C. Başbakanlık Devlet Arşivleri Genel Müdürlüğü, Osmanlı Arşivinde, Maliye Nezareti Fonunda yer almaktadır. Bu kitabın ana temasını oluşturan bu kayıtların günümüz Türkçesine çevrilmiş halleri ve iktisadi yorumları aşağıda listelenmektedir. Kayıtlarda Osmanlı para birimi kuruş kullanılmıştır. Defterlerde küsuratları belirten "para"lar ise kuruşa dönüştürülerek tahlile katılacaktır. Koçana kazasına ait temettuat defterlerinde büyükbaş ve küçükbaş hayvan çeşitleri ayrı ayrı kayıt edilmesine rağmen bu kitapta tasniflerde yalnızca büyükbaş ve küçükbaş ayrımı yapılacaktır. Kayıtlarda hayvanlar birim olarak "res" yani baş ile belirtilmiştir. Yine defterlerde Öşür vergisinde hububat çeşitleri listelenmişken bu kitapta toplam öşür vergisi dikkate alınarak iktisadi tahliller yapılacaktır. Arazi çeşitleri ise defterlerin paralelinde ekili arazi ve diğer arazi adıyla sınıflandırılacak, defterlerdeki "mezru tarlalar" ekili arazi olarak yazılıp, çayır, bağ, bostan, duhan, pirinç tarlaları, diğer arazi sütunu altında toplanacaktır. Ayrıca bu araziler tablolarda dönüm ile ifade edilecektir. Bu kitapta kayıtlar, metodolojik olarak ve konu açısından İktisat Tarihi bilimi çerçevesinde değerlendirilecektir. Bundan dolayı defterlerin muhteviyatında olmamasına rağmen transkripsiyonlarda gelirin yanı sıra kullanılabilir gelir de tahlillere eklenecektir.

3.1.1. Bodlak-ı Bala Karyesi

1319,5 kuruş toplam vergi ve 8633 kuruş toplam temettuatı olan bu karyede 320,5 dönüm ekili arazi ve 18 dönüm diğer arazi mevcuttur. Bahsi geçen "diğer araziler "in içerisinde aşağıdaki diğer karyelerde olduğu gibi Çayır, Bağ, Bostan, Duhan, Pirinç tarlası vb. daha küçük araziler yer almaktadır. Bodlak-ı Bala Karyesinde 50 Büyükbaş, 15 Küçükbaş olmak üzere toplam 65 hayvan bulunmaktadır. Bodlak-ı

Bala'da sadece bir hanede küçükbaş hayvan vardır ondan da sadece koyunu olduğu için adedi ağnam alınmamıştır. Dolayısıyla bu karyede 2435 kuruş vergi-yi mahsusa ve 2490 kuruş Öşür alınmış aded-i ağnam vergisine tabi olan hayvan olmadığından bu vergi bu karyede alınmamıştır. Genellikle ashab-ı ziraat olarak tanımlanan ziraatla uğraşan hanelerin bulunduğu Bodlak-ı Bala'da çiftlikan olarak belirtilen toprak sahipleri, hizmetkârlar ve tüccarlar bulunmaktadır. Bunun haricinde bir hanede karyede "subaşı" olduğu ibaresi dikkat çekmektedir.

Gayri Müslimlerden alınan Cizye vergileri Tablo 1'de Cizye başlığı altında gösterilmiş ve Ala Cizye "a" harfiyle, Evsat Cizye "ev" kısaltmasıyla ve Edna Cizye ise "ed" kısaltmasıyla belirtilmiştir.

3, 4, 6, 9 ve 10 numaralı hanelerde ektikleri arazileri ile ilgili ortakçılarından verdikleri paylar; Diğer emlak, arazi ve gelirler sütunu altında 'şeriki tenzili' olarak gösterilmiştir.[24]

[24] Bkz.Başbakanlık Osmanlı Arşivi,ML.VRD.TMT.d.15286

Hane Numara	Meslek	Cizye	Vergiyi Mahsusa	Öşür	Toplam Vergi	Ekili Arazi	Diğer Arazi	Toplam Arazi	Büyük Baş	Küçük Baş	Toplam Hayvan	Gelir	Kullanılabilir Gelir	Diğer Emlak,arazi ve gelirler
1	Çiftlikandan		310	167,5	477,5	80	2,5	82,5	4		4	1670	1192,5	4 Kovan
	Ticaret	ev:1			0			0	1		1	280	280	280 Hizmetkarlığından
2	Ziraat	ev:1		25,5	25,5	3	1	4	3		3	291	265,5	
3	Çiftlikandan		150	102,5	252,5	90	1,5	91,5	5		5	1308,5	1056	217,5 şerikinden aldığı
	Ticaret	ev:1			0			0	1		1	285	285	
	Ticaret	ev:1			0			0	1		1	285	285	
4	Ticaret	ev:1		45,5	45,5	30	1,5	31,5	3		3	256,5	211	217,5 şeriki tenzili
5	Çiftlikandan		42,5		42,5	40		40	1		1	400	357,5	2 Kovan
6	Ziraat	a:1	30	83	113		2	2	3	15	18	415	302	400 şeriki tenzili,3 Kovan
	Hizmetkar	ev:1	8		8			0	1		1	200	192	200 hizmetkarlığından
7	Subaşı		11		11			0	1		1	150	139	150 hizmetkarlığından
8	Çiftlikandan				0	60		60			0	660	660	
9	Ziraat	ev:1	15	77,5	92,5		1,5	1,5	4		4	420	327,5	400 şeriki tenzili
10	Ziraat	ev:1	15	51	66		2	2	5		5	345	279	256 şeriki tenzili
	Hizmetkar		10		10		0,5	0,5	6		6	320	310	300 hizmetkarlığından
11	Ziraat	ev:1	10	4	14	1,5	1	2,5	2		2	246	232	200 hizmetkarlığından
12	Ziraat	ev:1	30	43,5	73,5	8	1,5	9,5	3		3	440	366,5	
13	Ziraat	a:1	50	36	86	8	1,5	9,5	3		3	380	294	
	Hizmetkar	ev:1		2	2		1,5	1,5	3		3	281	279	250 hizmetkarlığından

3.1.2. Yuneş Karyesi

23 Haneden 14'ünün madenci olduğu bu karyede Toplam Vergiyi Mahsusa 942,5 kuruş, toplam temettuat ise 12.182 kuruştur. Dört Hane ziraat ile meşgul iken dört hane toprak sahibi defterdeki tabiri ile çiftlikandandır. Bu karyede gayrimüslim bulunmadığı için Cizye alınmamıştır. Yuneş karyesinin verdiği toplam vergi 2711,5 kuruş'tur ve bunun 942,5 kuruşu Vergiyi Mahsusa, 1043 kuruşu Öşür, 726 kuruşu ise Aded-i Ağnamdır. 77 Büyükbaş, 520 Küçükbaş olmak üzere toplam 597 hayvan bulunmaktadır. Yuneş Karyesinde 509 dönüm ekili arazi var iken 51 dönüm diğer arazi vardır. 16 ve 22 numaralı hanelerde ektikleri arazileri ile ilgili ortakçılıklarından verdikleri paylar Diğer emlak,arazi ve gelirler başlığı altında "şeriki tenzili" olarak gösterilmiştir. [25]

---

[25] Bkz.Başbakanlık Osmanlı Arşivi,ML.VRD.TMT.d.15287

Hane Numara	Meslek	Vergiyi Mahsusa	Öşür	Ağnam	Toplam Vergi	Ekili Arazi	Diğer Arazi	Toplam Arazi	Büyük Baş	Küçük Baş	Toplam Hayvan	Gelir	Kullanılabilir Gelir	Diğer Emlak,arazi ve gelirler
1	Madenci	38	72,5	50,5	161	30	2,5	32,5	11	32	43	738	577	
2	Madenci	66	72,5	39	177,5	30	5	35	6	27	33	657	479,5	
3	Madenci	40	42,5	11	93,5	20	2,5	22,5	3	10	13	462	368,5	
4	Madenci	50	45,5	136	231,5	30	2,5	32,5	3	93	96	520	288,5	
5	Madenci	60	70	150	280	20	4,5	24,5	4	110	114	805	525	
6	Madenci	54	40,5	35,5	130	20	3	23	4	19	23	429	299	
7	Madenci	45	42	14	101	16	3	19	5	22	27	467	366	
8	Madenci	24	42		66	14	2	16	4		4	459	393	
9	Madenci	48,5	54,5	47,5	150,5	20	3	23	6	36	42	637	486,5	
10	Madenci	24	50,5	7,5	82	15	2	17	4	4	8	582	500	
11	Madenci	30	64,5		94,5	20	1,5	21,5	2		2	602	507,5	
12	Madenci	3,5	0		3,5			0			0	200	196,5	200 hizmetkarlığından
13	Madenci	35	62,5	46,5	144	14	3	17	2	50	52	521	377	
14	Madenci	60	72	90	222	30	3,5	33,5	5	63	68	772	550	
15	Çiftlikandan	43	0		43	40		40			0	380	337	
16	Ziraat	43	92	56	191		3	3	4	30	34	472	281	380 şeriki tenzili
17	Çiftlikandan	75	0		75	30		30			0	435	360	
18	Ziraat	75	103,5	42,5	221	30	4	34	6	24	30	1052	831	
19	Çiftlikandan	0	0		0	30		30			0	300	300	
20	Ziraat	0	48		48	30	3,5	33,5	3		3	605	557	
21	Çiftlikandan	43	0		43	30		30	2		2	292,5	249,5	
22	Ziraat	43	68		111		2,5	2,5	3		3	494,5	383,5	292,5 şeriki tenzili
23	Çiftlikandan	42,5	0		42,5	40		40			0	300	257,5	

3.1.3. Laska Karyesi

1 Yarıcı ve 1 Aylakçının haricinde 29 Hanenin ziraatla uğraştığı bu karyede Toplam Temettuat 19.212,5 kuruş iken Toplam vergi; 736,25 kuruş Vergi-yi Mahsusa, 1397 kuruş Öşür, 787,38 kuruş Aded-i Ağnam olmak üzere 2920,63 kuruştur. 109 Büyükbaş hayvanın bulunduğu bu köyde 835 Küçükbaş hayvan vardır. Ekili araziler 457,5 dönümdür ve bu çalışmada diğer arazi olarak tanımlanan ekili alan ise 87 dönümdür. Tablo 1'de olduğu gibi gayrimüslimlerden alınan Cizye vergileri Tablo 3'de Cizye başlığı altında gösterilmiş ve Ala Cizye "a" harfiyle, Evsat Cizye "ev" kısaltmasıyla ve Edna Cizye ise "ed" kısaltmasıyla

Hane Numara	Meslek	Cizye	Vergiyi Mahsusa	Öşür	Ağnam	Toplam Vergi	Ekili Arazi	Diğer Arazi	Toplam Arazi	Büyük Baş	Küçük Baş	Toplam Hayvan	Gelir	Kullanılabilir Gelir
1	Ziraat	a:1	14	54,5	18	86,5	7	2,5	9,5	3	16	19	741	654,5
2	Ziraat	a:1	93	70,25	255	418,25	30	8,5	38,5	10	169	179	1156	737,75
3	Ziraat	ev:1	16	24,25	37	77,25	12	1,5	13,5	4	28	32	618	540,75
4	Ziraat	ev:1	22	75	15	112	10	3,5	13,5	5	11	16	916	804
5	Ziraat	ev:1	24	46	26	96	9	4	13	3	20	23	650	554
6	Ziraat	a:1	36	102	45	183	30	4,5	34,5	5	32	37	1315	1132
7	Ziraat	ev:1	23	23,75		46,75	20	2,5	22,5	4		4	302,5	255,75
8	Ziraat	a:1	36,75	109,8	99,38	245,88	23	4	27	4	67	71	1644,5	1398,63
9	Ziraat	ev:1	8	17,25	16	41,25	2	2	4	1	9	10	246,5	205,25
10	Ziraat	ev:1	12	29,5		41,5	8	2	10	1		1	457	415,5
11	Ziraat	ev:1	15	47,25	9	71,25	10	3,5	13,5	3	9	12	639	567,75
12	Ziraat	ev:1	28	49,5	41	118,5	16	2,5	18,5	4	27	31	697	578,5
13	Ziraat	a:1	33,5	76	48	157,5	27	4,5	31,5	5	38	43	970,5	813
14	Ziraat	ed:1	41	91		132	30	5,5	35,5	3		3	1105	973
15	Yarıcı	ev:1	12	21,5		33,5	0	0,5	0,5	3	19	22	386,5	353
16	Ziraat	ev:1	10,5	15,75		26,25	10	1	11	1		1	257,5	231,25
17	Ziraat	ev:1	15,5	18,5		34	8,5	1,5	10	5		5	705	671
18	Ziraat	ev:1	14,5	10,75		25,25	9	0,5	9,5	1	27	28	144,5	119,25
19	Ziraat	a:1	70	130,5		200,5	36	8	44	8	110	118	1755	1554,5
20	Ziraat		9	10,75		19,75	10	1	11	0		0	120,5	100,75
21	Ziraat	ev:1	23	70,5	54	147,5	35	3,5	38,5	5	39	44	809	661,5
22	Ziraat	a:1	23	63,5	30	116,5	15	3	18	5	21	26	701	584,5
23	Ziraat	ev:1	20,75	43	26	89,75	24	1,5	25,5	4	21	25	511	421,25
24	Ziraat	a:1	45	47		92	16	3,5	19,5	4	107	111	567	475
25	Ziraat	ev:1	16,5	21	13	50,5	8	2	10	4	14	18	214	163,5
26	Ziraat	ev:1	10	20,75	13	43,75	6	1	7	1	13	14	235,5	191,75
27	Ziraat	ev:1	17,5	27,5	13	58	13	2,5	15,5	4	13	17	343	285

28	Ziraat	ev:1	13	32	16	61	6	2	8	3	17	20	382	321
29	Ziraat	ev:1	16	7,5	13	36,5	8	0,5	8,5	5	7	12	99,5	63
	Ziraat		5,5	9,5		15	7	1	8	1		1	175	160
30	Aylakçiyan	ev:1	3,25	9,75		13	2	1	3		1	1	111	98
31	Ziraat	ev:1	9	21,25		30,25	10	2	12			0	237,5	207,25

3.1.4. Mevruzre karyesi

Aşağıda tablosu görülmekte olan bu karyede haneler arasında hizmetkârların sayısı dikkat çekmektedir. Bu durum toprağı olmayan sadece emek gücüyle geçimini sağlayan ailelerin tespiti açısından önemlidir. Hizmetkârlığının detaylı tanımlaması olmamasına rağmen bu aileler tarım işçisi olarak öngörülebilir. Hizmetkârların, Ticaret ve Ziraat Erbabının bulunduğu Mevruzre Karyesinde; 3250 kuruşu Vergi-yi Mahsusa, 3650 kuruşu Öşür, 305,25 kuruşu ise Aded-i Ağnam olmak üzere 7205,25 kuruş toplam vergi alınmaktadır. Buna karşın, toplam temettuat yani gelir ise 49.576 kuruştur. 472,5 dönüm ekili arazisi bulunan bu karyede diğer arazi ise 180 dönümdür. Toplam 496 hayvanın bulunduğu bu yerleşim biriminde bu hayvanların 152'si büyükbaş 344'ü ise küçükbaştır.[26]

---

[26] Bkz.Başbakanlık Osmanlı Arşivi,ML.VRD.TMT.d.15289

Hane Numara	Meslek	Cizye	Vergiyi Mahsusa	Öşür	Ağnam	Toplam Vergi	Ekili Arazi	Diğer Arazi	Toplam Arazi	Büyük Baş	Küçük Baş	Toplam Hayvan	Gelir	Kullanılabilir Gelir	Diğer emlak, arazi ve gelirler
1	Ziraat		150	312	120,75	582,75	48	14	62	7	76	83	3085	2502,25	
2	Ticaret					0			0	1		1	715	715	715 Hizmetkarlığından
3	Ticaret					0			0			0	430	430	430 Hizmetkarlığından
4	Ziraat		300	340,5	17	657,5	44	16	60	7	44	51	3620	2962,5	
5	Hizmetkar					0			0			0	350	350	350 Hizmetkarlığından
6	Hizmetkar					0		1,5	1,5	2	6	8	400	400	400 Hizmetkarlığından
7	Hizmetkar					0			0			0	450	450	450 Hizmetkarlığından
8	Hizmetkar					0			0			0	150	150	150 Hizmetkarlığından
9	Ziraat		300	368,5	56	724,5	50	16	66	10	30	40	3446	2721,5	
10	Hizmetkar					0			0			0	510	510	510 Hizmetkarlığından
11	Hizmetkar					0		1	1	1		1	510	510	510 Hizmetkarlığından
12	Hizmetkar					0			0			0	320	320	320 Hizmetkarlığından
13	Hizmetkar					0			0			0	95	95	95 Hizmetkarlığından
14	Ziraat		300	151	16	467	50	7,5	57,5	8	11	19	1880	1413	

15	Ticaret					0			0	1		1	400	400	400 Hizmetkarlığından
16	Hizmetkar					0			0	1		1	400	400	400 Hizmetkarlığından
17	Ziraat			29,5		29,5	4	2	6	1		1	299	269,5	
18	Ziraat		280	304, 5	52,5	637	45	12,5	57,5	6	40	46	2935	2298	
19	Ziraat					0			0	2		2	450	450	450 Hizmetkarlığından
20	Hizmetkar					0			0	1		1	350	350	350 Hizmetkarlığından
21	Ziraat		50	63		113	6	3	9	2		2	582	469	
22	Ziraat		5	50,5		55,5	6	3,5	9,5	2		2	522	466,5	
23	Ziraat		60	85,5		145,5	10	4	14	3		3	1033	887,5	
24	Ziraat		40	70,5		110,5	8	3	11	4		4	749	638,5	
25	Ziraat		80	109, 5		189,5	15	5,5	20,5	4		4	1080	890,5	
26	Hizmetkar					0			0			0	270	270	270 Hizmetkarlığından
27	Ziraat		40	56		96	5,5	4	9,5	4		4	582	486	
28	Ziraat		100	37		137	7	2	9	2		2	398	261	
29	Ziraat		100	78,5		178,5	14	4	18	3		3	615	436,5	
30	Ziraat		125	69		194	9	4,5	13,5	5		5	718	524	
31	Ziraat		70	51		121	5	2,5	7,5	4		4	632	511	
32	Hizmetkar					0			0			0	260	260	260 Hizmetkarlığından
33	Ziraat		130			130		1,5	1,5	5	24	29	1629	1499	
34	Ziraat	ev:1	65	84		149		6	6	2		2	1301	1152	
35	Ziraat	a:1	65	145	7	217		6	6	2	6	8	1883	1666	

36	Ziraat		60	113	5	178	8	6,5	14,5	3	3	6	787	609	
37	Hizmetkar					0			0			0	425	425	425 Hizmetkarlığından
38	Ziraat		60	91,5		151,5	8	4	12	6		6	935	783,5	
39	Hizmetkar					0			0			0	330	330	330 Hizmetkarlığından
40	Ziraat		60	88,5		148,5	8	4,5	12,5	6		6	919	770,5	
41	Hizmetkar					0			0	2		2	380	380	380 Hizmetkarlığından
42	Ziraat		60	118		178	15	4,5	19,5	4	75	79	1309	1131	
43	Hizmetkar					0			0			0	380	380	380 Hizmetkarlığından
44	Hizmetkar				15	15			0	1	10	11	280	265	280 Hizmetkarlığından
45	Ziraat		45	44,5		89,5	6	3	9	3		3	341	251,5	
46	Ziraat		60	61,5		121,5	9	3	12	5		5	649	527,5	
47	Hizmetkar					0			0			0	100	100	100 Hizmetkarlığından
48	Ziraat		60	84		144	8	4	12	3		3	652	508	
49	Ziraat		40	43		83	4	3	7	3		3	426	343	
50	Ziraat		40	43		83	2	1,5	3,5	3		3	459	376	
51	Ziraat		45	69		114	6	3,5	9,5	2		2	499	385	
52	Ziraat		80	42		122	8	2	10	3		3	437	315	
53	Ziraat		80	67		147	13	3	16	3	10	13	719	572	
54	Hizmetkar					0			0			0	100	100	100 Hizmetkarlığından
55	Ziraat		40	30,5		70,5	7	2	9	2		2	334	263,5	
56	Hizmetkar					0			0			0	160	160	160 Hizmetkarlığından

57	Ziraat			11		11	0	1	1	1		1		-11	
58	Ziraat		40	14,5	16	70,5	4	3	7	3	9	12	454	383,5	
59	Hizmetkar					0			0			0	250	250	250 Hizmetkarlığından
60	Ziraat		220	323,5		543,5	40	11,5	51,5	7		7	4492	3948,5	
61	Ticaret					0			0	2		2	425	425	425 Hizmetkarlığından
62	Hizmetkar					0			0			0	225	225	225 Hizmetkarlığından
63	Hizmetkar					0			0			0	60	60	60 Hizmetkarlığından

3.1.5. Praska Karyesi

Ziraat ve Değirmenci mesleklerinin bulunduğu bu karyede oldukça fazla sayıda "Aylakçiyan makulesinden" diye kaydedilen haneler mevcuttur. Bu haneler geçici işçi, ırgat ve yahut gündelikçi olabileceği gibi Osmanlı Tarihi açısından geçici donanma işçisi de olabilirler. Çünkü aylakçı kelimesi donanmada çalışan geçici işçiler için de kullanılmıştır.[27] Koçana'nın coğrafi konumu düşünüldüğünde bu kişilerin daha çok geçici bir işte çalışan kişiler, tarım işçisi veya gündelikçi olduğu düşünülmektedir fakat eski donanma işçileri olabileceği de araştırmacılar için ihmal edilmemelidir. Ayrıca 57 numaralı hanenin 300 kuruş kavaflığından geliri bulunmaktadır. Kavaf, hazır olarak ucuz ve özensiz ayakkabı yapan ve satan ayakkabıcılara denilmektedir.[28]

Gayrimüslim karyesi olan bu yerleşim biriminde her haneden cizye alınmıştır. Bunun haricinde toplam 11.620 kuruş vergi alınmıştır. Bu verginin 4308 kuruşu vergi-yi mahsusa, 2680 kuruşu Öşür, 4632 kuruşu ise ağnam vergisidir. Hanelerin toplam geliri ise 33.376,5 kuruştur. 1128 dönüm ekili arazinin bulunduğu Praska'da diğer arazi 109,5 dönümdür. 3904 küçükbaş hayvan var iken 364 büyükbaş hayvan vardır.[29]

---

[27] **Türkçe/Osmanlıca-İngilizce Redhouse** Sözlüğü, "Aylakçı", İstanbul: Redhouse yayınevi, 2000, s.104

[28] **Ötüken Türkçe Sözlük**, "Kavaf", İstanbul: Ötüken Neşriyat, 2007,s.2477

[29] Bkz.Başbakanlık Osmanlı Arşivi,ML.VRD.TMT.d.15290

Hane Numara	Meslek	Cizye	Vergiyi Mahsusa	Öşür	Ağnam	Toplam Vergi	Ekili Arazi	Diğer Arazi	Toplam Arazi	Büyük Baş	Küçük Baş	Toplam Hayvan	Gelir	Kullanılabilir Gelir	Diğer emlak,arazi ve gelirler
1	Kocabaşı/Ziraat	ev:1	75	28	56	159		1,5	1,5	5	38	43	330	171	
2	Ziraat	a:1	35	33,5	76	144,5	10	0,5	10,5	7	57	64	345	200,5	
3	Ziraat	ev:1	20	24,75	7,5	52,25	12	2	14	3	6	9	357,5	305,25	
4	Ziraat	ev:2 ed:1	40	21		61	10	1	11	5		5	310	249	
5	Ziraat	ev:1	45	31,5	82,5	159	13	1,5	14,5	2	66	68	435	276	
6	Aylakçiyan	ev:1	15	0		15		0,5	0,5			0	270	255	
7	Ziraat	ev:2	50	29	45	124	14	2,5	16,5	6	30	36	460	336	
8	Ziraat	a:1	60	37	73	170	10	2	12	5	55	60	480	310	
9	Çiftlikan	ev:1	40	33,5	48,5	122	18	2,5	20,5	4	40	44	425	303	
	Aylakçiyan	ev:1	0	0		0	3		3	1		1	250	250	250 Şundan bundan gündelikçiliğinden
10	Ziraat	ev:2	25	28,25	11,25	64,5	13	2	15	2	12	14	360	295,5	
11	Ziraat	ev:1	16	15,75		31,75	5	2	7	3		3	235	203,25	200 Şundan bundan gündelikçiliğinden
12	Çiftlikan	a:1	80	45,5	153,75	279,25	15	3,5	18,5	8	120	128	585	305,75	
13	Ziraat	ev:1	16	33,25	15	64,25	12	3	15	2	16	18	442,5	378,25	
14	Çiftlikan	a:1 ed:1	80	51	112,5	243,5	20	3	23	7	100	107	675	431,5	
15	Ziraat	ev:2	60	58	131,25	249,25	15	2,5	17,5	8	100	108	670	420,75	
16	Ziraat	ev:2	40	47,25	78,75	166	15	2	17	5	60	65	597,5	431,5	
17	Ziraat	ev:1	10	13,5	18,75	42,25	6	0,5	6,5		14	14	160	117,75	
18	Çiftlikan	a:1	30	19,5	63,75	113,25	10	0,5	10,5	4	50	54	235	121,75	

19	Ziraat	ev:1	30	22,75	60	112,75	12	1	13	3	48	51	297,5	184,75	
20	Ziraat	ev:1 ed:1	60	45,75	86,25	192	20	2	22	8	70	78	542,5	350,5	
21	Ziraat	ev:1	35	28	105	168	15	1,5	16,5	2	80	82	385	217	
22	Ziraat	ev:1	50	33,25	93,75	177	12	4	16	8	60	68	482,5	305,5	
23	Ziraat	ev:1 ed:1	20	16	18,75	54,75	7	1	8	1	10	11	192,5	137,75	
24	Ziraat	ev:1	20	16	15	51	8	1	9	1	12	13	182,5	131,5	
25	Aylakçiyan	ev:1	6	0		6	4	1	5			0	275	269	250 Şundan bundan gündelikçiliğinden
26	Ziraat	a:1 ed:1	100	55	112,5	267,5	20	1	21	4	80	84	650	382,5	
27	Ziraat	ev:2	70	31,5	63,75	165,25	14	1,5	15,5	1	50	51	352,5	187,25	
28	Ziraat	a:1 ev:1	100	55	101,25	256,25	20	2	22	11	110	121	597,5	341,25	
29	Ziraat	ev:1 ed:1	60	35	41,25	136,25	15	1	16	2	30	32	375	238,75	
30	Ziraat	a:1 ev:1	70	39,75	86,25	196	14	1	15	7	66	73	422,5	226,5	
31	Ziraat	ev:1	55	38,5	90	183,5	12	1	13	3	66	69	410	226,5	
32	Ziraat	ev:4	70	44,25	82,5	196,75	12	1	13	3	60	63	467,5	270,75	
33	Ziraat	a:1 ev:2	80	52,75	120	252,75	20	1,5	21,5	13	100	113	602,5	349,75	
34	Ziraat	ev:1 ed:1	35	22,5	11,25	68,75	12	1,5	13,5	5	8	13	262,5	193,75	
35	Ziraat	ev:1 ed:1	40	20,5		60,5	14	0,5	14,5	2		2	325	264,5	120 Harmancılığından
36	Ziraat	ev:2	45	45,5		90,5	15	1,5	16,5	7		7	500	409,5	
37	Ziraat	ev:1	25	19,25	50	94,25	12		12	4	37	41	292,5	198,25	100

															Harmancılığından
38	Ziraat	a:1 ev:2	120	57,25	112,5	289,75	30	5,5	35,5	10	90	100	740	450,25	
39	Ziraat	a:1	80	63,25	108,75	252	14	2	16	5	80	85	745	493	
40	Ziraat	a:1 ev:4 ed:1	150	56,75	97,5	304,25	20	1	21	9	82	91	624,5	320,25	
41	Ziraat	ev:1	70	35	69	174	15	1	16	3	52	55	387,5	213,5	
42	Ziraat	a:1	120	63,25	112,5	295,75	30	1	31	10	90	100	612,5	316,75	
43	Ziraat	a:1 ev:2	150	85,75	169	404,75	40	3,5	43,5	13	120	133	1030	625,25	
44	Ziraat	a:1 ev:3	70	57,75		127,75	26	2	28	11	110	121	690	562,25	
45	Ziraat	ev:1	30	37,5	26,25	93,75	20	1,5	21,5	8	20	28	420	326,25	
46	Aylakçiyan	ev:1	20	18	37,5	75,5			0	5	32	37	180	104,5	120 Şundan bundan gündelikçiliğinden
47	Ziraat	ed:1	35	17,5	30	82,5	10	0,5	10,5	1	26	27	190	107,5	
48	Ziraat	a:1 ev:1 ed:1	150	73	161,25	384,25	40	2,5	42,5	7	123	130	790	405,75	
49	Ziraat	a:1 ed:1	70	37,25	101,25	208,5	20	2	22	8	76	84	477,5	269	
50	Ziraat	ev:1 ed:1	70	47,75	112,5	230,25	25	3,5	28,5	10	90	100	570	339,75	
51	Ziraat	a:1 ev:1	150	64,75	162	376,75	25	1,5	26,5	13	127	140	765	388,25	
52	Ziraat	ev:1	70	42,25		112,25	20	2	22	3		3	467,5	355,25	
53	Ziraat	a:1 ev:3	200	72,25	180	452,25	40	1	41	12	140	152	742,5	290,25	

54	Ziraat	a:1 ev:1 ed:1	80	33,25	78,75	192	25	1,5	26,5	5	58	63	377,5	185,5	
55	Ziraat	a:1 ev:3	180	78	142,5	400,5	30	2	32	8	106	114	860	459,5	
56	Ziraat	ev:1	30	53,25	41,25	124,5	15	0,5	15,5	2	32	34	544,5	420	
57	Değirmenci	ev:1	10	0		10			0			0	250	240	300 Kavaflığından
58	Ziraat	ev:1	20	14		34	8	0,5	8,5			0	155	121	150 şundan bundan aldığı
59	Ziraat	ev:2	90	57,75	138,75	286,5	20	1,5	21,5	10	108	118	642,5	356	
60	Ziraat	ev:1	35	33,25	48,75	117	12	2	14	3	38	41	412,5	295,5	
61	Ziraat	ev:1	28	19,5	8,75	56,25	10	0,5	10,5		20	20	210	153,75	
62	Aylakçiyan	ev:1	16	19		35	10		10	1		1	140	105	150 Şundan bundan gündelikçiliğinden
63	Aylakçiyan	ev:1	25	0	41,25	66,25	8		8	1	34	35	250	183,75	250 Şundan bundan gündelikçiliğinden
64	Ziraat	ev:1	40	19,5	78,75	138,25	10	0,5	10,5	4	60	64	215	76,75	
65	Ziraat	ev:1	70	51,5		121,5	20	1,5	21,5	8	68	76	605	483,5	
66	Ziraat	ev:1	45	29,75	22,5	97,25	15	0,5	15,5	3	18	21	317,5	220,25	
67	Ziraat	ev:2	70	44,5	112,5	227	18	2,5	20,5	9	90	99	532,5	305,5	
68	Ziraat	ev:2	20	7		27	6		6	5		5	320	293	250 değirmenciliğinden
69	Ziraat	ev:1	25	12,5		37,5	8	0,5	8,5	3		3	372,5	335	240 çobanlığından
70	Ziraat	ev:1	35	34,75	52,5	122,25	8	1	9	1	36	37	375	252,75	
71	Ticaret	ev:1	16	16	37,5	69,5	8	1	9	2	28	30	185	115,5	
72	Ziraat	ev:1	25	30	30	85	8	1	9	1	24	25	300	215	
73	Ziraat	a:1 ev:2	70	52,5	131,25	253,75	20	1,5	21,5	2	200	202	572,5	318,75	

74	Aylakçiyan	ev:1	10	0	16	26			0		15	15	200	174	200 Şundan bundan gündelikçiliğinden
75	Ziraat	ev:1	80	59,25	60	199,25	25	1,5	26,5	6	47	53	657,5	458,25	
76	Ziraat	ev:1	25	14		39	10	1	11		13	13	212,5	173,5	

3.1.6. Sas Karyesi

Hemen hemen bütün hanelerin ziraat ile uğraştığı bu karyede Tablo 5'te görüldüğü gibi bazı hanelerde "asiyab" su değirmeni mevcuttur. Bu asiyablar üretim teknolojisi açısından dikkate değer görülmektedir.

Nüfusun hepsi gayrimüslim olan Sas'da cizye resimlerinin haricinde 2435 kuruş vergi-yi mahsusa, 2490 kuruş Öşür ve 2042 kuruş aded-i ağnam alınmıştır. Toplam Verginin 6967 kuruş olduğu bu karyede hane gelirleri 28.075 kuruştur. Ayrıca 696 dönüm ekili arazinin yanında 45,5 dönüm diğer arazi vardır. 2136 kayıtlı hayvanların 241'i büyükbaş 1895'i ise küçükbaştır.[30]

[30] Bkz.Başbakanlık Osmanlı Arşivi,ML.VRD.TMT.d.15291

Hane Numara	Meslek	Cizye	Vergiyi Mahsusa	Öşür	Ağnam	Toplam Vergi	Ekili Arazi	Diğer Arazi	Toplam Arazi	Büyük Baş	Küçük Baş	Toplam Hayvan	Gelir	Kullanılabilir Gelir	Diğer emlak,arazi ve gelirler
1	Ziraat/ Kocabaşı	ev:3 ed:1	30	34,5		64,5	15	1	16	2		2	1225	1160,5	
2	Ziraat	ev:2	50	41,5	38,5	130	15	1,5	16,5	11	36	47	420	290	
3	Ziraat	ev:2	55	40,5	28	123,5	14	1,5	15,5	7	21	28	400	276,5	
4	Ziraat	a:1 ev:2	120	130,5	130,25	380,75	20	4	24	3	104	107	1285	904,25	
5	Ziraat	a:1 ed:1	50	53,5	48,75	152,25	16	2,5	18,5	8	38	46	575	422,75	
6	Ziraat	a:1 ed:1	46	99,25	112,5	257,75	20	0,5	20,5	3	90	93	525	267,25	
7	Ziraat	ev:1	20	14		34	12		12	2		2	260	226	
8	Ziraat	a:1 ev:1 ed:1	50	50	41,25	141,25	12		12	5	37	42	500	358,75	
9	Ziraat	a:1 ed:1	47	66	45	158	14	1	15	5	40	45	650	492	
10	Ziraat	a:1	80	68	86,25	234,25	20	1,5	21,5	8	72	80	725	490,75	
11	Ziraat	a:1 ev:1 ed:1	70	73	61,75	204,75	20	1,5	21,5	7	49	56	540	335,25	
12	Ziraat	a:1 ed:1	70	55	65,5	190,5	15	1	16	4	53	57	400	209,5	
13	Ziraat	ev:2	30	55		85	15	1	16	1		1	410	325	
14	Ziraat	a:1 ev:1 ed:1	50	52	21	123	16	1	17	3	18	21	535	412	
15	Ziraat	a:1 ev:2	47	78	116,75	241,75	16	1	17	9	93	102	810	568,25	
16	Ziraat	ev:2	60	88	60	208	15	0,5	15,5	6	48	54	855	647	
17	Ziraat	ev:2	40	52,5	52,5	145	15	1	16	3	43	46	565	420	
18	Ziraat	ed:1	12,5	22,5		35	8		8	2		2	325	290	100 gündelikçiliğinden
19	Ziraat	ev:2	60	72	48,75	180,75	15	1,5	16,5	6	40	46	1010	829,25	1 asiyab

		ed:1												
20	Ziraat	a:1 ev:1 ed:1	50	65,5	67,5	183	15	1	16	4	54	58	575	392
21	Ziraat	ev:3 ed:1	35	17,25	71,25	123,5	12	1	13	7	54	61	197,5	74
22	Ziraat	a:1 ev:1 ed:1	120	102	166,75	388,75	25	1	26	12	133	145	950	561,25
23	Ziraat	ev:1	36	39,25	56,25	131,5	15	0,5	15,5	2	50	52	407,5	276
24	Ziraat	ev:1 ed:1	30	42	71,25	143,25	14	1	15	1	53	54	335	191,75
25	Ziraat	ev:1 ed:1	95	70,75	112,5	278,25	18		18	12	90	102	712,5	434,25
26	Ziraat	ev:1	62	60,5	52,5	175	17	1	18	11	40	51	575	400
27	Ziraat	a:1 ed:1	60	77,7	78,75	216,45	20	1,5	21,5	7	62	69	687,5	471,05
28	Ziraat	ev:1	55	73	56,25	184,25	16	1	17	9	42	51	710	525,75
29	Ziraat	ev:3 ed:1	45	75		120	15	1	16	2	30	32	885	765	200 gündelikçiliği nden
30	Ziraat	ev:3 ed:1	80	62,5	26,25	168,75	18		18	3	24	27	675	506,25	
31	Ziraat	ev:1 ed:1	80	63,75	37,5	181,25	12		12	5	28	33	887,5	706,25	
32	Ziraat	ev:2 ed:2	70	52,5		122,5	20	1,5	21,5	4	80	84	805	682,5	2 asiyab
33	Ziraat	ev:2 ev:2	26	24,5	22,5	73	8		8	2	22	24	570	497	325 gündelikçiliği nden
34	Ziraat	ev:2	44	48	56	148	15	1	16	8	42	50	495	347	
35	Ziraat	ev:1	45	42,5		87,5	15	1	16	10		10	445	357,5	

		ed:1													
36	Ziraat	a:1 ed:1	46	55,5	60	161,5	15	2	17	9	48	57	615	453,5	
37	Aylakçıyan	ev:1 ed:1	15			15	5		5	4		4	920	905	220 gündelikçiliği nden
38	Ziraat	ev:1	35	34,75	26,25	96	12	0,5	12,5	5	22	27	342,5	246,5	
39	Ziraat	ev:2 ed:1	41	24,5	41,25	106,75	12	1,5	13,5	1	36	37	280	173,25	
40	Ziraat	a:1 ev:3 ed:1	85	64,5		149,5	20	2,5	22,5	3	65	68	1110	960,5	1 asiyab
41	Ziraat	a:1 ev:1 ed:1	45	45	26,25	116,25	12		12	5	20	25	450	333,75	
42	Ziraat	ev:3	25	50		75	12	1	13	5		5	525	450	
43	Ziraat	ev:2	32,5	33	26,25	91,75	12	1	13	1	22	23	360	268,25	
44	Ziraat	ev:1	30	24,5		54,5	8	0,5	8,5	5		5	245	190,5	
45	Ziraat	ev:2	30		30	60	10		10		26	26	280	220	280 gündelikçiliği nden
46	Ziraat	a:1 ev:2 ed:1	110	76		186	20	2	22	8	70	78	820	634	
47	Ziraat	ev:1	20	20		40	10	45,5	55,5	1	1895	1896	200	160	

3.1.7. Bana Karyesi

Çoğunluğun Müslüman olduğu Bana Karyesinde az sayıda haneden cizye alınmıştır. Bunun dışında, hanelerden alınan toplam 4512,3 kuruş verginin 2378'i Vergi-yi mahsusa, 1896 kuruşu Öşür, 238,3 kuruş aded-i ağnamdır. 615 dönüm ekili arazinin bulunduğu bu karyede bağ, duhan, bostan, çayır gibi arazilerden ise 88 dönüm mevcuttur. Sadece 6 hanede bulunan küçükbaş hayvanların sayısı 215'tir. Buna karşın hemen hemen her hanede büyükbaş hayvan vardır ve bunların toplamı 119'dur. Ayrıca 24 Numaralı haneden sonra gelen haneler tek bir çiftlik içerisinde yaşadığından hane numarası hem defterlerde hem de defterlere uyum açısından bu kitapta konulmamıştır. [31]

[31] Bkz.Başbakanlık Osmanlı Arşivi,ML.VRD.TMT.d.15292

Hane Numara	Meslek	Cizye	Vergiyi Mahsusa	Öşür	Ağnam	Toplam Vergi	Ekili Arazi	Diğer Arazi	Toplam Arazi	Büyük Baş	Küçük Baş	Toplam Hayvan	Gelir	Kullanılabilir Gelir	Diğer emlak,arazi ve gelirler
1	İmam		47,5	101		148,5	27	3	30	6		6	1145,5	997	
	Ticaret	ev:1				0			0	2		2	240	240	
2	Ziraat		120	118,5		238,5	30	5	35	8		8	1625	1386,5	
3	Ziraat		110	108,3		218,25	30	4,5	34,5	4		4	1291,5	1073,25	
4	Ziraat		95	100,5		195,5	25	3	28	5		5	979,5	784	
	Ticaret	ev:1				0			0	1		1	245	245	245 Hizmetkarlığından
5	Ziraat		150	100,5		250,5	50	4,5	54,5	7		7	961	710,5	
6	Ziraat		150	183		333	50	7	57	9		9	1693	1360	
7	Ziraat		106	83		189	25	5	30	6		6	1041	852	
8	Ziraat		220	92,5	60	372,5	40	4	44	5	39	44	1219,5	847	
9	Ziraat		85	40		125	16	2,5	18,5	3		3	744	619	
10	Ziraat		120	154	84,5	358,5	60	3	63	6	63	69	851	492,5	
	Ticaret					0			0			0	132,5	132,5	132,5 Hizmetkarlığından
	Ticaret					0			0	2		2	275	275	275 Hizmetkarlığından
	Ziraat	ed:1	80		37,5	117,5			0	2	30	32	835	717,5	
11	Ziraat		100	120,8		220,75	30	7	37	4		4	1520	1299,25	
	Ticaret					0			0	1		1	290	290	290 Hizmetkarlığından
12	Ziraat		90	97		187	30	4	34	5		5	1069	882	

	Ticaret					0			0	2		2	240	240	240 Hizmetkarlığından
13	Ziraat		30	37		67	10	2,5	12,5	2		2	516	449	
14	Ziraat		25	28,25		53,25	7	2	9	2		2	311,5	258,25	
15	Ziraat		25	14,75		39,75	7	1	8	1		1	150,5	110,75	
16	Ziraat		30	26,25		56,25	6	8	14	2		2	343	286,75	
17	Ziraat		25	19,5		44,5	4	2	6	3		3	163	118,5	
18	Ziraat		35	37,5		72,5	12	2	14	2		2	492,5	420	
19	Ziraat		20	26		46	10	2	12	3		3	276	230	
20	Ziraat		10			10		0,5	0,5	1		1	180	170	
21	Ticaret		10	4,5		14,5		1	1			0	188	173,5	
22	Ziraat		10	9,5		19,5		2	2	1		1	103	83,5	
23	Ziraat		30	18,5		48,5	6	1,5	7,5	2		2	241	192,5	
24	Ziraat		35	34,5		69,5	10	2	12	3		3	314	244,5	
	Ziraat		77	88,5		165,5	60	3	63	1		1	925	759,5	
	Ticaret		77,5		56,25	133,75		0,5	0,5	3	45	48	535,5	401,75	
	Ziraat		155	77,5	238,25	470,75	60	1	61	2		2	812,5	341,75	
	Ticaret	ev:1				0		0,5	0,5	1		1	256	256	
	Ziraat		270	174,5		444,5	10	3	13	3		3	1347	902,5	
	Ticaret	ev:1				0		0,5	0,5	2	15	17	128	128	128 Hizmetkarlığından
	Ticaret					0			0			0	160	160	160 Hizmetkarlığından
	Ticaret	ev:1	40			40			0	3		3	395	355	
	Ziraat	ev:1	2378			2378		0,5	0,5	2	23	25	200	-2178	200 Hizmetkarlığından
	Ticaret					0		88	88	2	215	217	8	8	

3.1.8. Raçene Karyesi

Sadece 9 hanenin bulunduğu bu karyede hanelerin hepsi çiftlikte yaşamaktadır. 1 numaralı hane kocabaşıdır ve Tablo 8'de görüldüğü gibi kocabaşından cizye alınmamıştır. Defterde de bu durum "Mersumun cizyesi yoktur" diye belirtilmiştir. Raçene karyesinden alınan toplam vergi 1494,3 kuruştur ve bunun 430 kuruşu vergi-yi mahsusa, 328,75 kuruşu Öşür ve geri kalan 735,75'i aded-i ağnamdır. Hanelerin toplam geliri ise 3132,5 kuruştur. Bu çiftlikte 140 dönüm ekili arazi mevcuttur. Diğer bazı karyelerde rastlanan bağ, bostan, pirinç veya duhan tarlaları yoktur. Toplam 680 hayvanın bulunduğu çiftlikte; küçükbaş hayvan sayısı 609 iken büyükbaş 71'dir. Bunun yanında bazı hanelerde Tablo 8'de görüldüğü gibi arı kovanları mevcuttur. Defterlerde bu kovanlara rastlanması hanelerin çeşitli gelir kalemlerine sahip olduklarının tespiti açısından önemlidir.[32]

[32] Bkz.Başbakanlık Osmanlı Arşivi,ML.VRD.TMT.d.15293

Hane Numara	Meslek	Cizye	Vergiyi Mahsusa	Öşür	Ağnam	Toplam Vergi	Ekili Arazi	Toplam Arazi	Büyük Baş	Küçük Baş	Toplam Hayvan	Gelir	Kullanılabilir Gelir	Diğer emlak,arazi ve gelirler
1	Kocabaşı		40	14		54	15	15	3	49	52	140	86	
2	Çiftlikandan	ev:2 a:1	100	55,5	124	279,5	15	15	11	96	107	505	225,5	
3	Çiftlikandan	a:1	50	35,75	93,75	179,5	18	18	8	66	74	337,5	158	
4	Çiftlikandan	a:1 ev:3	45	46	110,5	201,5	15	15	9	83	92	455	253,5	1 Arı Kovanı
5	Çiftlikandan	ev:1	35	38,75	95,5	169,25	15	15	6	74	80	362,5	193,25	
6	Çiftlikandan	a:1 ev:1	80	46,75	114,3	241,05	15	15	13	93	106	437,5	196,45	
7	Çiftlikandan	a:1		30,25	56,25	86,5	12	12	8	42	50	282,5	196	
8	Çiftlikandan	ev:1	30	30,75	45	105,75	20	20	8	38	46	297,5	191,75	2 Arı kovanı
9	Çiftlikandan	a:1	50	31	96,25	177,25	15	15	5	68	73	315	137,75	2 Arı kovanı

3.1.9. İsvilanova Karyesi

Raçene karyesi gibi yine hanelerin tek bir çiftlik arazisini ekip biçtiği İsvilanova Karyesinde gayrimüslim 7 Hane ve bunların "Aylakçiyan" tabir edilen işçileri bulunmaktadır. Toplam 170 dönüm araziyi eken bu 7 hanenin toplam geliri 3806'dır. 425 kuruş Vergi-yi mahsusa, 480,5 kuruş Öşür ve 590,75 kuruş aded-i ağnam olmak üzere 1496,25 kuruş vergi alınmıştır. 547 küçükbaş ve 67 büyükbaş hayvanın bulunduğu karyede 6 dönüm de ekilen diğer arazi vardır. Tablo 9'da Diğer emlak, arazi ve gelirler başlıklı sütunda görülen şundan bundan ibaresi aynen defterde geçtiği gibi nakledilmiştir ve bu ibarenin kaynağı ve yapılışı net olmayan bir hizmetkârlık veya harici bir iş olduğu düşünülmektedir. Aynı zamanda bu kelimenin yanında Koçana kazasına ait bazı defterlerde "şundan bundan gündelikçiliğinden" ibaresi yazılmıştır. Dolayısıyla bu gelir kaleminin bu ve bu gibi geçici ve emek harcanan işlerden hâsıl olduğu sanılmaktadır.[33]

[33] Bkz.Başbakanlık Osmanlı Arşivi,ML.VRD.TMT.d.15294

Hane Numara	Meslek	Cizye	Vergiyi Mahsusa	Öşür	Ağnam	Toplam Vergi	Ekili Arazi	Diğer Arazi	Toplam Arazi	Büyük Baş	Küçük Baş	Toplam Hayvan	Gelir	Kullanılabilir Gelir	Diğer emlak, arazi ve gelirler
1	Çiftlikandan	a:2 ev:2 ed:2	180	78	253	511	60	1	61	14	185	199	430	-81	
2	Aylakçiyan	ev:1		71,25		71,25		0,5	0,5	6	54	60	280	208,75	250 gündelikçi
3	Aylakçiyan	ev:1		71,25		71,25		0,5	0,5	6	54	60	300	228,75	280 gündelikçi
	Aylakçiyan	ev:3				0			0			0	400	400	400 gündelikçi
4	Çiftlikandan	a:1	70	67,5	108,75	246,25	25	1	26	11	80	91	335	88,75	
5	Çiftlikandan	a:1 ed:1	25	45	33,5	103,5	25	1,5	26,5	10	28	38	235	131,5	1 kovan
	Aylakçiyan	ev:1 a:1				0			0	2		2	300	300	300 şundan bundan
	Aylakçiyan	ev:1				0			0	1		1	300	300	300 gündelikçi
	Aylakçiyan	ev:2 ed:1				0			0	1		1	350	350	350 şundan bundan
6	Çiftlikandan	ev:1	50	57	56,25	163,25	30	0,5	30,5	4	42	46	305	141,75	
7	Çiftlikandan	a:1 ev:2 ed:1	100	90,5	139,25	329,75	30	1	31	12	104	116	571	241,25	

3.1.10. Molla Abdullah Çiftliği

Daha önceki Raçene ve İsvilanova Karyelerinin çiftlik yapısının aksine bu yerleşim biriminde bir hane çiftlik sahibi olarak yer almaktadır. Çiftlik sahibinin beş adet hizmetkârı mevcuttur. Çiftlikte yaşayan diğer haneler ise çiftlik sahibinin arazisini belirli bir para karşılığı, ortağı(şeriki) olarak ekmektedir. Tablo 10'da görüldüğü gibi Ziraat ashabı olan hanelerde belirli miktarlarda ortakçılıktan (şeriklikten) dolayı kesintiler (tenziller) görülmektedir. 1 Numaralı ilk hanede ise yine bu ortakçılıktan belirli bir ilave, ek gelir görülmektedir. Aynı zamanda sadece ilk haneden Vergi-yi mahsusa alınması da dikkat çekmektedir.

Çiftlikten alınan toplam vergi 2638,5 kuruştur. Bunun 1240 kuruşu hane 1'den alınan vergi-yi mahsusadır, 1399 kuruşu ise Öşür vergisidir. Aded-i ağnam ise bu çiftikte alınmamıştır. Hanelerin toplam geliri ise 17.534 kuruştur. 228 dönüm arazinin tamamı 1 numaralı haneye aittir. Bunun yanında 113 dönüm diğer arazi mevcuttur. Çiftlikte 147 hayvan bulunmaktadır bunun 80'i büyükbaş 67'si ise küçükbaştır.[34]

[34] Bkz.Başbakanlık Osmanlı Arşivi,ML.VRD.TMT.d.15295

Hane Numara	Meslek	Cizye	Vergiyi Mahsusa	Öşür	Toplam Vergi	Ekili Arazi	Diğer Arazi	Toplam Arazi	Büyük Baş	Küçük Baş	Toplam Hayvan	Gelir	Kullanılabilir Gelir	Diğer emlak,arazi ve gelirler
1	Ziraat		1240	900	2140	228	77	305	30	32	62	12441	10301	2896 Şeriki ilavesi/6 değirmen
	Hizmetkar	ev:1			0			0	3		3	370	370	
	Hizmetkar	ev:1			0		0,5	0,5	3		3	415	415	
	Hizmetkar	ev:1			0			0	3		3	370	370	
	Hizmetkar	ev:1			0			0	4		4	370	370	
	Hizmetkar	ev:1			0			0			0	370	370	
	Ziraat	ev:1		76	76	40	5,5	45,5	4		4	542,5	466,5	447,5 Şeriki tenzili
	Ziraat	ev:1		58,5	58,5	32	4,5	36,5	5		5	346,5	288	257,5 Şeriki tenzili
	Ziraat	a:1		81,5	81,5	30	5,5	35,5	6		6	573,5	492	542,5 Şeriki tenzili
	Ziraat	a:1		51	51	40	6	46	6		6	341	290	315 Şeriki tenzili
	Ziraat	ev:1		67	67	40	4	44	3		3	426	359	395 Şeriki tenzili
	Ziraat	a:1		44,5	44,5	30	3	33	4	15	19	328,5	284	297,5 Şeriki tenzili
	Ziraat	ev:1		38,5	38,5	30	3	33	4		4	225	186,5	210 Şeriki tenzili
	Ziraat	a:1		81,5	81,5	30	4	34	5	20	25	460	378,5	431 Şeriki tenzili

3.1.11. Paşacık Karyesi

Ziraat ile meşgul hanelerin ve defterlerde "çiftlikandan" diye tabir edilen toprak sahiplerinin ya da çiftlikte yaşayanların oluşturduğu bu karyede Kocabaşı olan ilk kişi haricinde hanelere numara verilmemiştir. Bunun sebebi tespit edilememekle birlikte defteri tutan kocabaşının kararı ya da bu karyede daha önceki Raçene karyesi gibi bir çiftlik yapısının olduğu düşünülmektedir. Müslim ve gayrimüslim ahalinin karışık olduğu Paşacık'ta toplanan toplam vergi 1550,5 kuruştur. Bu verginin içerisinde aded-i ağnam yoktur, toplam vergi-yi mahsusa 823,5 kuruş iken Öşür 727 kuruştur. Toplam ekili arazi 709 dönümdür. Arazilerin birçoğu ortakçı ilişkileri ile ekilmiş ve arazisi olmamasına rağmen başka bir hanenin arazisini eken kişi, toprak sahibine belirli bir pay vermiştir. Bu durum Tablo 11'de "şeriki tenzili" ibaresi ile görülmektedir. Bu karyede diğer arazi 39,5 dönümdür. Toplam hayvan sayısı 92'si büyükbaş 368'i küçükbaş olmak üzere toplam 460 baştır. Paşacık karyesinde hanelerin toplam geliri ise 1063,5 kuruştur.[35]

[35] Bkz.Başbakanlık Osmanlı Arşivi,ML.VRD.TMT.d.15297

Hane Numara	Meslek	Cizye	Vergiyi Mahsusa	Öşür	Toplam Vergi	Ekili Arazi	Diğer Arazi	Toplam Arazi	Büyük Baş	Küçük Baş	Toplam Hayvan	Gelir	Kullanılabilir Gelir	Diğer emlak,arazi ve gelirler
1	Ziraat/ Kocabaşı	ev:1	25	43,5	68,5	60	1,5	61,5	3	19	22	292,5	224	267,5 şeriki tenzili
	Çiflikandan		25		25		0,5	0,5	1		1	267,5	242,5	
	Çiflikandan		10		10	15		15	1		1	225	215	
	Ziraat	ev:1	10	35	45		2	2	3		3	314	269	225 şeriki tenzili
	Hizmetkar	ev:1			0			0	1		1	300	300	
	Ziraat				0	25		25	3		3	162,5	162,5	
	Çiflikandan		10		10		2	2	2	6	8	246,5	236,5	162,5 şeriki tenzili
	Çiflikandan		75		75	40		40	1		1	172,5	97,5	
	Ziraat	ev:1	75	34,5	109,5		1	1	3	10	13	224,5	115	172,5 şeriki tenzili
	Hizmetkar	ev:1	10		10			0	2	5	7	300	290	
	Çiflikandan		12,5		12,5	60		60	1	4	5	205	192,5	
	Ziraat		22,5	41	63,5		0,5	0,5	1	8	9	305	241,5	205 şeriki tenzili
	Ziraat		10	17,5	27,5	10	0,5	10,5	7	88	95	225	197,5	
	Ziraat		10	10,5	20,5	7	0,5	7,5			0	137	116,5	
	Ziraat		20	21	41	10	2	12	4		4	342	301	

	Ziraat		22,5		22,5	33		33	1		1	175	152,5	
	Ziraat	ev:1	27,5	48,5	76	45	1,5	46,5	4	7	11	380	304	
	Ziraat	a:1	15	17,5	32,5	10	2	12	4	35	39	365	332,5	
	Ziraat	a:1	25	35	60	13	2	15	4	33	37	450	390	
	Ziraat		10	27,5	37,5	5	2,5	7,5	2	16	18	370	332,5	
	Ziraat	a:1	20	41	61	15	2	17	7	19	26	510	449	
	Ziraat	ev:1	25		25			0			0		-25	
	Ziraat	ev:1	25		25	40		40	1		1		-25	
	Çiflikandan		22,5	45	67,5	30	1,5	31,5	1		1	234	166,5	255 şeriki tenzili
	Ziraat		22,5		22,5	7	1	8	3	27	30	414	391,5	
	Hizmetkar	ev:1			0		0,5	0,5			0	200	200	
	Ziraat		30		30	50		50	2		2	225	195	
	Ziraat	a:1	30		30		1	1	3	35	38	225	195	225 şeriki tenzili
	Çiflikandan		30		30	50		50	1		1	302,5	272,5	
	Ziraat	ev:1	50	60,5	110,5	50	2	52	2		2	376,5	266	302,5 şeriki tenzili
	Ziraat		8	21	29	6	2	8	3	9	12	284	255	
	Çiflikandan		27,5		27,5	45		45	1		1	242	214,5	
	Ziraat	ev:1	8	22,5	30,5	4	1,5	5,5	3	16	19	331,5	301	
	Ziraat	ev:1	15	24,5	39,5	10	1,5	11,5	2	8	10	297,5	258	
	Hizmetkar	ev:1	15		15			0	1		1	325	310	

	Çiflikandan		10		10	25		25	1		1	265	255	
	Ziraat	ev:1	20	53	73	8	2	10	2		2	565	492	265 şeriki tenzili
	Ziraat	a:1	30	22	52	25	2	27	5	23	28	310	258	
	Ziraat		10	50	60	5	2,5	7,5	3		3	552	492	
	Ziraat		10	56	66	6	1,5	7,5	3		3	612	546	

3.1.12. Viroste Karyesi

Çoğunluğun Müslüman olduğu bu karyede Tüccarların ve Hizmetkârların sayısı dikkat çekmektedir. Defterlerde hizmetkârlığından geliri olan birçok kişinin tanımlamasında "Erbab-ı Ticaret" denilmektedir. Bu kişinin hem hizmetkârlığından geliri olması hem de ticaretle uğraşması o kişinin ya yanında çalıştığı kişinin ürünlerini pazarda satan, ticaret yapan hizmetkâr olduğu ya da asıl mesleğinin ticaret olup ek gelir elde etmek için hizmetkârlık yaptığı düşünülmektedir. Ayrıca hizmetkâr kelimesinin günümüz manasından biraz daha farklı bir şekilde işçi vasfına daha yakın olduğu sanılmaktadır.

Karyede bahsi geçen hizmetkârların büyük bir kısmından Vergi-yi Mahsusa alınmamıştır, vergi-yi mahsusa alınan kişiler ise arazisi olup bu araziden gelir elde edenlerdir. Hizmetkârlık geliri olmayan tüccarlardan ise Vergi-yi mahsusa alınmıştır. Viroste'de toplanan toplam Vergi-yi mahsusa ise 2734 kuruştur. Bunun haricinde Öşür 4044 kuruştur. Aded-i ağnam ise 674,35 kuruştur. Dolayısıyla toplam vergi ise 7452,35 kuruş olarak hesaplanmıştır. Hanelerin toplam geliri ise 56.605,5 kuruştur. 600 dönüm ekili arazi bulunan karyede diğer arazi 217 dönümdür. 171 büyükbaş ve 500 küçükbaş olmak üzere 671 baş toplam hayvan bulunmaktadır. Bunun haricinde 51 numaralı hanede 1 asiyab ve 1 arı kovanı mevcuttur. 76 numaralı hanenin ek geliri "354 kuruş hafriyatçılığından" dikkat çekmektedir.[36]

[36] Bkz.Başbakanlık Osmanlı Arşivi,ML.VRD.TMT.d.15298

Hane Numara	Meslek	Cizye	Vergiyi Mahsusa	Öşür	Ağnam	Toplam Vergi	Ekili Arazi	Diğer Arazi	Toplam Arazi	Büyük Baş	Küçük Baş	Toplam Hayvan	Gelir	Kullanılab ilir Gelir	Diğer emlak,arazi ve gelirler
1	İmam			20		20	10	1	11	2		2	650	630	
2	Ziraat		200	394	84,3	678,3	55	17,5	72,5	17	65	82	4220	3541,7	
3	Ticaret	ev:2				0		0,5	0,5	1		1	950	950	950 Hizmetkarlığından
4	Ticaret					0			0	1		1	275	275	275 Hizmetkarlığından
5	Ticaret					0			0			0	242,5	242,5	242,5 Hizmetkarlığından
6	Ticaret				30	30			0		24	24	180	150	180 Hizmetkarlığından
7	Ziraat		250	395	84,3	729,3	55	19	74	11	65	76	4708,5	3979,2	
8	Ticaret			10		10		0,5	0,5			0	545	535	545 Hizmetkarlığından
9	Ticaret			10		10		0,5	0,5			0	445	435	445 Hizmetkarlığından
10	Ticaret					0			0			0	200	200	200 Hizmetkarlığından
11	Ticaret	ev:1		10,5	30	40,5		1,5	1,5	1	16	17	290	249,5	225 Hizmetkarlığından
12	Ticaret		12			12		0,5	0,5	1		1	415	403	375 Hizmetkarlığından
13	Ziraat		52,5	100	20,3	172,8	20	5	25	4	6	10	1485	1312,2	
14	Ticaret	ev:1				0			0			0	370	370	370 Hizmetkarlığından

15	Ticaret					0			0			0	250	250	250 Hizmetkarlığından
16	Ticaret		10	10,5		20,5		1	1	1		1	222,5	202	
17	Ziraat		45	41,75	37,5	124,25	10	2	12	4	22	26	527	402,75	
18	Ziraat		40	66,25	30	136,25	6	4	10	3	22	25	752,5	616,25	
19	Ticaret		16	20,5		36,5	2	1,5	3,5	1		1	210	173,5	
20	Ticaret		12	12,5		24,5		1,5	1,5	1		1	135	110,5	
21	Ticaret		25			25	3	2,5	5,5	3		3		-25	
22	Ticaret		12,5			12,5		2	2	1		1	130	117,5	
23	Ziraat		100	80,75		180,75	25	5	30	3		3	1122,5	941,75	
24	Ziraat		25	84,25		109,25	5	3,5	8,5	4		4	1142,5	1033,25	
25	Ziraat		60	80,25		140,25	20	4,5	24,5	3		3	657,5	517,25	
26	Ticaret					0			0			0	110	110	110 Hizmetkarlığından
27	Ziraat		25	51,25		76,25	8	3	11	2		2	537,5	461,25	
28	Ziraat		25	39,5		64,5	6	3	9	3		3	1125	1060,5	
29	Ziraat		30	46,75		76,75	4	3	7	3		3	277,5	200,75	
30	Ziraat		30	42,75		72,75	12	3	15	2		2	625	552,25	
31	Ziraat		25	49,5		74,5	5	3	8	2		2	565	490,5	
32	Ticaret					0			0			0	200	200	200 Hizmetkarlığından
34	Ziraat		60	94,75		154,75	20	4,5	24,5	5		5	764,5	609,75	
35	Ticaret					0			0			0	150	150	150 Hizmetkarlığından
36	Ziraat		45	56,5		101,5	10	3	13	1		1	677,5	576	
37	Ticaret					0			0			0	275	275	275 Hizmetkarlığından

38	Ticaret		20	22,5		42,5		2	2	1		1	280	237,5	
39	Ziraat		30	26		56	2	2	4	2		2	402,5	346,5	
40	Ticaret		15	22,5		37,5		2	2	1		1	335	297,5	
41	Ziraat		45	73,5		118,5	12	4,5	16,5	4		4	705	586,5	
42	Ticaret					0			0			0	240	240	240 Hizmetkarlığından
43	Ziraat		40	71,5		111,5	10	3	13	3		3	497,5	386	
44	Ziraat		40	57,25	11,25	108,5	12	3	15	4	10	14	530	421,5	
45	Ziraat		20	49,5		69,5	5	3	8	3		3	465	395,5	
46	Ziraat		40	85		125	14	4	18	3		3	925	800	
47	Ziraat		20	71,75		91,75	7	3,5	10,5	4		4	672,5	580,75	
48	Ticaret		12	23,5		35,5	5	1	6	1		1	315	279,5	
49	Ziraat		35	71,75		106,75	10	3,5	13,5	3		3	1012,5	905,75	
50	Ticaret		30	32,5		62,5		2,5	2,5	1		1	695	632,5	
51	Ziraat		20	367,5	48,75	436,25	50	18,5	68,5	10	35	45	4430	3993,75	1 Asiyab 1 Kovan
52	Ticaret					0			0			0	250	250	250 Hizmetkarlığından
53	Ticaret					0			0			0	230	230	230 Hizmetkarlığından
54	Ticaret					0			0			0	160	160	160 Hizmetkarlığından
55	Ticaret		45	105,3	41,25	191,5	15	5	20	5	30	35	1282,5	1091	
56	Ticaret					0			0			0	220	220	220 Hizmetkarlığından
57	Ticaret					0			0			0	150	150	150 Hizmetkarlığından

58	Ticaret					0			0			0	200	200	200 Hizmetkarlığından
59	Ticaret		20	42,5		62,5		3	3	2		2	425	362,5	
60	Ticaret					0			0			0	250	250	250 Hizmetkarlığından
61	Ziraat		55	92,5	20,3	167,8	12	5	17	4	17	21	1130	962,2	
62	Ticaret					0			0			0	140	140	140 Hizmetkarlığından
63	Ziraat		55	92,5	35,75	183,25	12	5	17	4	26	30	1130	946,75	
	Ticaret					0			0			0	180	180	180 Hizmetkarlığından
64	Ticaret		15	30		45	5	1,5	6,5	1	9	10	600	555	
65	Ziraat		60	117,3		177,25	25	5	30	6		6	1277, 5	1100,25	
66	Ticaret					0			0			0	370	370	370 Hizmetkarlığından
67	Ziraat		180	258		438	30	10	40	8		8	2290	1852	
68	Ticaret					0		1	1	2		2	775	775	475 Hizmetkarlığından
69	Ticaret		12		56,25	68,25			0		45	45	180	111,75	180 Hizmetkarlığından
70	Ziraat		25	22,5		47,5	10	1,5	11,5	2		2	67	19,5	
71	Ziraat		100	126,5		226,5	30	6	36	4		4	1395	1168,5	
72	Ticaret					0			0			0	300	300	300 Hizmetkarlığından
73	Ticaret					0			0			0	250	250	250 Hizmetkarlığından
74	Ziraat		400	28,75		428,75	10	1	11	1		1	312,5	-116,25	
75	Ziraat		110	114,8	52,5	277,25	12	6	18	2	33	35	1422,5	1145,25	

76	Ziraat		25	59		84	4	3	7	2		2	934	850	354 Hafriyatçılığından
77	Ziraat		80	114,8	33,75	228,5	20	7,5	27,5	3	34	37	1417,5	1189	
78	Ziraat		60	91,25	58,15	209,4	10	5	15	3	41	44	1087,5	878,1	
79	Ticaret					0			0			0	337	337	337 Hizmetkarlığından
80	Ticaret					0			0			0	200	200	200 Hizmetkarlığından
81	Ziraat		25	56,5		81,5	2	3	5	2		2	705	623,5	

3.1.13. Tırbonbice Karyesi

Az sayıda hanenin bulunduğu bu karyede hanelere numara verilmemiştir. 4 arazi sahibi ve bunların ortakçıları ile hizmetkârlarının bulunduğu karyede sadece 3 haneden cizye resmi alınmıştır. Toplam vergi-yi mahsusa 439 kuruş, Öşür 549 kuruştur, aded-i ağnam ise yoktur. Dolayısıyla toplam vergi 988 kuruştur buna karşın toplam gelir ise 7084,5 kuruştur. 417 dönüm ekili arazi var iken 32,5 dönüm diğer arazi vardır. 69 büyükbaş 227 küçükbaş olmak üzere toplam 296 baş hayvan mevcuttur.[37]

[37] Bkz.Başbakanlık Osmanlı Arşivi,ML.VRD.TMT.d.15299

Hane Numara	Meslek	Cizye	Vergiyi Mahsusa	Öşür	Toplam Vergi	Ekili Arazi	Diğer Arazi	Toplam Arazi	Büyük Baş	Küçük Baş	Toplam Hayvan	Gelir	Kullanılab ilir Gelir	Diğer emlak, arazi ve gelirler
	Ziraat	a:1	21	56	77	30	1,5	31,5	5	76	81	639	562	
	Ziraat	e:1	21	38,5	59,5	20	2	22	9	50	59	457	397,5	
	Ziraat		21	36,5	57,5	12	2	14	9		9	439	381,5	
	Çiftlikandan		30		30	80		80			0	275	245	
	Ziraat		30	55	85		3	3	6		6	357	272	275 Şeriki tenzili
	Ziraat		20	22,5	42,5	40	1,5	41,5	6	38	44	267	224,5	
	Ziraat				0	25		25			0	140	140	
	Ziraat			34,5	34,5		1,5	1,5	4		4	242	207,5	140 Şeriki tenzili
	Çiftlikandan		30		30	150		150			0	262,5	232,5	
	Ziraat		30	52,5	82,5		5,5	5,5	7	21	28	422,5	340	262,5 şeriki tenzili
	Ziraat		30	71	101		5,5	5,5	2	30	32	507	406	355 şeriki tenzili
	Ziraat		30	44,5	74,5		4	4	4		4	354,5	280	222,5 şeriki tenzili
	Hizmetkar	e:1			0			0			0	100	100	
	Hizmetkar				0			0	2	12	14	200	200	
	Çiftlikandan		44		44	30		30	3		3	345	301	
	Ziraat		44	69	113		5	5	5		5	430	317	325 şeriki tenzili
	Çiftlikandan		44		44	30		30			0	345	301	
	Ziraat		44	69	113		1	1	5		5	382	269	345 şeriki tenzili
	Hizmetkar				0			0	2		2	200	200	

3.1.14. Dince Karyesi Mehmed Ali Bey Çiftliği

Dince karyesinde bulunan Mehmed Ali Bey çiftliğinin yer aldığı bu defterde karye, çiftlikten ibaret olduğundan hane numaraları konulmadığı düşünülmektedir. Mehmed Ali Bey'in ve hizmetkârlarının yaşadığı bu çiftlikte "Hizmetkâr" tanımlamaları dikkat çekmektedir. Daha önce Viroste karyesinde bahsi geçen "erbabı ticaretten idüğü" ibaresi geçip hizmetkârlık geliri olan hanelerin, bir benzeri burada da mevcuttur. Bu karyede daha net görülmektedir ki bir çiftlikte, çiftlik sahibinin arazisini ekip biçen hizmetkârlar, sanki kendi tarlasını ekiyormuş gibi "ashabı ziraattan idüğü" ibaresiyle kayda geçmiştir. Bu durum hizmetkâr kelimesinin kullanımının günümüzden farklı olduğunu ortaya koymaktadır.

Ayrıca bu ve bundan sonraki birçok karyede Koçana'da pirinç yetiştiriciliğinin yaygın olduğu hesaba katılarak bir çok dink(dibek) kaydı görülmektedir. Dink ya da dibek; pirinç dövmeye yarayan ve hayvanla çekilen büyük taş silindire ya da tahılların kabuğunu ayırmakta kullanılan taş değirmene verilen addır.[38]

Bu çiftlikte hizmetkârların büyük bölümü gayrimüslimdir ve cizye alınmıştır. Bunun haricinde vergi-yi mahsusa sadece Mehmed Ali Bey'den 1815 kuruş alınmıştır. Öşür ise 449 kuruşu Mehmed Ali Bey'den olmak üzere toplam 588,5 kuruştur. Aded-i ağnam ise sadece iki haneden alınmış ve toplam 86 kuruştur. Dolayısıyla alınan toplam vergi 2489,5 kuruş ve toplam gelir ise 12.050 kuruştur. Çiftlikteki 310 dönüm ekili arazinin 300 dönümü Mehmed Ali Bey'e aittir. Diğer araziler ise 67 dönümdür. 58 büyükbaş hayvanın bulunduğu karyede 194 küçükbaş hayvan, toplamda da 252 baş hayvan mevcuttur. Aynı zamanda Mehmed Ali Bey'in 11 evini kiraya verdiği Tablo 14'de görülmektedir.

Bu evler defterlerde örneğin "3 kıta hane, icaresinden 120 kuruş" gibi ibareler ile kaydedilmiştir.[39]

---

[38] **Ötüken Türkçe Sözlük**, "Dink", İstanbul: Ötüken Neşriyat, 2007,s.1231
[39] Bkz.Başbakanlık Osmanlı Arşivi,ML.VRD.TMT.d.15300

Hane Numara	Meslek	Cizye	Vergiyi Mahsusa	Öşür	Ağnam	Toplam Vergi	Ekili Arazi	Diğer Arazi	Toplam Arazi	Büyük Baş	Küçük Baş	Toplam Hayvan	Gelir	Kullanılabilir Gelir	Diğer emlak,arazi ve gelirler
	Çiftlikandan		1815	449		2264	300	41	341	22		22	6910	4646	2 Asiyab, 2 tokmak dibek,11 Hane icarda
	Ziraat	e:1		21	30	51		2	2	2	20	22	474	423	
	Ticaret	e:1				0			0	1		1	280	280	
	Hizmetkar					0			0			0	280	280	
	Hizmetkar	e:1				0		0,5	0,5	1		1	280	280	
	Hizmetkar					0			0			0	280	280	
	Hizmetkar	e:1		21		21	3	2	5	2		2	252	231	100 Hizmetkarlığından
	Hizmetkar	e:1		51	56	107		1	1		36	36	116	9	100 Hizmetkarlığından
	Hancı	e:1				0		2,5	2,5	1		1	310	310	
	Hizmetkar	e:1				0		1,5	1,5		30	30	200	200	100 Hizmetkarlığından
	Hizmetkar	e:1				0		1,5	1,5	2		2	320	320	200 Hizmetkarlığından
	Ziraat	e:1				0	3	3,5	6,5	3		3	410	410	
	Hizmetkar	e:1				0		1,5	1,5	2		2	342	342	150 Hizmetkarlığından
	Hizmetkar	e:1				0		1	1	1		1	214	214	150 Hizmetkarlığından
	Ziraat	e:1				0		2,5	2,5	1		1	310	310	100 Hizmetkarlığından
	Hizmetkar	e:1				0			0			0	200	200	

	Hizmetkar	e:1				0		1,5	1,5	3		3	262	262	150 Hizmetkarlığından
	Hizmetkar	e:1				0		1,5	1,5			0	132	132	100 Hizmetkarlığından
	Hizmetkar	e:1				0		1,5	1,5	1	20	21	304	304	200 Hizmetkarlığından
	Ziraat	e:1				0	0,5		0,5	6	45	51	35	35	35 şeriki tenzili
	Ziraat	a:1		36		36	0,5		0,5	10	43	53	180	144	
	Ziraat	e:1		10,5		10,5	3	2	5			0	355	344,5	

3.1.15. Gradiç Karyesi

Nüfusun hemen hemen hepsinin Müslüman olduğu 121 haneli bu karyede, Ziraat ile uğraşanlar, Tüccarlar, hizmetkârlar, 1 Boyacı ve 2 İmam mevcuttur. Toplanan toplam verginin 9258,95 kuruş olduğu Gradiç'te, İmamlardan vergi-yi mahsusa alınmamıştır. Bunun haricinde toplam vergi-yi mahsusa 2794,75 kuruş, Öşür 5256 kuruş, aded-i ağnam ise 1208,2 kuruştur. Buna karşılık hanelerin toplam geliri ise 73.944 kuruştur. Toplam 1022 dönüm arazi ekilirken diğer araziler ise 276,54 dönümdür. 1316 baş hayvanın bulunduğu karyede bunların 388'i büyükbaş, 928'i ise küçükbaştır.[40]

---

[40] Bkz.Başbakanlık Osmanlı Arşivi,ML.VRD.TMT.d.15301

Hane Numara	Meslek	Cizye	Vergiyi Mahsusa	Öşür	Ağnam	Toplam Vergi	Ekili Arazi	Diğer Arazi	Toplam Arazi	Büyük Baş	Küçük Baş	Toplam Hayvan	Gelir	Kullanılabilir Gelir	Diğer emlak,arazi, ve gelirler
1	İmam			41,5		41,5	10	3,5	13,5	4		4	585	543,5	
2	Ziraat		15	32	5,5	52,5	7	2	9	5	5	10	415	362,5	
3	Ziraat		30	41,5	13	84,5	12	2,5	14,5	5	10	15	590	505,5	
4	Ziraat			90		90	20	5,5	25,5	7	6	13	1732	1642	2 Taş değirmen, 2 dibek tokmak
	Hizmetkar	ev:1				0			0			0	320	320	
5	Ziraat		15	29		44	8	2,5	10,5	3		3	378	334	
6	Ziraat		15	21,75		36,75	10	2	12	1		1	260	223,25	
7	Ziraat		25	45	5,5	75,5	12	2,5	14,5	4		4	570	494,5	
8	Ziraat		25	45	5,5	75,5	15	1,5	16,5	3	3	6	530	454,5	
9	Ziraat		80	104		184	15	2	17	4		4	1310	1126	
10	Ziraat		50	138	5,5	193,5	22	5	27	6	95	101	2285	2091,5	
	Hizmetkar					0			0			0	50	50	
	Hizmetkar				5,5	5,5			0		5	5	170	164,5	
11	Ziraat		25	68,5	24,2	117,7	12	3	15	3	12	15	845	727,3	
12	Ziraat		40	87,5		127,5	17	4	21	5		5	1355	1227,5	
	Hizmetkar					0			0			0	200	200	
13	Ticaret		10			10			0	2		2	280	270	200 Ticarettten
14	Ziraat		30	53,5		83,5	10	3	13	4		4	685	601,5	
15	Ziraat		40	126		166	18	5	23	5		5	1840	1674	
	Hizmetkar					0			0			0	160	160	
16	Ziraat		50	130,5		180,5	18	4	22	6		6	1610	1429,5	1 dibektokmak
	Hizmetkar					0			0			0	1610	1610	
17	Ziraat		35	90	18,75	143,75	15	4	19	5	12	17	1055	911,25	
18	Ziraat		60	106,5	7,5	174	22	4,5	26,5	3	7	10	1205	1031	
19	Ziraat		40	116		156	20	4	24	5		5	1410	1254	1 asiyab

	Ticaret					0			0			0	205	205	205 Hizmetkarlığından
20	Ziraat		10	32		42	5	2	7	2		2	405	363	
21	Hizmetkar		12	1		13			0	2		2	330	317	250 hizmetkarlığından
22	Hizmetkar		10			10		1,5	1,5	1		1	130	120	
23	Ziraat		14	17		31	5	1,5	6,5	4		4	325	294	1 asiyab
24	Ziraat		15	33,5		48,5	5	3	8	4		4	300	251,5	
25	Ziraat		15	38		53	10	3	13	3		3	540	487	
26	Ziraat		15	1	7,5	23,5		1	1	1	4	5	130	106,5	1 asiyab
27	Ziraat		70	191,5	86,25	347,75	30	7	37	9	31	40	2145	1797,25	
	Ticaret	ev:1				0			0			0	150	150	
	Ticaret					0			0	2	48	50	150	150	
			10	4,5		14,5	4		4			0	45	30,5	
28	Ziraat		97,75	213		310,75	60	10,5	70,5	9		9	2090	1779,25	
	Hizmetkar					0			0			0	320	320	320 Hizmetkarlığından
	Hizmetkar					0			0			0	320	320	320 Hizmetkarlığından
29	Ziraat		20	33	5,5	58,5	8	1,5	9,5	3	2	5	465	406,5	
30	Ziraat		80	42,5	68	190,5	10	3	13	4	50	54	625	434,5	
31	Ziraat		25	17,75		42,75	3	1,5	4,5	4		4	335	292,25	
32	Ziraat		35	33,5		68,5	10	2	12	1		1	557	488,5	
33	Ziraat		25	6		31	4	1,5	5,5	2	2	4	160	129	
34	Hizmetkar		5			5		0,5	0,5	1		1	60	55	
35	Hizmetkar		15	5,5	3,75	24,25	1	1,5	2,5	1	2	3	123	98,75	
36	Hizmetkar		20	1		21		1	1	1		1	300	279	200 hizmetkarlığından

37	Hizmetkar		10	2		12		1,5	1,5	2		2	415	403	250 hizmetkarlığından
38	Hizmetkar		15		1	16		1	1	1		1	340	324	250 hizmetkarlığından
39	Ziraat		25	16,5		41,5	5	1,5	6,5	1		1	265	223,5	
40	İmam			31,5	50,5	82	6	2,5	8,5	4	40	44	525	443	0,5 asiyab
41	Ziraat		50	106,5		156,5	30	4	34	7	50	57	1225	1068,5	
	Ticaret					0			0			0	180	180	180 Hizmetkarlığından
	Hizmetkar				7,5	7,5			0	1	4	5	300	292,5	
42	Ziraat		12	36,5		48,5	7	2,5	9,5	2		2	479	430,5	1 kıta hane
43	Ziraat		12	25,5		37,5	6	2,5	8,5	4		4	449	411,5	
44	Ziraat		12	30	9,25	51,25	5	1,5	6,5	4	7	11	359	307,75	
45	Ziraat		25	43	5,5	73,5	10	1,5	11,5	5	3	8	510	436,5	
46	Ziraat		14	21		35	7	1	8	3		3	290	255	
47	Ziraat		14	31,5	13	58,5	5	2,5	7,5	2	7	9	405	346,5	
48	Ziraat		14	29	3,75	46,75	7	1,5	8,5	3	2	5	349	302,25	
49	Ziraat		30	58	97,5	185,5	14	3,5	17,5	4	37	41	570	384,5	
50	Ziraat		30	44	13	87	15	2,5	17,5	5	11	16	545	458	
51	Ziraat		20	53		73	6	2,5	8,5	3		3	695	622	
52	Ziraat		30	165,5		195,5	10	2,5	12,5	5		5	1565	1369,5	
53	Ziraat		20	28,25		48,25	5	2,5	7,5	2		2	390	341,75	
54	Ziraat		20	27		47	8	1,5	9,5	3		3	335	288	
55	Ziraat		20	28		48	9	2,5	11,5	4		4	315	267	
56	Ziraat		40	71		111	12	2	14	2		2	805	694	
57	Ziraat		25	95,75		120,75	11	1,5	12,5	2		2	260	139,25	
58	Ziraat		10	2		12	1	1,5	2,5	2		2	489	477	400 Ticaretten
59	Ziraat		25	28		53	10	1,5	11,5	5		5	345	292	
60	Ticaret		25	1,5		26,5		1,5	1,5	3		3	550	523,5	1 asiyab

61	Ziraat		35	59		94	9	1,5	10,5	4		4	570	476	
62	Ziraat		20	1		21	5	1	6	2		2	120	99	
63	Ziraat		50	59		109	12	3,5	15,5	5		5	652	543	
64	Ziraat		30	25		55	10	1,5	11,5	3		3	375	320	
65	Ziraat		30	41,5	33,75	105,25	13	2,5	15,5	3	27	30	535	429,75	
66	Ziraat		30	23	16,75	69,75	8	1	9	1	13	14	320	250,25	
67	Ziraat		32	41		73	16	2,5	18,5	4		4	565	492	
68	Ziraat		20	42		62	10	2	12	3		3	455	393	
69	Ziraat		5	1		6	0,5	1	1,5	2		2	380	374	
70	Hizmetkar		15	25,5	7,5	48		1	1	1	4	5	425	377	150 Hizmetkarlığından
71	Ziraat		15	14	3,75	32,75	4	1,5	5,5	1	2	3	205	172,25	
72	Hizmetkar		5		3,75	8,75			0	1	2	3	200	191,25	
73	Hizmetkar		10			10		1	1	2		2	260	250	200 hizmetkarlığından
74	Ziraat		10	24,5		34,5	5	2	7	3		3	395	360,5	
75	Ziraat		20	31		51	4	2	6	3		3	144	93	
76	Ziraat		25	61		86	6	2,5	8,5	5		5	725	639	
77	Ziraat		20	19,5		39,5	3	1,5	4,5	2		2	345	305,5	
78	Ziraat		15	48	3,75	66,75	3	2,5	5,5	2	2	4	470	403,25	
79	Ziraat		40	70	15	125	15	4	19	6	10	16	795	670	
80	Ziraat		20	108		128	5	2,5	7,5	2		2	430	302	
81	Ziraat		25	46,5	7,5	79	10	2	12	3	4	7	450	371	
82	Ziraat		25	25,25		50,25	5	2,5	7,5	2		2	335	284,75	
83	Ziraat		20	47,5		67,5	7	2,5	9,5	5		5	650	582,5	
84	Ziraat		5	9		14	3	1,5	4,5	1		1	112	98	
85	Hizmetkar		5	1		6		1	1	2		2	164	158	100 hizmetkarlığından
86	Ziraat		10	1		11	8	1	9			0	182	171	

87	Ziraat		35	84,5		119,5	18	2,5	20,5	5		5	119 9	1079,5	1 asiyab
	Hizmetkar					0			0			0	120	120	
88	Ziraat		15	45,5		60,5	8	3	11	3		3	479	418,5	
89	Ziraat		30	100	22,5	152,5	18	3,54	21,54	4	12	16	107 0	917,5	
	Hizmetkar					0			0			0	250	250	
90	İmam			71,5		71,5	6	2,5	8,5	4		4	650	578,5	
91	Ziraat		27	72	46,75	145,75	10	2,5	12,5	3	13	16	755	609,25	1 asiyab
92	Ziraat		15	25	15	55	5	2	7	3	13	16	455	400	1 asiyab
93	Ziraat		35	65,5	66,75	167,25	15	3,5	18,5	5	42	47	905	737,75	
	Hizmetkar					0			0			0	165	165	165 Hizmetkarlığından
94	Ziraat		30	64,75	11,25	106	8	3,5	11,5	3	6	9	580	474	
95	Ziraat		18	41,25	16,75	76	7	2,5	9,5	3	14	17	445	369	
96	Ziraat		25	66,5		91,5	9	3	12	4		4	650	558,5	
97	Ziraat		30	71	46,75	147,75	10	3,5	13,5	4	40	44	735	587,25	
	Hizmetkar	ev:1				0			0			0	300	300	300 Hizmetkarlığından
	Hizmetkar	ev:1				0			0			0	170	170	170 Hizmetkarlığından
98	Ziraat		25	18,25	46,75	90	5	1,5	6,5	2	35	37	265	175	
	Hizmetkar	ev:1				0			0			0	230	230	
99	Ziraat		25	45,75	35,75	106,5	10	3	13	3	29	32	265	158,5	
	Hizmetkar	ev:1				0			0			0	140	140	
100	Ziraat		25	27,75	93,75	146,5	8	1,5	9,5	4	75	79	380	233,5	
	Hizmetkar	ev:1				0			0			0	150	150	
101	Ziraat		20	69	107,5	196,5	8	3	11	3	30	33	770	573,5	

	Hizmetkar					0			0			0	100	100	100 Hizmetkarlığından
102	Ziraat		25	38		63	6	1,5	7,5	6		6	480	417	
103	Ziraat		10	16,5		26,5	5	1	6	5		5	255	228,5	
104	Ziraat		12	12,5		24,5	5	1	6	4		4	147	122,5	
105	Ziraat		30	65		95	14	3	17	4		4	785	690	1 asiyab
106	Ziraat		8	36,5	18,75	63,25	6	2	8	3	13	16	505	441,75	
107	Ziraat		20	43,5		63,5	10	2,5	12,5	3		3	650	586,5	1 asiyab
108	Ziraat		20	30		50	6	1	7	4		4	364	314	
109	Ziraat		10	9		19	2,5	1,5	4	1		1	144	125	
110	Ziraat		11	45	7,5	63,5	7	2,5	9,5	2	7	9	485	421,5	
111	Ziraat		10	13,5		23,5	2	2	4	1		1	162	138,5	
112	Ziraat		15	27	30	72	5	2	7	2	17	19	355	283	
113	Ziraat		10	24,5	18,75	53,25	4	2	6	2	10	12	229	175,75	
114	Ziraat		10	13,5		23,5	3	1,5	4,5	3		3	189	165,5	
115	Ziraat		30	58,5	46,75	135,25	10	2,5	12,5	4	35	39	662	526,75	
116	Ziraat		10	1	9,25	20,25		1	1	1	8	9	260	239,75	200 hizmetkarlığından
117	Hizmetkar		15	1	13	29		1	1	1	10	11	186	157	150 Hizmetkarlığından
118	Hizmetkar		15	1		16		1	1	1		1	220	204	120 hizmetkarlığından
119	Ziraat		15	26,5		41,5	8	2	10	1		1	425	383,5	
120	Boyacı		35	64		99	15	3,5	18,5	5		5	867	768	
121	Hizmetkar		15	25		40		2	2	1		1	472	432	300 hizmetkarlığından

3.1.16. Yılanca Karyesi

Koçana kazasının en kalabalık karyelerinden olan 247 haneli Yılanca, yaşayanlar arasında kahveci, çoban, Kethüda, Türbedar, tüccar, hizmetkâr, imam, amelmande(iş göremez), aylakçı, nalbant ve ziraat ile uğraşanların olduğu bir yerleşim yeridir. Ayrıca 36, 136 ve 182 numaralı haneler "sekban güruhundan" diye kaydedilmiştir. Sekban, eskiden sarayda padişahın av köpeklerini yetiştirip eğiten görevlilere verilen addır.[41] Bu kişinin ise daha önceden sekban olduğu düşünülmektedir. Bunun yanında iki hanede Alil(sakat) ve sabi(çocuk) gibi tanımlamalar mevcuttur. Bu kayıtlar ile temettuat defterlerinde sadece mesleklerin değil kişilerin onları tanımlayan ya da yaşantısıyla ilgili detayların da kaydedildiği ortaya çıkmaktadır. Nüfusun hemen hepsi Müslümanlardan oluşmaktadır. Toplam verginin 16.641,5 kuruş olduğu Yılanca 'da toplam gelir ise 118.085 kuruştur. Toplam vergilerin 6986,5'i vergi-yi mahsusa geriye kalan 9655 kuruşu ise öşürdür. Bu karyede aded-i ağnam alınmamıştır. 1681,5 dönüm tarla ekilen bu karyede diğer araziler ise 512 dönümdür. Sadece birkaç hanede olan küçükbaş hayvanların toplam sayısı 889'dur. Büyükbaş hayvanların toplam sayısı ise 560'dır. Dolayısıyla Yılanca' da toplam 1449 baş hayvan mevcuttur. [42]

---

[41] **Ötüken Türkçe Sözlük**, "Sekban", İstanbul: Ötüken Neşriyat, 2007,s.4123

[42] Bkz.Başbakanlık Osmanlı Arşivi,ML.VRD.TMT.d.15302

Hane Numara	Meslek	Cizye	Vergiyi Mahsusa	Öşür	Toplam Vergi	Ekili Arazi	Diğer Arazi	Toplam Arazi	Büyük Baş	Küçük Baş	Toplam Hayvan	Gelir	Kullanılabilir Gelir	Diğer emlak, arazi ve gelirler
1	Ziraat		220	163	383	50	6,5	56,5	6	85	91	2170	1787	2 Asiyab
2	Ticaret	ev:1			0			0			0	160	160	
	Hizmetkar				0			0			0	250	250	
3	Ziraat		38	75	113	11	3,5	14,5	3		3	1015	902	
	Hizmetkar				0			0			0	90	90	
4	Ziraat		32	38	70	8	2,5	10,5	4		4	590	520	
5	Ziraat		15	17,5	32,5	4	1,5	5,5	2		2	375	342,5	
6	Ziraat		90	104,5	194,5	30	8	38	8		8	1929	1734,5	1 Asiyab
7	Ziraat		40	73,5	113,5	8	4	12	4		4	710	596,5	
8	Ziraat		50	80	130	30	3,5	33,5	6		6	870	740	
	Ticaret				0			0			0	130	130	
9	Ziraat		22		22		1,5	1,5	1		1	320	298	
10	Ziraat		30	46	76	4	1,5	5,5	4		4	574	498	
11	Ziraat		35	27	62	2	2	4	2		2	824	762	1 Asiyab
12	Ziraat		35	67,5	102,5	10	2,5	12,5	5		5	730	627,5	
13	Ziraat		51,5	65	116,5	18	3,5	21,5	4		4	1400	1283,5	5 Kovan
14	Ziraat		20		20		2	2	2		2	176	156	
15	Ziraat		34	53,5	87,5	7	3	10	4		4	645	557,5	
16	Ziraat		25	40	65	6	2,5	8,5	2		2	465	400	
17	Ticaret		15	27	42	1	2,5	3,5	1		1	115	73	
18	Ticaret		25		25		2,5	2,5	3		3	280	255	100 Hizmetkarlığından
19	Ticaret		30	41,5	71,5	4	3	7	2		2	405	333,5	
20	Ticaret		20	14	34		1,5	1,5	1		1	390	356	250 Hizmetkarlığından
21	Ziraat		65	81	146	12	4	16	4		4	845	699	
22	Ziraat		50	84	134	10	4	14	3		3	790	656	

23	Ziraat		40	55,5	95,5	8	2	10	1		1	495	399,5	
24	Ticaret		8		8		0,5	0,5	1		1	230	222	200 Hizmetkarlığından
25	Ziraat		50	67,5	117,5	10	3	13	5		5	765	647,5	
26	Ticaret		25	25	50	1	1,5	2,5	1		1	400	350	
27	Ziraat		25	56,5	81,5	10	3	13	3		3	705	623,5	
28	Kahveci		50	43,5	93,5	3	3	6	3		3	730	636,5	
29	Ziraat		26	49	75	5	2,5	7,5	2		2	460	385	
30	Ziraat		120	162	282	30	5,5	35,5	3		3	1680	1398	
31	Ziraat		66	74	140	25	4	29	5		5	875	735	
32	Nalbant		35	40	75	1,5	5,5	7	2		2	590	515	300 Nalbantlığından
33	Ziraat		35	49,5	84,5	8	2,5	10,5	4		4	465	380,5	
34	Ziraat		60	61	121	10	3	13	4		4	725	604	
35	Ziraat		25	40,5	65,5	5	1,5	6,5	2		2	480	414,5	
36	Sekban		15	38	53		2	2			0	430	377	250 Hizmetkarlığından
37	Ziraat		15	39	54	3	1,5	4,5	2		2	305	251	
38	Hizmetkar		15	25	40		2	2	1		1	400	360	100 Hizmetkarlığından
39	Hizmetkar		20	25	45		2	2	1		1	310	265	150 Hizmetkarlığından
40	Ziraat		40	58	98	15	2	17	4		4	630	532	
41	Hizmetkar		10	2	12		1	1	1		1	200	188	150 Hizmetkarlığından
42	Amelmande		20	2	22		1	1	1		1	265	243	200 amelmandeliğinden
43	Ziraat		25	54,5	79,5	5	3	8	3		3	625	545,5	
44	Ziraat		215	294	509	100	7	107	2	80	82	3860	3351	1 taş dink

45	Ticaret	ev:1			0			0			0	250	250	250 Hizmetkarlığından
46	İmam			57,5	57,5	7	2,5	9,5	4		4	1055	997,5	1 Asiyab
47	Ziraat		30,5	57,5	88	8	2	10	1		1	551	463	
48	Kahveci			24	24	3	2	5		49	49	170	146	150 Kahveciliğinden
49	Ziraat		29	181	210	15	6,5	21,5	3		3	564	354	
50	Ziraat		29,5	56	85,5	15	1	16	2		2	750	664,5	
51	Ziraat		25	70	95	6	1,5	7,5	2		2	710	615	
52	Ziraat		15	54	69	5	3	8	2		2	600	531	
53	Ziraat		15	28	43	6	1,5	7,5	1		1	270	227	
54	Ziraat		15	49,5	64,5	4	2	6	2		2	555	490,5	
55	Ziraat		10	20	30	2	1,5	3,5	2		2	302	272	
56	Ziraat		8	8	16	2	0,5	2,5			0	186	170	100 Hizmetkarlığından
57	Ticaret		6		6		0,5	0,5			0		-6	
58	Ziraat		50	84	134	10	3	13	2		2	754	620	
59	Ziraat		20	40,5	60,5	8	1,5	9,5	3		3	369	308,5	
60	Ziraat		20	35,5	55,5	4	2	6	2		2	306	250,5	
61	Ziraat		25	45	70	10	2,5	12,5	3		3	584	514	
62	Ziraat		10	42	52	5	1,5	6,5	3		3	364	312	
63	Ziraat		20	38,5	58,5	5	1,5	6,5	2		2	467	408,5	
64	Ziraat		30	50	80	15	1,5	16,5	5	80	85	382	302	
65	Ticaret	ev:1			0			0			0	280	280	280 Hizmetkarlığından
66	Ziraat		30	52,5	82,5	15	2	17	6	81	87	427	344,5	
67	Ticaret				0			0			0	80	80	80 Hizmetkarlığından
68	Ziraat		10	20	30	2	1,5	3,5	2		2	230	200	

69	Ziraat		10	20,5	30,5	1,5	2	3,5	2		2	182	151,5	
70	Ziraat		60	59,5	119,5	20	4	24	4		4	655	535,5	1 Asiyab
71	Ziraat		35	54,5	89,5	8	3	11	4		4	635	545,5	
72	Ziraat		35	53	88	10	3	13	2		2	550	462	
73	Ziraat		100	79	179	25	3	28	8		8	935	756	
74	Ziraat		30	41	71	10	2	12	2		2	460	389	
75	Ziraat		150	116,5	266,5	40	7,5	47,5	5		5	1635	1368,5	1 Asiyab
76	Ticaret	ev:1			0			0			0	180	180	
77	Ticaret		25	51	76		3	3	4		4	555	479	260 Yarıcılığından
78	Ziraat		50	54,5	104,5	10	2	12	4		4	815	710,5	
79	Ticaret		20	13	33		1,5	1,5	1		1	490	457	300 Hizmetkarlığından
80	Hizmetkar		10	24	34		1	1	1		1	300	266	200 hizmetkarlığından
81	Ticaret		30	34	64		3	3	1		1	460	396	200 Hizmetkarlığından
82	Ziraat		60	55,5	115,5	15	2,5	17,5	5		5	745	629,5	
83	Ziraat		30	46	76	10	2	12	2		2	720	644	1 Asiyab
84	Ziraat		12	27	39	5	1	6	3		3	298	259	
85	Kahveci		20	24	44		1	1			0	250	206	1 Asiyab
86	Ticaret		5	1	6		0,5	0,5			0	132	126	100 Hizmetkarlığından
87	Ziraat		15	30,5	45,5	5	1,5	6,5	1		1	189	143,5	
88	Çiftlikandan		128	112	240	27	5	32	3	43	46	1185	945	
89	Ticaret				0			0			0	300	300	300 Hizmetkarlığından
90	Ticaret				0			0			0	180	180	180 Hizmetkarlığından
91	Çiftlikandan		83	83,5	166,5	20	4	24	3	38	41	880	713,5	

92	Hizmetkar				0			0			0	300	300	
93	Ziraat		108	92,5	200,5	26	6	32	4		4	1005	804,5	
94	Ticaret				0			0			0	330	330	330 Hizmetkarlığından
95	Çiftlikandan		83	83	166	18	4	22	3	30	33	690	524	
96	Ticaret				0			0			0	210	210	210 Hizmetkarlığından
97	Ziraat		8	15,5	23,5	0,5	1	1,5	1		1	111	87,5	
98	Ziraat		25	25	50	10	1,5	11,5	2		2	330	280	
99	Ticaret		5		5		1	1	1		1	250	245	250 Hizmetkarlığından
100	Ziraat		35	44,5	79,5	8	1,5	9,5	3		3	475	395,5	
101	Ziraat		35	54,5	89,5	5	3	8	5		5	665	575,5	
102	Ticaret		25	25	50		2	2	1		1	450	400	200 Hizmetkarlığından
103	Ziraat		18	56	74	5	2	7	3		3	560	486	
104	Ziraat		25	51	76	5	1,5	6,5	4		4	565	489	
105	Ziraat		25	33	58	5	2	7	2		2	310	252	
106	Ziraat		30	41	71	10	3	13	2		2	505	434	
107	Ticaret		25	13	38		2	2	1		1	480	442	250 Hizmetkarlığından
108	Ziraat		30	50	80	10	2,5	12,5	3		3	585	505	
109	Ziraat		40	54	94	10	2	12	4		4	615	521	
110	Ziraat		20	41	61	5	2	7	2		2	410	349	
111	Çoban		30	35,5	65,5	5	2	7	2		2	280	214,5	
112	Ticaret		30	34,5	64,5		1	1	2		2	350	285,5	250 Hizmetkarlığından
113	Ziraat		50	66,5	116,5	10	3	13	3	30	33	990	873,5	1 Asiyab

114	Ticaret	ev:1			0			0		6	6	140	140	140 Hizmetkarlığından
115	Ziraat		30	55	85	8	2	10	4		4	570	485	
116	Ziraat		50	69	119	10	3	13	3		3	855	736	
117	Ziraat		35	46,5	81,5	8	2,5	10,5	2		2	530	448,5	1 Asiyab
118	Ziraat		40	90	130	20	3,5	23,5	4	34	38	940	810	
119	Aylakçı				0			0	1		1	100	100	100
120	Ziraat		25	36,5	61,5	8	2	10	2		2	470	408,5	
121	Ticaret		20	27	47	6	2	8	2		2	370	323	
122	Ticaret		30	25	55		3	3	1		1	280	225	
123	Ziraat		16	29	45	4	1,5	5,5	2		2	340	295	
124	Sabi				0	0,5	1	1,5	1		1	130	130	
125	Ziraat		50	74	124	12	3,5	15,5	4		4	810	686	
126	Ziraat		20	53,5	73,5	10	2,5	12,5	2		2	555	481,5	
127	Hizmetkar		10	13	23		1,5	1,5	1		1	350	327	200 Hizmetkarlığından
128	Ziraat		20	30,5	50,5	5	1,5	6,5	2		2	280	229,5	
129	Hizmetkar		10	12,5	22,5		1	1	1	6	7	325	302,5	200 Hizmetkarlığından
130	Ziraat		25	34	59	8	1,5	9,5	3		3	430	371	
131	Ticaret		10	41,5	51,5	8	2,5	10,5	2		2	330	278,5	
132	Ziraat		20	46	66	10	2	12	2		2	470	404	
133	Hizmetkar		5	12	17		0,5	0,5	1		1	135	118	100 Hizmetkarlığından
134	Ziraat		35	37,5	72,5	7	1,5	8,5	3	19	22	415	342,5	
135	Ziraat		25	49	74	10	3	13	3	58	61	640	566	
136	Sekban		10	1	11		1	1	1		1	200	189	150 Hizmetkarlığından

137	Aylakçı		10	1	11		1	1	1		1	230	219	150 Aylakçılığından
138	Hizmetkar		10	1	11		0,5	0,5	1		1	170	159	150 Hizmetkarlığından
139	Hizmetkar		4	1	5	0,5	1	1,5	1		1	132	127	100 Hizmetkarlığından
140	Ziraat		25	65,5	90,5	9	2,5	11,5	2		2	715	624,5	
141	Ziraat		20	45,5	65,5	6	2	8	2		2	475	409,5	
142	Ziraat		20	27	47	10	1,5	11,5	3		3	320	273	
143	Ziraat		50	54,5	104,5	6	2,5	8,5	3		3	705	600,5	
144	Ticaret			13	13		1,5	1,5	1		1	154	141	
145	Ziraat		20	28,5	48,5	8	2	10	2		2	365	316,5	
146	Ziraat		20	20	40	9	1,5	10,5	2		2	192	152	
147	Ziraat		20	20	40	5	1,5	6,5	2		2	192	152	
148	Ziraat		30	61,5	91,5	10	2,5	12,5	2	10	12	770	678,5	
149	Ziraat		15	22,5	37,5	2	1,5	3,5	1		1	290	252,5	
150	Ticaret		16	21	37	4	1,5	5,5	2		2	289	252	
151	Ziraat		20	32	52	8	2,5	10,5	3		3	306	254	
152	Ziraat		25	41,5	66,5	10	2,5	12,5	4		4	404	337,5	
153	Ziraat		25	25	50		2	2	1		1	230	180	
154	Ziraat		35	44	79	8	3	11	3		3	530	451	
155	Ziraat		25	34	59	2	3	5	1		1	375	316	1 dükkan
156	Ticaret		20	25	45		2	2	1		1	300	255	
157	Ziraat		30	42,5	72,5	10	2	12	3		3	570	497,5	
158	Ziraat		50	30	80	10	1	11	3		3	370	290	
158	Ziraat		60	91	151	18	3,5	21,5	4		4	1130	979	
159	Ziraat		26	45	71	10	1,5	11,5	3		3	375	304	
160	Ziraat		40	66,5	106,5	12	2	14	3		3	785	678,5	
161	Ziraat		35	44	79	6	2,5	8,5	3		3	560	481	

162	Ticaret		20	25	45		2	2	1		1	500	455	200 Hizmetkarlığından
163	Ticaret		20	25	45		2	2	1		1	180	135	
164	Ticaret		5	1	6		1	1	1		1	250	244	200 Hizmetkarlığından
165	Ticaret		5	1	6		1	1	1		1	260	254	200 Hizmetkarlığından
166	Mekteb Hocası				0		2	2	2		2	250	250	
167	Ziraat		60	65	125	7	2,5	9,5	4		4	770	645	
168	Amelmande		5	1	6		1	1	1		1	30	24	
169	Ticaret		15	13	28		2,5	2,5	1		1	270	242	
170	Ziraat		50	50,5	100,5	8	3	11	3		3	535	434,5	
171	Ziraat		75	75	150	15	3,5	18,5	3	33	36	910	760	
172	Ziraat		50	54,5	104,5	10	2,5	12,5	4		4	585	480,5	
173	Ziraat		15	21,5	36,5	4	1,5	5,5	2		2	215	178,5	
174	Ziraat		10	24	34	4	1,5	5,5	2		2	310	276	
175	Amelmande		20	25	45		2	2	1		1	240	195	
176	Ziraat		20	47,5	67,5	7	2	9	2		2	485	417,5	
177	Ziraat		31	51,5	82,5	10	2,5	12,5	3		3	499	416,5	
178	Ziraat		15	30	45	5	1,5	6,5	2		2	354	309	
179	Ziraat		18	44	62	6	3	9	2		2	379	317	
180	Ziraat		18	70	88	7	2,5	9,5	2		2	459	371	
181	Ticaret		15	25	40		1,5	1,5	1		1	250	210	
182	Sekban		10	25	35		2	2	1		1	160	125	
183	Ziraat		30	50	80	10	2	12	3		3	585	505	
184	Ziraat		25	31,5	56,5	10	1	11	3		3	315	258,5	
185	Ziraat		20	28,5	48,5	4	1	5	2		2	285	236,5	
186	Ziraat		15	39	54	6	1,5	7,5	2		2	430	376	

187	Ziraat		15	61,5	76,5	10	2,5	12,5	3	16	19	695	618,5	
188	Ticaret		10	40	50	6	1	7	1		1	260	210	
189	İmam			13	13		1,5	1,5	2		2	180	167	
190	Ziraat		50	60	110	6	3,5	9,5	3	19	22	690	580	
191	Ziraat		35	59	94	11	4	15	2		2	375	281	
192	Kahveci		10	1	11		0,5	0,5	1		1	140	129	100 kahveciliğinden
193	Ticaret		30	60,5	90,5	2	3,5	5,5	3		3	600	509,5	
194	Ziraat		35	47,5	82,5	10	2	12	2		2	495	412,5	
195	Ziraat		40	53	93	10	2,5	12,5	4		4	580	487	
196	Ziraat		35	35	70	10	2,5	12,5	3		3	465	395	1 Asiyab
197	Ziraat		20	41	61	6	2	8	2		2	400	339	
198	Ziraat		15	28	43	8	1,5	9,5	2		2	320	277	
199	Ziraat		35	38	73	8	1,5	9,5	4		4	405	332	
200	Türbedar		10	24,5	34,5		2,5	2,5			0	134	99,5	
201	Ziraat		25	48	73	5	2	7	2		2	459	386	
202	Ziraat		50	80,5	130,5	20	3	23	4	48	52	882	751,5	
	Hizmetkar				0			0			0	130	130	
203	Ziraat		65	96	161	18	3	21	4		4	1020	859	
	Hizmetkar				0			0			0	90	90	
204	Ziraat		50	63	113	18	2	20	3	55	58	680	567	
205	Hizmetkar		15	31,5	46,5	2	1,5	3,5	2		2	244	197,5	
206	Hizmetkar		8	24	32	1	1	2			0	200	168	200 Hizmetkarlığından
207	Ziraat		30	31	61	15	2	17	2		2	467	406	
208	Ziraat		30	46,5	76,5	1	3	4	2		2	561	484,5	1 Asiyab
209	Ticaret		12	19,5	31,5	1	1,5	2,5	1		1	310	278,5	
210	Ziraat		30	13	43		1	1	2		2	52,5	9,5	3 kovan

211	Ziraat		20		20		0,5	0,5	3		3	15	-5	
212	Ziraat		75	69	144	15	2	17	4		4	924	780	
213	Ziraat		15	25	40	5	1,5	6,5	3		3	302	262	
214	Ziraat		40	54	94	20	2,5	22,5	3	29	32	755	661	
215	Ziraat		40	50	90	12	2	14	5	40	45	517	427	
216	Ticaret		15	4,5	19,5	1	0,5	1,5	2		2	67	47,5	
217	Ziraat		25	18,5	43,5	4	2	6	1		1	354	310,5	
218	Alil		15	16,5	31,5	2	1	3	2		2	152	120,5	
219	Ziraat		15	33	48	4	1,5	5,5	2		2	194	146	
220	Ziraat		13	22,5	35,5	5	1,5	6,5	2		2	210	174,5	
221	Ticaret		8	4,5	12,5	0,5	1	1,5	1		1	81	68,5	
222	Kethüda		15	1	16		0,5	0,5	1		1	400	384	250 kethüdalığından
223	Ticaret		10	29	39	2	2	4	1		1	340	301	
224	Ticaret		10	16	26	2	1	3	2		2	190	164	
225	Hizmetkar		10	27	37	2	1	3	1		1	320	283	
226	Ziraat		25	32	57	2	1,5	3,5	2		2	490	433	
227	Ziraat		15	55	70	5	2,5	7,5	3		3	590	520	
228	Ziraat		25	35,5	60,5	10	2	12	2		2	450	389,5	
229	Ziraat		18	48	66	8	3	11	3		3	515	449	
230	Ticaret		20	2	22		1	1	1		1	260	238	200 Hizmetkarlığından
231	Ticaret		15	13	28		1,5	1,5	1		1	375	347	250 Hizmetkarlığından
232	Ziraat		20	13	33		1	1	2		2	152	119	
233	Ziraat		25	35	60	8	2	10	4		4	212	152	
234	Ziraat		10	16,5	26,5	1	1	2	1		1	147	120,5	
235	Ziraat		40	49	89	10	2	12	4		4	617	528	
236	Ziraat		10	16,5	26,5	0,5	1	1,5	1		1	141	114,5	

237	Ziraat		20	35	55	3	2,5	5,5	2		2	256	201	
238	Ziraat		20	45	65	10	3	13	3		3	567	502	1 Asiyab
239	Ziraat		30	40	70	3	2	5	5		5	402	332	
240	Ticaret		10	4,5	14,5	1	1	2			0	217	202,5	150 Hizmetkarlığından
241	Ziraat		15	24,5	39,5	3	1	4	2		2	217	177,5	
242	Ticaret		15	13	28		2	2	2		2	182	154	
243	Ziraat		8	23,5	31,5	2	1	3	1		1	177	145,5	
244	Ziraat		55	20	75	18	3	21	3		3	540	465	
245	Ziraat		7	32	39	2	1,5	3,5	1		1	170	131	
246	Ziraat		30	13	43		1	1	2		2	152	109	
247	Ziraat		33	26,5	59,5	1	1	2	2		2	219	159,5	

3.1.17. Dılanca Karyesi

Nüfusun çoğunluğunun gayrimüslim olduğu bu karyede alınan cizyelerin yanı sıra 2042 kuruş vergi-yi mahsusa toplanmıştır. Bunun yanında 3798 kuruş öşür ve 1355,3 kuruş aded-i ağnam vergisi mevcuttur. Toplam vergilerin 7194,8 kuruş olduğu Dılanca' da toplam gelirler 50.148 kuruştur. 1 Kasabın, 2 değirmencinin olduğu karyede halkın çoğunluğu ziraat ile uğraşmaktadır. Toplam ekili arazi 708 dönümdür bunun yanında diğer araziler ise 192 dönümdür. Toplam 1403 baş hayvanın 209'u büyükbaş, 1194'ü küçükbaştır. Tablo 17'de görüldüğü gibi, 44 numaralı hanede bir ev kirasından 300 kuruş gelir, günümüz emlak kiraları mukayesesi açısından önemlidir. Yine bir kasabın 150 kuruşluk kazancı iktisadi tahliller açısından önem arz etmektedir.[43]

[43] Bkz.Başbakanlık Osmanlı Arşivi,ML.VRD.TMT.d.15303

Hane Numara	Meslek	Cizye	Vergiyi Mahsusa	Öşür	Ağnam	Toplam Vergi	Ekili Arazi	Diğer Arazi	Toplam Arazi	Büyük Baş	Küçük Baş	Toplam Hayvan	Gelir	Kullanılabilir Gelir	Diğer emlak,arazi ve gelirler
1	Ziraat		51	42,5	46,75	140,25	10	3	13	3	39	42	660	519,75	
2	Ziraat	a:1	26	40,5	84,25	150,75	7	2,5	9,5	2	65	67	490	339,25	
3	Ziraat	ev:1	25	32		57	6	1,5	7,5	2		2	374	317	
4	Ziraat	ev:1	28	61		89	8	3	11	2		2	590	501	
5	Ziraat	ev:1	22	31,5		53,5	1,5	1,5	3	2		2	444	390,5	
6	Ziraat	a:1	54	98,5	9,38	161,88	16	5,5	21,5	3	5	8	1190	1028,12	
7	Ziraat	ev:1	35	96		131	9	6	15	3		3	1130	999	
8	Ziraat	a:1	55	79	71,25	205,25	12	4,5	16,5	3	58	61	910	704,75	
9	Ziraat	ev:1	25	49,5		74,5	5	2,5	7,5	2		2	650	575,5	
10	Ziraat	a:1	50	86,5	46,88	183,38	10	5	15	3	35	38	1030	846,62	
11	Ziraat	ev:1	51	72,5	43,12	166,62	10	5	15	3	39	42	790	623,38	
12	Ziraat	a:1	40	56	8,8	104,8	8	3	11	4	8	12	660	555,2	
13	Ziraat	a:1	55	59	31,88	145,88	15	2,5	17,5	3	26	29	700	554,12	
14	Ziraat	ev:1	15	35,5		50,5	2	3	5	2		2	395	344,5	
15	Ziraat		40	77,5	239,12	356,62	16	1	17	3	218	221	964	607,38	
16	Ziraat	a:1	44	91,5	45	180,5	12	2	14	3	34	37	1014	833,5	
17	Ziraat	ed:1	35	44	14	93	6	3	9	3	23	26	514	421	
18	Ziraat		40	42,5	16,88	99,38	8	2,5	10,5	3	14	17	680	580,62	
19	Ziraat	ev:1	6	28,5		34,5	1	2	3	1		1	250	215,5	
20	Ziraat	ev:1	14	35,5		49,5	3	2	5	3		3	435	385,5	
21	Ziraat		8	13		21	4	2	6	1		1	250	229	
22	Ziraat		10	19,5		29,5	6	1,5	7,5	1		1	304	274,5	
23	Ziraat	ev:1	8			8	1	0,5	1,5	1		1	160	152	
24	Ziraat		20	43,5	3,75	67,25	8	1	9	2	2	4	510	442,75	
25	Ziraat	ev:1	12,5	23,5		36	5	1,5	6,5	1		1	279	243	

26	Ziraat	ev:1	30	46,5		76,5	5	2,5	7,5	4		4	535	458,5	
27	Ziraat	ev:1	30	60,5		90,5	7	3	10	3		3	660	569,5	
28	Ziraat	ev:1	24	84		108	6	3	9	3		3	1020	912	
29	Ziraat	ev:1	25	61		86	7	3	10	2		2	810	724	
30	Ziraat	a:1	35	102,5	8,8	146,3	15	5	20	4	9	13	1565	1418,7	
31	Ziraat	a:1	40	98,5	37,5	176	20	5	25	6	37	43	1650	1474	
32	Hizmetkar	ev:1	12	1		13		1,5	1,5	1		1	480	467	200 Hizmetkarlığından
33	Ticaret	ev:1	16	50,5		66,5	3	3	6	2		2	630	563,5	
34	Ziraat	ev:1	15	35,5		50,5	5	3,5	8,5	3		3	465	414,5	
35	Ziraat	ev:1	20	53,5		73,5	16	2	18	3		3	750	676,5	
36	Ziraat		20	23		43	5	2	7	2		2	252	209	
37	Ziraat	ev:1	20	26,5		46,5	5	2	7	2		2	280	233,5	
38	Ziraat	ev:1	30	78,5		108,5	6	3	9	5		5	875	766,5	
39	Ziraat	a:1	24	54		78	7	3	10	2		2	640	562	
40	Ziraat	a:1	27	59,5	46,88	133,38	7	1,5	8,5	4	40	44	685	551,62	
41	Değirmenci	ev:1	11	20		31	2	1	3	1		1	615	584	300 Değirmenciliğinden
42	Ticaret	ev:1	12	19,5		31,5	2	1,5	3,5	1		1	210	178,5	
43	Değirmenci	ev:1	14	11		25	3	0,5	3,5	1		1	405	380	200 Değirmenciliğinden
44	Ziraat	a:1	40	70,5	37,5	148	20	3	23	4	26	30	1280	1132	300 hane icaresinden
45	Ziraat	ev:1	30	51,5	33,88	115,38	8	2,5	10,5	3	24	27	590	474,62	
46	Ziraat	a:1	25	69	60	154	10	3	13	3	52	55	935	781	
47	Ziraat	a:1	45	63	26,25	134,25	26	3,5	29,5	4	24	28	900	765,75	

48	Ziraat	ev:1	30	26,5		56,5	6,5	1	7,5	2		2	300	243,5	
49	Ziraat	ev:1	15	23,5		38,5	3	1	4	2		2	217	178,5	
50	Ziraat		18	30		48	4	1	5	2		2	389	341	
51	Ziraat	a:1	18	40	39,25	97,25	10	1	11	3	32	35	427	329,75	
52	Ziraat	a:1	60	36,5	20,25	116,75	7	2	9	3	17	20	452	335,25	
53	Ziraat	ev:1	20	34		54	3	1,5	4,5	2		2	282	228	
54	Ziraat	ev:1	10		8,8	18,8	1	0,5	1,5	1	5	6	135	116,2	
55	Ziraat	a:1	40	116	28,12	184,12	25	5,5	30,5	5	17	22	1470	1285,88	
56	Ziraat	ev:1	20	61		81	15	3	18	3		3	655	574	
57	Ziraat	a:1	35	75	38,8	148,8	15	3	18	4	30	34	894	745,2	
58	Ziraat	ev:1	20	59,5	8,8	88,3	10	2,5	12,5	4	5	9	607	518,7	
59	Ziraat	a:1	55	131,5	73,12	259,62	22	4	26	7	111	118	1505	1245,38	
60	Ziraat	ev:1	30	68,5	56,25	154,75	15	3,5	18,5	3	45	48	830	675,25	
61	Ticaret	ev:1	7	12,5	18,75	38,25		1	1	1	17	18	555	516,75	350 Hizmetkarlığından
62	Ziraat	ed:1	20	34,5		54,5	2	2	4	2		2	390	335,5	
63	Ticaret	ed:1	24	52,5		76,5	5	2,5	7,5	2		2	615	538,5	
64	Ziraat	a:1	40	38,5	50,62	129,12	7	2	9	3	44	47	710	580,88	
65	Ziraat	ev:1	20	37	3,75	60,75	7	2	9	2	2	4	420	359,25	
66	Kasap	ev:1	4,5	12,5		17		1	1	1		1	300	283	150 Kasaplıktan
67	Ziraat	ed:1	16	35		51	6	1	7	2		2	505	454	
68	Ziraat	ev:1		39		39	5	2	7	2		2	490	451	
69	Ziraat	a:1	50	64,5		114,5	10	2,5	12,5	4		4	725	610,5	
70	Ziraat	a:1	30	84	28,12	142,12	15	3,5	18,5	4	25	29	1160	1017,88	1 Taş değirmen
71	Ziraat		30	44,5		74,5	15	3,5	18,5	4		4	900	825,5	
72	Ziraat	ev:1		32		32	5	1	6	2		2	330	298	

73	Ziraat	ed:1	10	10,5		20,5	5	1	6			0	150	129,5	
74	Ziraat	ev:1		42,5	26,25	68,75	10	1,5	11,5	3	22	25	595	526,25	
75	Ziraat	ev:1	30	36	8,8	74,8	5	1,5	6,5	3	8	11	390	315,2	
76	Çiftlika ndan		75	121,5	33,75	230,25	100	9	109	10	28	38	1445	1214,75	2 Taş Asiyab
77	Hizmetk ar					0			0	1		1	350	350	
78	Hizmetk ar					0			0		8	8	350	350	

3.1.18. Evrendar Karyesi

Müslüman ve gayrimüslimlerin beraber yaşadığı karyede 28 hane gayrimüslim iken 22 hane Müslümandır. Çoğunluğu ziraat ile geçimini sağladığı Evrendar'da toplam vergi-yi mahsusa 1365 kuruş iken öşür 468 kuruştur, ağnam ise alınmamıştır. Toplam 1833 kuruş verginin yanında hanelerin toplam geliri 27.635,5 kuruştur. Toplam ekili arazi 248,5 dönümdür ve Tablo 18'de ilk sıradaki hane olan imamın 25 dönüm tarlasının 7 dönümü için "vakfı camii şerifin" ibaresi mevcuttur. Bundan dolayı defterde imamın hem kendi emlak ve arazisi hem de vakfa ait araziler ayrı ayrı kayıt edilmiştir.

Karyede ekilen diğer tarlaların toplamı 110 dönümdür. Bunun yanında 93 büyükbaş 134 küçükbaş olmak üzere toplam 227 baş hayvan mevcuttur. Bu karyede Tablo 18'de görüldüğü gibi "Aylakçiyan" diye tanımlanan geçici işçi ya gündelikçilerin fazlalığı dikkat çekmektedir. Ve bu kişilerin ek gelirlerindeki "... kuruş şundan bundan" ifadesi o kişinin belirsiz işlerde, belirsiz yerlerde çalışıp kazandığı paraları ifade ettiği etmektedir.[44]

[44] Bkz.Başbakanlık Osmanlı Arşivi,ML.VRD.TMT.d.15304

Hane Numara	Meslek	Cizye	Vergiyi Mahsusa	Öşür	Toplam Vergi	Ekili Arazi	Diğer Arazi	Toplam Arazi	Büyük Baş	Küçük Baş	Toplam Hayvan	Gelir	Kullanılabilir Gelir	Diğer emlak,arazi ve gelirler
1	İmam			66,25	66,25	23	5	28	3		3	1045	978,75	7 dönüm vakıf arazisi
	Ziraat	e:1	25	5,25	30,25	1	0,5	1,5	3		3	585	554,75	
2	Ziraat		60	223,5	283,5	27	9,5	36,5	8		8	4965	4681,5	1 Dibek 2 Asiyab
	Hizmetkar/ Ticaret	e:1			0			0			0	225	225	
3	Ziraat		25	30,5	55,5	3	4	7	1		1	488	432,5	
4	Ziraat		20		20	4	2	6	2		2	370	350	
5	Ziraat		70		70	36	4,5	40,5	4	50	54	420	350	
	Hizmetkar/ Ticaret	e:1			0			0		31	31	330	330	
6	Ziraat		30		30	12	4	16	3		3	547,5	517,5	
7	Ziraat		40		40	16	7,5	23,5	4		4	1472,5	1432,5	
8	Ziraat		18		18	7	4	11	2		2	595	577	
9	Ziraat		50		50	10	5	15	5		5		-50	
	Ziraat			3,5	3,5	18		18			0	7,5	4	
10	Ziraat		12		12	4	2,5	6,5	2		2	270	258	
11	Aylakçiyan		15		15	0,5	1,5	2			0	295	280	250 gündelikçiliğinden
12	Aylakçiyan				0		0,5	0,5			0	100	100	80 şundan bundan
13	Ziraat		20	7,5	27,5	4	1,5	5,5	1		1	365	337,5	
14	Ziraat		35	47,25	82,25	5	3,5	8,5			0	515	432,75	
15	Aylakçiyan		15		15		0,5	0,5	1		1	190	175	150 gündelikçiliğinden
16	Aylakçiyan				0		0,5	0,5			0	240	240	200 gündelikçiliğinden
17	Aylakçiyan				0			0			0	225	225	225 şundan bundan

18	Ziraat		30	21,75	51,75	10	2,5	12,5	1		1	652,5	600,75	
19	Çiftlikandan	ev:1			0		1	1	2		2	1100	1100	
20	Çiftlikandan	ev:1			0	4	3	7	3		3	935	935	
21	Ziraat	ev:1	60	8,75	68,75	2	1	3	3	15	18	362,5	293,75	
22	Ziraat	a:1	70		70	12	4	16	3		3	1015	945	
23	Aylakçiyan	ev:1	12,5		12,5		1,5	1,5	3		3	380	367,5	
24	Ziraat	ev:1	15		15	2	2	4	2		2	565	550	
25	Aylakçiyan	ev:2	40		40		1	1	1		1	520	480	450 değirmenciliğinden
26	Aylakçiyan		15		15		1	1	2		2	390	375	350 değirmenciliğinden
27	Ziraat	ev:1	30		30	2	3,5	5,5	3		3		-30	
28	Ziraat	a:1 ed:1	45		45	6	2,5	8,5	3		3		-45	
29	Aylakçiyan	ev:1			0		0,5	0,5	1		1	300	300	300 Terziliğinden
30	Aylakçiyan	ev:1	22,5		22,5			0			0	300	277,5	300 gündelikçiliğinden
31	Aylakçiyan	ev:1	30		30		0,5	0,5			0	380	350	80 şundan bundan
32	Aylakçiyan	ev:2	40		40		1	1	1		1	370	330	
33	Çiftlikandan	ev:1			0			0	3		3	882,5	882,5	
34	Ziraat	a:1 ev:1	60		60	15	4,5	19,5	3		3	990	930	
35	Aylakçiyan	ev:1	25		25	2	2	4	3		3	625	600	250 gündelikçiliğinden
36	Ziraat	ev:1	30	31,75	61,75	4	4,5	8,5	2		2	847,5	785,75	
37	Aylakçiyan	ev:1	25		25		1,5	1,5	1		1	415	390	

38	Ziraat	a:1 ed:1 ev:2	120		120	8	4	12	4	38	42	1045	925	
39	Ziraat	ev:1	85		85	8	4	12	3		3	682,5	597,5	
40	Aylakçiyan	ev:1	60	22	82	3	1,5	4,5	3		3	490	408	
41	Ticaret	ev:1			0		1	1	1		1	285	285	250 gündelikçiliğinden
42	Ziraat	ev:1	55		55	5	2	7	2		2		-55	
43	Değirmenc i	ev:1	35		35	253,5	2	255,5			0	710	675	400 Değirmenciliğinde n
44	Aylakçiyan	ev:1	25		25		1,5	1,5	1		1	420	395	150 Şundan bundan

3.1.19.Oblaşova Karyesi

69 Haneli Oblaşova'da Kâhya, bekçi, çoban, imam gibi mesleklerin dışında çoğunlukla çiftlik sahipleri ve hizmetkârlar bulunmaktadır. Müslümanların çoğunlukta olduğu bu karyede 15 haneden cizye resmi alınmaktadır.

Ayrıca bir hane "Asakir-i redifeden olub ali bin mehmed" olarak, bir hane de "süvari" olarak kaydedilmiştir. 18 Haziran 1826'da Yeniçeriliğin ortadan kaldırılmasından sonra emniyet ve asayiş hizmetleri; 'Asakir-i Muntazama-i Mansuri','Asakir-i Muntazama-i Hassa' ve 1834 tarihinde Anadolu ve Rumeli'nin bazı eyaletlerinde 'Asakir-i Redife' adı altında kurulan askeri teşkilatlar tarafından yürütülmüştür.[45]

Bunun haricinde toplam vergi 4710,75 kuruştur. Bu verginin 2398 kuruşu vergi-yi mahsusa, 2234 kuruşu öşür ve 78,75 kuruşu da aded-i ağnamdır. Bu vergilerin yanında toplam gelir ise 25.383 kuruştur. Tarlaların önemli bir kısmının ortakçılıkla ekildiği Oblaşova'da toplam ekili arazi 1069 dönümdür. Diğer araziler ise toplam 75 dönümdür. Karyede toplam 275 baş hayvan bulunmaktadır. Bunların 84'ü küçükbaş 191'i ise büyükbaşdır.[46]

---

[45] Jandarma Genel Komutanlığı, "Jandarma Genel Komutanlığı Tarihçesi", http://www.jandarma.gov.tr/ust_menu/, (12 Haziran 2014) , s.1

[46] Bkz.Başbakanlık Osmanlı Arşivi,ML.VRD.TMT.d.15305

Hane Numara	Meslek	Cizye	Vergiyi Mahsusa	Öşür	Ağnam	Toplam Vergi	Ekili Arazi	Diğer Arazi	Toplam Arazi	Büyük Baş	Küçük Baş	Toplam Hayvan	Gelir	Kullanılabilir Gelir	Diğer emlak ,arazi ve gelirler
1	İmam		80	88		168	60	3		6		6	819	651	
	Ticaret	ed:1				0			0	1		1	170	170	170 Hizmetkarlığından
2	Ziraat		60	51,5		111,5	30	2,5	32,5	7		7	640	528,5	
	Hizmetkar	ev:1				0			0			0	160	160	160 Hizmetkarlığından
3	Ziraat		60	88,5		148,5	30	2	32	7		7	960	811,5	
	Hizmetkar					0			0			0	340	340	340 Hizmetkarlığından
4	Ziraat		100	115,5		215,5	50	2,5	52,5	8		8	1305	1089,5	
	Ticaret					0			0			0	160	160	160 Hizmetkarlığından
5	Bekci					0			0	1		1	100	100	100 Hizmetkarlığından
6	Ticaret		20	2,5		22,5		1	1	4		4	184	161,5	120 Ticaretten
7	Ziraat		50	35		85	15	1	16	3		3	377	292	
8	Ziraat		45	35		80	15	1	16	3		3	377,5	297,5	
9	Asakir-i mansurede süvari		45	35,5		80,5	15	1	16	3		3	377	296,5	
10	Ziraat		15	26		41	7	1	8	4		4	329	288	
11	Ziraat		18	21,5		39,5	8	1	9	4		4	290	250,5	
12	Ziraat		25	19,75		44,75	10	1	11	3		3	246,5	201,75	
13	Ziraat		40	32	11,25	83,25	10	0,5	10,5	3	6	9	347	263,75	
14	Ziraat		30	20,5	37,5	88	10	1,5	11,5	3	20	23	227	139	
15	Asakir-i redifeden		15	7		22	15	0,5	15,5	2		2	86	64	

16	Ziraat		20	15,5		35,5	4	1	5	2		2	202	166,5	
17	Ziraat		30	20		50	12	1	13	3		3	227	177	
18	Ziraat		30	21,5		51,5	10	1	11	4		4	242	190,5	
19	Çoban		10			10		0,5	0,5	1		1	260	250	250 Hizmetkarlığından
20	Ziraat		50	33,5		83,5	20	1	21	2		2	362	278,5	
21	Ticaret		10	20		30		0,5	0,5			0	150	120	150 Hizmetkarlığından
22	Ziraat		50	20		70	20	1	21	3		3	227	157	
23	Ziraat		20	28,5		48,5	10	1	11	3		3	345	296,5	
24	Ziraat		15	15,5		30,5	6	1	7	2		2	160	129,5	
25	Ziraat		60	87		147	20	3,5	23,5	6		6	1017	870	
26	Ziraat		40	57		97	20	3	23	3		3	645	548	
27	Ziraat		25	19		44	9	1	10	2		2	194	150	
28	Ziraat		20	14		34	5	0,5	5,5	2		2	150	116	
29	Ziraat		20	25		45	6	2	8	2		2	251	206	
30	Ziraat		20	21		41	5	1	6	3		3	232	191	
31	Ziraat		20	22,5		42,5	6	1	7	3		3	252	209,5	
32	Ziraat		15	19		34	5	1	6	3		3	217	183	
33	Ziraat		30	41,5		71,5	12	1,5	13,5	3		3	469	397,5	
34	Ziraat		30	47		77	8	1,5	9,5	3		3	419	342	
35	Ziraat		10	7		17	5		5	2		2	70	53	
36	Kahya		10			10		0,5	0,5	1		1	116	106	100 Hizmetkarlığından
37	Ziraat		30	30,5		60,5	7	1	8	3		3	311	250,5	
38	Ziraat		25	26,5		51,5	8	1,5	9,5	3		3	282	230,5	
39	Ziraat		30	20		50	10	1	11	3		3	201	151	
40	Ziraat		20	14,5		34,5	5	1	6	3		3	141	106,5	
41	Ziraat		50	43,5		93,5	20	1,5	21,5	5		5	451	357,5	

42	Ziraat		80	81		161	30	2,5	32,5	5		5	880	719	
43	Ziraat		30	39		69	20	1	21	2		2	414	345	
44	Ziraat		20	19		39	20		20			0	190	151	
45	Ziraat		30	22,5		52,5	20		20			0	225	172,5	
46	Ziraat	ev:1	20	8,75		28,75	3	1	4	2		2	102,5	73,75	
47	Ziraat		10	10		20	50		50	1		1	100	80	
48	Çiftlikandan	ev:1		115,5		115,5		0,5	0,5	2		2	154	38,5	100 Şeriki tenzili
49	Çiftlikandan			117		117	50	1,5	51,5	3		3	1815	1698	
	Ticaret					0			0			0	180	180	180 Hizmetkarlığından
51	Ziraat		30	102,5		132,5	25	1,5	26,5	3		3	547	414,5	500 şeriki tenzili
52	Hizmetkar	ev:1				0		0,5	0,5	1		1	219	219	200 Hizmetkarlığından
53	Hizmetkar	ev:1				0			0	1		1	200	200	200 Hizmetkarlığından
54	Çiftlikandan		70	118		188	50	2	52	3		3	1384	1196	
	Ticaret	ev:1				0			0			0	170	170	170 Hizmetkarlığından
55	Ziraat	ev:1	30	34,5		64,5		1		3		3	212	147,5	160 şeriki tenzili
56	Çiftlikandan		30			30	10		10	1		1	77,5	47,5	
	Ziraat	ev:1	30	15,5		45,5		0,5	0,5	2		2	97,5	52	
57	Çiftlikandan		100			100	60		60	1		1	301,25	201,25	12,5 şeriki tenzili
58	Ziraat		25	41,25		66,25		1,5	1,5	4		4	262,5	196,25	
59	Ziraat	ev:1	25	27,5	15	67,5		0,5	0,5	2	11	13	118,75	51,25	
60	Çiftlikandan		75	1		76	45	0,5	45,5	1		1	269,75	193,75	
61	Ziraat	ev:1	30	39	15	84	3	1	4	4	8	12	258,75	174,75	

62	Çiftlikandan		75			75	45	2,5	47,5	2		2	249	174	12,5 şeriki tenzili
63	Ziraat	a:1	30	38,75		68,75		1,5	1,5	2		2	195	126,25	
64	Çiftlikandan		75	1		76	50	1	51	1		1	242	166	
65	Ziraat	ev:1	30	40,5		70,5		1	1	3	9	12	242	171,5	190 şeriki tenzili
66	Çiftlikandan		75	1		76	40	0,5	40,5	2		2	226,5	150,5	
67	Ziraat	ev:1	75	37		112		2	2	2	8	10	214,5	102,5	172,5 şeriki tenzili
68	Çiftlikandan		80			80	40		40	2		2	367,5	287,5	
69	Ziraat	a:1	30	76		106		1	1	4	22	26	380	274	

3.1.20. Kostendol Karyesi

Kostendol karyesinde ziraat ile uğraşan hanelerin yanı sıra toprak sahibi olarak nitelendirilebilecek "çiftlikandan idüğü" diye belirtilen kişiler, aylakçılar, tüccarlar ve Kocabaşı bulunmaktadır. Bu karyede su değirmenlerinin (asiyab) fazlalığı dikkat çekmektedir. Bu değirmenlerin ise hepsi icara(kira) ile verilmiştir ve sahibine gelir getirmektedir. Aylakçı diye tabir edilen kişilerin ise genellikle gündelikçi olarak çalıştığı görülmektedir. Halkın hepsi gayrimüslimdir. Her haneden belirli miktarlarda cizye vergisi alınmıştır. Bunun yanında toplam vergi-yi mahsusa 818,5 kuruş, öşürler 918,5 kuruş ve toplam aded-i ağnam 1627,5 kuruştur. Toplanan toplam vergi 3364,5 kuruş iken toplam gelirler 12.465,5 kuruş olarak hesaplanmıştır. 357 dönüm ekili tarlaların yanında 38,5 dönüm diğer tarlalar mevcuttur. Hane başına önemli sayıda küçükbaş hayvan olan bu karyede toplam 1342 küçükbaş hayvan mevcuttur. 28 haneli bir karye için bu sayı oldukça önemlidir. Büyükbaş hayvanların sayısı ise 127'dir.[47]

[47] Bkz.Başbakanlık Osmanlı Arşivi,ML.VRD.TMT.d.15306

Hane Numara	Meslek	Cizye	Vergiyi Mahsusa	Öşür	Ağnam	Toplam Vergi	Ekili Arazi	Diğer Arazi	Toplam Arazi	Büyük Baş	Küçük Baş	Toplam Hayvan	Gelir	Kullanılabilir Gelir	Diğer emlak,arazi ve gelirler
1	Kocabaşı	a:1 ed:1	30	35	72,5	137,5	20	0,5	20,5	2	64	66	365	227,5	
2	Ziraat	ev:2	25	49,75	41,25	116	15	1	16	4	36	40	447,5	331,5	
3	Ziraat	a:1 ed:1	45	68,25	41,25	154,5	15	1,5	16,5	2	54	56	712	557,5	
4	Çiftlikandan	a:1 ed:1	40	65	93,75	198,75	12		12	11	48	59	650	451,25	
5	Aylakçiyan	ev:1				0			0	2	24	26	200	200	200 gündelikçiliğinden
6	Ziraat	a:1 ev:1 ed:1	50	57,5	103	210,5	15	1	16	9	84	93	615	404,5	
7	Ziraat	ev:1 ed:1	20	28	65,5	113,5	14	1,5	15,5	2	46	48	355	241,5	
8	Ziraat	a:1 ev:2	55	52	112,5	219,5	25	1,5	26,5	7	88	95	580	360,5	2 Kovan
9	Aylakçiyan	ev:1	35	14,5	33,75	83,25	10	0,5	10,5		22	22	225,5	142,25	İcarda 2 asiyab
10	Ziraat	ev:2 ed:1	35	23	82,5	140,5	12	0,5	12,5	2	57	59	338	197,5	İcarda 2 asiyab
11	Ziraat	a:1 ev:1	40	63,5	20	123,5	12	4,5	16,5	13	46	59	1330	1206,5	İcarda 4 asiyab
12	Çiftlikandan	ev:1 ed:1	12	17	26,25	55,25	8	0,5	8,5	1	20	21	185	129,75	2 Kovan
13	Çiftlikandan	a:1 ed:1	22	15,25	26,25	63,5	20	0,5	20,5	9	22	31	182,5	119	2 Kovan
14	Ziraat	ev:2	20	17,25	56,25	93,5	10	0,5	10,5	1	44	45	187,5	94	
15	Çiftlikandan	ev:2	15	26	52,5	93,5	12	1	13	1	40	41	300	206,5	
16	Aylakçiyan	ev:2 ed:1	15	28	26,25	69,25	7	0,5	7,5	1	22	23	520	450,75	250 gündelikçiliğinden
17	Ziraat	a:1 ev:4	52	67,5	191,25	310,75	20	1,5	21,5	11	146	157	715	404,25	
18	Ziraat	a:1 ev:1 ed:1	50	60,75	116,25	227	25	2	27	10	98	108	652,5	425,5	
19	Ziraat	ev:1	15	15,5		30,5	8	0,5	8,5	2		2	170	139,5	

20	Ziraat	a:1 ev:2 ed:1	32	28	46,75	106,75	15	3	18	7	37	44	702,5	595,75	icarda 2,5 asiyab
21	Ziraat	a:1 ev:1	50	43,75	125,5	219,25	20	2	22	9	95	104	477,5	258,25	4 kovan
22	Aylakçiyan	ev:2	25			25			0	3		3	275	250	275 gündelikçiliğinden
23	Aylakçiyan	ev:1	10			10			0	1		1	225	215	İcarda 1 asisab
24	Aylakçiyan	ev:1	10	17,25		27,25	6	4,5	10,5			0	322,5	295,25	
25	Ziraat	a:2 ev:2 ed:1	65	81,25	234,25	380,5	28	8,5	36,5	12	181	193	872,5	492	
26	Aylakçiyan	ev:1	16	7		23	4		4			0	370	347	icarda 2,5 asiyab
27	Ziraat	ev:1	24,5	22,5	60	107	20	1	21	5	48	53	240	133	
	Ticaret	ev:1				0			0		8	8	100	100	100 Hizmetkarlığından
28	Ziraat		10	15		25	4		4		12	12	150	125	

3.1.21. Bulake Karyesi

Değirmenciler, Çiftlik sahipleri ya da çiftlikte yaşayanlar, Tüccarlar, Hizmetkârlar, Aylakçılar ve Kocabaşının bulunduğu bu karyenin tamamı gayrimüslimdir ve dolayısıyla Tablo 21'de de görüldüğü gibi her haneden cizye vergisi alınmıştır. Ayrıca bazı hanelerin vergi-yi mahsusa vermemesi ve defter kayıtlarında ilave olarak kişinin kendi emlakı ve arazisi diye ayrı bir bölüm açılmasından karyenin bir bölümünün çiftlik şeklinde ekildiği anlaşılmaktadır. Bulake'de toplanan toplam 4651,5 kuruş verginin, 705 kuruşu vergi-yi mahsusa, 1406 kuruşu öşür, 2540,5 kuruşu ise aded-i ağnamdır. Buna karşılık hanelerin toplam geliri 17.321,5 kuruştur. Ayrıca bu karyenin defter sonunda "Koçanadan Ali efendiden aldığı" gibi ibarelerle bazı ek gelirler belirtilmiştir. Bunların emlak kirası ve benzeri kaynaklardan olabileceği düşünülmektedir. Bunun haricinde Kostendol karyesi gibi Bulake'de de önemli miktarda küçükbaş hayvan mevcuttur. Toplam 2171 küçükbaş hayvanın yanı sıra 325 büyükbaş hayvan vardır. Toplam ekili tarlalar 659,5 dönümdür. Bunun haricinde bağ, bostan, pirinç ya da duhan tarlaları yoktur. Bulake'de 34.hane aylakçı olarak kayıt edilmiştir. Tablo 21'de görüldüğü gibi bu aylakçının gelirinin hepsini Terzi san'atından elde etmesi dikkat çekmektedir. Çünkü aylakçı tanımlamasının ne denli geniş bir yelpazede kullanıldığı anlaşılmaktadır. Öte yandan defterlerdeki "Aylakçiyan makulesinden" diye tabir edilenlerin günümüz manasıyla aylak aylak gezen biri değil de sadece çalıştığı işte geçici olduğu için böyle bir tanımlamaya tabi olduğu ortaya çıkmıştır.[48]

---

[48] Bkz.Başbakanlık Osmanlı Arşivi,ML.VRD.TMT.d.15307

Hane Numara	Meslek	Cizye	Vergiyi Mahsusa	Öşür	Ağnam	Toplam Vergi	Ekili Arazi	Toplam Arazi	Büyük Baş	Küçük Baş	Toplam Hayvan	Gelir	Kullanıla bilir Gelir	Diğer emlak,arazi ve gelirler
1	Kocabaşı	a:1 ev:2 ed:1	50	17	46,88	113,88	15	15	9	37	46	370	256,12	Kocabaşılığından 200
2	Çiftlikandan	a:2 ev:2 ed:1	32,5	130	174,38	336,88	30	30	17	150	167	1300	963,12	
	Ticaret	ev:1				0		0			0	100	100	100 Hizmetkarlığından
3	Çiftlikandan	ev:1		21,5	35,6	57,1	16	16	3	30	33	215	157,9	
4	Çiftlikandan	ev:2		34	73,13	107,13	20	20	15	54	69	280	172,87	
5	Çiftlikandan	ev:1		16		16	10	10	4	43	47	160	144	
6	Çiftlikandan	ev:2		18,75		18,75	15	15	8	44	52	187,5	168,75	
7	Çiftlikandan	ev:2		21	95,6	116,6	15	15	12	59	71	210	93,4	
8	Çiftlikandan	ev:2 a:1 ed:1	40	70,25	91,75	202	25	25	9	59	68	702,5	500,5	
9	Aylakçiyan	ev:1 ed:1			30	30		0	24		24	250	220	250 gündelikçiliğinden
10	Çiftlikandan	ev:1 a:1 ed:1		53,5	80,6	134,1	25	25	11	63	74	535	400,9	
11	Çiftlikandan	ev:2 a:1	32	22,5	75	129,5	20	20	12	56	68	225	95,5	
12	Çiftlikandan	ev:1 a:1	32	30,25	103,12	165,37	20	20	12	77	89	302,5	137,13	
13	Çiftlikandan	ev:2 a:1	40	60,75	116,25	217	25	25	11	86	97	612,5	395,5	
14	Çiftlikandan	ev:1 a:1 ed:1	32	29,25	48,75	110	16	16	4	36	40	312,5	202,5	
15	Çiftlikandan	ev:1 a:2 ed:1	55	76,25	116,25	247,5	30	30	14	94	108	885	637,5	13 Kovan
	Değirmenci	ev:1				0		0			0	250	250	250 Değirmenciliğinde

														n
	Değirmenci	ev:1				0		0	1		1	250	250	250 Değirmenciliğinden
16	Değirmenci	ev:2				0		0	4		4	250	250	250 Değirmenciliğinden
17	Çiftlikandan	ev:1	45	41,75	39,6	126,35	15	15	5	29	34	417,5	291,15	
18	Çiftlikandan	ev:1		13,5	33,5	47	12	12	2	24	26	285	238	150 Gündelikçiliğinden
19	Çiftlikandan	ev:2	16,5	21,5	28,12	66,12	20	20	9	21	30	225	158,88	
20	Çiftlikandan	ev:1 a:1	32	35	109,38	176,38	25	25	12	102	114	350	173,62	
	Ticaret	ev:1				0		0			0	100	100	100 Hizmetkarlığından
21	Çiftlikandan	ev:3	8	23,25	65,6	96,85	10	10	6	47	53	232	135,15	
22	Çiftlikandan	ev:3 a:1	20	76,25	112,5	208,75	20	20	7	83	90	607,5	398,75	
23	Çiftlikandan	ev:1	5	9,75	26,25	41	8	8	3	20	23	217,5	176,5	12 Gündelikçiliğinden
24	Çiftlikandan	ev:2 a:1 ed:1	30	55	112,5	197,5	25	25	16	83	99	550	352,5	
25	Çiftlikandan	ev:2 a:1	40	78,75		118,75	30	30	18	103	121	812,5	693,75	
26	Çiftlikandan	ev:3 a:1 ed:3	60	61,5	107	228,5	25	25	14	80	94	630	401,5	
27	Çiftlikandan	ev:1		12,75	15	27,75	8	8		8	8	247	219,25	120 Gündelikçiliğinden
28	Aylakçiyan	ev:2		35,6		35,6		0	1	25	26	250	214,4	250 gündelikçiliğinden
29	Çiftlikandan	a:1		50,5	116,25	166,75	25	25	2	92	94	505	338,25	

30	Çiftlikandan	ev:1 a:1 ed:1		47,25	63,75	111	20	20	8	50	58	472,5	361,5	
31	Çiftlikandan	ev:1 a:1 ed:1		43,25	125,75	169	22	22	10	90	100	447,5	278,5	2 Kovan
32	Aylakçiyan	ev:1		5,25		5,25	0,5	0,5	1		1	302,5	297,25	250 gündelikçiliğinden
33	Aylakçiyan	ev:2 ed:1				0		0	3	24	27	350	350	350 Gündelikçiliğinden
34	Aylakçiyan	ev:1				0		0			0	400	400	400 terzi sanatından
35	Çiftlikandan	ev:2 ed:1		38	105	143	20	20	11	80	91	380	237	
36	Ticaret					0		0		10	10	200	200	200 hizmetkarlığından
	Ticaret					0		0			0	200	200	200 hizmetkarlığından
37	Çiftlikandan	ev:4 a:1 ed:1		42	120	162	20	20	4	104	108	420	258	
38	Çiftlikandan	ev:2 a:1 ed:1	50	35,25	76,25	161,5	20	20	9	57	66	357,5	196	
39	Çiftlikandan	ev:1 a:1	30	22,75	39,25	92	20	20	3	31	34	227,5	135,5	
40	Aylakçiyan	ev:1	15	19,5	18,75	53,25	10	10	1	10	11	190	136,75	
41	Çiftlikandan	ev:4 a:2 ed:2	40	36,75	138,75	215,5	22	22	10	110	120	547,5	332	200 gündelikçiliğinden

3.1.22. Biricine Karyesi

Ufak bir çiftlik görünümünde olan bu karyede toprak sahipleri ve onların ortakçıları ile hizmetkârları yaşamaktadır. Toprağı olan hanelerin büyük bölümü Müslümandır. Toprağı eken ortakçılar ise gayrimüslimdir ve cizye vermektedirler. Hizmetkârların haricinde her hane vergi-yi mahsusa vermektedir ve karyede toplanan toplam vergi-yi mahsusa 635 kuruştur. Bunun haricinde 284 kuruş öşür, 840,75 kuruş aded-i ağnam alınmıştır. Toplamda 1759,75 kuruş vergi alınmış buna karşılık haneler toplam 2880 kuruş gelir elde etmişlerdir. Ekili tarlaların toplamı 140 dönümdür. Bunun haricinde pirinç, duhan tarlası ya da bağ, bostan, çayır yoktur. Biricine'de toplam 692 baş hayvan vardır. Bunların 644'ü küçükbaş 48'i ise büyükbaştır.[49]

---

[49] Bkz.Başbakanlık Osmanlı Arşivi,ML.VRD.TMT.d.15308

Hane Numara	Meslek	Cizye	Vergiyi Mahsusa	Öşür	Ağnam	Toplam Vergi	Ekili Arazi	Toplam Arazi	Büyük Baş	Küçük Baş	Toplam Hayvan	Gelir	Kullanılabilir Gelir	Diğer emlak,arazi ve gelirler
	Çiftlikandan		80		187,5	267,5	48	48	1	125	126	205	-62,5	
	Ziraat	a:1	40	41	101,75	182,75		0	10	130	140	205	22,25	205 şeriki tenzili
	Ziraat	ev:1	40			40		0	8	56	64		-40	
	Çiftlikandan		80		155	235	48	48	2	35	37	465	230	
	Ziraat	ev:1	40	35,5	33,5	109		0		20	20	177,5	68,5	177,5 şeriki tenzili
	Ziraat	a:1	40	57,5	28,5	126		0	4	22	26	287,5	161,5	287,5 şeriki tenzili
	Ziraat	a:1	105	67	107,5	279,5	20	20	9	76	85	670	390,5	
	Ziraat	a:1	105	47	152	304	12	12	7	97	104	470	166	
	Ziraat		105	36	37,5	178,5	12	12	1	28	29	300	121,5	
	Ziraat	ev:1				0		0	5	28	33		0	
	Hizmetkar				37,5	37,5		0	1	27	28	100	62,5	

3.1.23. Pikilne Karyesi

9 Haneli bu küçük karyede nüfusun tamamı gayrimüslimdir ve 8 hane ziraat ile uğraşmaktadır. 1 hanede ise aylakçı ibaresi mevcuttur. Alınan toplam vergi 1023,5 kuruştur ve bunun 174 kuruşu vergi-yi mahsusa, 280,3'ü öşür, 569,25 kuruşu ise aded-i ağnamdır. Pikilne'de ekilen mezru tarlalar toplam 153 dönümdür. Diğer araziler ise 8 dönümdür. Hanelerin toplam geliri 3127,5 kuruş olarak hesaplanmıştır. Beslenen hayvan sayısı 427'dir. Bunların 404'ü küçükbaş, 23'ü ise büyükbaştır.[50]

---

[50] Bkz.Başbakanlık Osmanlı Arşivi,ML.VRD.TMT.d.15310

Hane Numara	Meslek	Cizye	Vergiyi Mahsusa	Öşür	Ağnam	Toplam Vergi	Ekili Arazi	Diğer Arazi	Toplam Arazi	Büyük Baş	Küçük Baş	Toplam Hayvan	Gelir	Kullanılabilir Gelir
1	Ziraat	a:1 ev:1 ed:1	25	54	176,25	255,25	25	1	26	7	114	121	525	269,75
2	Ziraat	a:1 ed:1	16	35,75	46,75	98,5	20	2	22	2	33	35	315	216,5
3	Ziraat	a:1 ev:2	22	46	133	201	30	0,5	30,5	4	101	105	505	304
4	Ziraat	ev:3	28	45,25	56,25	129,5	16	1	17	3	36	39	515	385,5
5	Ziraat	a:1 ed:1	27	13,5		40,5	15	0,5	15,5	1	3	4	195	154,5
6	Aylakçiyan	ev:1	4			4	2	0,5	2,5			0	130	126
7	Ziraat	ev:2 ed:1	15	20,25	30	65,25	20	0,5	20,5	1	22	23	207,5	142,25
8	Ziraat	ed:1	7	6		13	5	0,5	5,5	2		2	85	72
9	Ziraat	a:1 ed:1	30	59,5	127	216,5	20	1,5	21,5	3	95	98	650	433,5

3.1.24. Lepoyliçe Karyesi Ashab Çiftliği

Çoğunluğunu ziraat ile uğraşan haneler ve onların hizmetkârlarının oluşturduğu bu çiftlikte bir aile gayrimüslim diğer haneler ise Müslümandır. Bunun haricinde hizmetkârlar da gayrimüslimdir ve cizye vermektedirler. Toprak sahibi hanelerin arazilerinin büyüklüğü dikkat çekmektedir. Toplam 700 dönüm arazinin hepsi 4 haneye aittir. Son hane ise Hancı makulesinden diye kaydedilmiştir ve hancılığından gelir elde etmektedir. Çiftlikte toplanan toplam 2144,75 kuruş verginin 810 kuruşu vergi-yi mahsusa, 1158 kuruşu öşür, 177,25 kuruşu ise aded-i ağnamdır. Hanelerin toplam geliri 13604,5 olarak hesaplanmıştır. Lepoyliçe'de 720 dönüm ekili tarla vardır. Ayrıca 25 dönüm de diğer araziler kaydedilmiştir. Toplam 244 baş hayvanın 171'i küçükbaş, 73'ü büyükbaştır.[51]

---

[51] Bkz.Başbakanlık Osmanlı Arşivi,ML.VRD.TMT.d.15311

Hane Numara	Meslek	Cizye	Vergiyi Mahsusa	Öşür	Ağnam	Toplam Vergi	Ekili Arazi	Diğer Arazi	Toplam Arazi	Büyük Baş	Küçük Baş	Toplam Hayvan	Gelir	Kullanılabilir Gelir	Diğer emlak,arazi ve gelirler
1	Ziraat		330	259,5		589,5	200	7	207	7		7	2095,5	1506	
	Ticaret	ev:1		24		24		1	1	4		4	440	416	240 hizmetkarlığından
	Ticaret	ev:1		12		12		0,5	0,5	3		3	340	328	240 hizmetkarlığından
2	Ziraat			252,5		252,5	300	1,5	301,5	9		9	2685	2432,5	
	Ticaret	ev:1		12		12		0,5	0,5	2		2	340	328	240 hizmetkarlığından
	Ticaret	ev:1		12		12		0,5	0,5	3		3	340	328	240 hizmetkarlığından
	Ticaret	ev:1		12		12		0,5	0,5	13	10	23	360	348	240 hizmetkarlığından
3	Ziraat		26,5	123	61	210,5		3	3	7	55	62	842	631,5	550 şeriki tenzili
4	Ziraat		66,5	171	38,75	276,25		4,5	4,5	7	28	35	1167	890,75	780 şeriki tenzili
	Ticaret	ed:1				0		1	1	2		2	340	340	240 hizmetkarlığından
	Ticaret	ev:1		24		24		1	1	1		1	360	336	240 hizmetkarlığından
5	Ziraat		47,5			47,5	100		100			0	797,5	750	
6	Ziraat		48,5	185,5	77,5	311,5			0			0	797,5	486	
7	Ziraat		48,5			48,5	100		100			0	350	301,5	
8	Ziraat	ev:1	48,5	70		118,5		3	3	6	26	32	600	481,5	350 şeriki tenzili
	Çiftlikandan		194			194	20		20	4		4	1200	1006	
	Çiftlikandan					0		1	1			0	350	350	
	Hancı					0			0	5	52	57	200	200	

3.1.25. Tedos Karyesi

Tedos'ta yaşayan halkın tamamı gayrimüslimdir. Verilen cizyelerin yanında her haneden vergi-yi mahsusa alınmıştır. 13 haneden 2'si defterde "Aylakçiyan" olarak kaydedilmişken diğer haneler için "ashabı çiftlikandan idüğü" denilmiştir. Bu hanelerin verdikleri toplam vergi 1887,5 kuruştur. Bunun içerisinde 376 kuruşu vergi-yi mahsusa, 528,5 kuruşu öşür geri kalan 983 kuruşu ise aded-i ağnamdır. Buna karşılık elde edilen toplam gelir 7012 kuruştur. 240 dönüm toplam ekili tarla var iken çoğunlukla bunun yanında her hanenin yarım dönüm bağ ya da bostanı bulunmaktadır. Bu diğer arazilerin toplamı ise 7 dönümdür. Tedos'ta toplam 791 baş hayvanın 76'sı büyükbaş 715'i küçükbaştır. Ayrıca karyede 14 adet arı kovanı mevcuttur.[52]

---

[52] Bkz.Başbakanlık Osmanlı Arşivi,ML.VRD.TMT.d.15312

Hane Numara	Meslek	Cizye	Vergiyi Mahsusa	Öşür	Ağnam	Toplam Vergi	Ekili Arazi	Diğer Arazi	Toplam Arazi	Büyük Baş	Küçük Baş	Toplam Hayvan	Gelir	Kullanılabilir Gelir	Diğer emlak,arazi ve gelirler
1	Kocabaşı	ev:1 ed:1	12	29,25		41,25	15		15	6		6	372,5	331,25	80 Kocabaşılığından
2	Çiftlikandan	ev:1	12	17	37,5	66,5	10	0,5	10,5		28	28	170	103,5	
3	Çiftlikandan	ev:3	30	45,5	86,25	161,75	22	1,5	23,5	6	58	64	515	353,25	
4	Çiftlikandan	ev:1	15	27,75		42,75	15	1	16	5		5	277,5	234,75	
5	Çiftlikandan	ev:1	15	25,75	7,5	48,25	15	0,5	15,5	4	4	8	282,5	234,25	
6	Çiftlikandan	a:1	15	24	93,75	132,75	15	0,5	15,5	3	50	53	255	122,25	
7	Aylakçiyan	ev:1 ed:1	15	15,5		30,5	8	0,5	8,5	4		4	320	289,5	150 gündelikçi
8	Çiftlikandan	a:1	25	52,25	150	227,25	20	0,5	20,5	7	119	126	552,5	325,25	
9	Çiftlikandan	a:2 ed:1	70	85,75	187,5	343,25	30	0,5	30,5	17	144	161	962,5	619,25	2 kovan
10	Çiftlikandan	a:2 ev:2 ed:2	62	75,25	161,25	298,5	25	0,5	25,5	6	122	128	902,5	604	4 kovan
11	Aylakçiyan		10	26		36	10		10	4		4	290	254	2 kovan
12	Çiftlikandan	a:1 ev:3	60	57,5	120	237,5	30	0,5	30,5	11	90	101	680	442,5	4 kovan
13	Çiftlikandan	a:1 ev:3	35	47	139,25	221,25	25	0,5	25,5	3	100	103	530	308,75	2 kovan

3.1.26.Bezikova Karyesi

Bezikova 39 haneli bir gayrimüslim karyesidir. Çoğunluğunu ziraat ile uğraşan halkın oluşturduğu karyede 6 aylakçı, 2 çiftlik sahibi, 1 çoban ve 1 Kocabaşı vardır.

5 Numaralı hanede "dörtlemeciliğinden aldığı" şeklinde bir kayıt bulunmaktadır. Bu ve bundan sonraki bazı karyelerde görülmekte olan bu gelir Osmanlı devletinde toprak icarı ya da ortaklığı usullerinden bir tanesidir. 19.yy.'da Osmanlı Devletinde sancakların bir kısmı çiftliklere bölünmüş olup mutasarrıflıklarına eshab-ı Alaka denilmekteydi. Hıristiyan çiftçiler yarıcılık, üçleme veya dörtleme yoluyla toprağı kiralıyorlardı. Bunlara Baştınalı çiftlikler denilirdi. Eshab-ı Alaka olan ağalar ve beyler maiyetleri altında olan bu çiftçileri himaye eder ve iyi muamele ederlerdi. Toprak icarının alınmasında hoşgörülü davranırlardı. Böylece her iki tarafta birbirinden hoşnut yaşamakta idiler.[53]

Toplanan toplam vergi 6130 kuruştur. Bunun 2760 kuruşu vergi-yi mahsusa, 1289 kuruşu öşür ve 2081,3 kuruşu aded-i ağnamdır. 673 dönüm arazinin 40 dönümü bağ, bostan, duhan, çayır veya pirinç tarlalarıdır. Oldukça fazla sayıda hayvanın bulunduğu Bezikova 'da toplam 1575 küçükbaş hayvan vardır. Ayrıca 187 büyükbaş hayvan bulunmaktadır.[54]

[53] Zafer Çakmak, 1875 Hersek İsyanı, Fırat Üniversitesi İlahiyat Fakültesi dergisi, 8, 2003, s.245-246

[54] Bkz.Başbakanlık Osmanlı Arşivi,ML.VRD.TMT.d.15314

Hane Numara	Meslek	Cizye	Vergiyi Mahsusa	Öşür	Ağnam	Toplam Vergi	Ekili Arazi	Diğer Arazi	Toplam Arazi	Büyük Baş	Küçük Baş	Toplam Hayvan	Gelir	Kullanılabilir Gelir	Diğer emlak,arazi ve gelirler
1	Kocabaşı	ev:1 ed:1	12	14	26,25	52,25	6	1	7	3	17	20	165	112,75	
2	Ziraat	a:1 ev:1 ed:2	175	60,75	90	325,75	27	4	31	9	72	81	692,5	366,75	
3	Ziraat	ev:1	40	28,25	30	98,25	8	1	9	6	20	26	272,5	174,25	
4	Ziraat	a:1 e:1	110	42,25	101,25	253,5	16	1	17	4	76	80	327,5	74	
5	Ziraat	ev:1	15	7	18,75	40,75	4	0,5	4,5		18	18	232,5	191,75	150 dörtlemeciliğinden
6	Ziraat	a:1 ed:1	110	37	45	192	20	4,5	24,5	2	32	34	430	238	
7	Ziraat	a:1 ev:1 ed:1	115	49	105	269	25	0,5	25,5	7	82	89	510	241	
8	Ziraat	ev:1	35	31,75	39,25	106	15	1,5	16,5	3	30	33	333,5	227,5	
9	Ziraat	ev:2 ed:1	100	32,75	56,25	189	20	1	21	5	44	49	352,5	163,5	
10	Ziraat	a:1 ev:1 ed:1	200	92,5	161,25	453,75	25	1,5	26,5	15	116	131	920	466,25	
11	Ziraat	a:2 ev:1 ed:1	170	64	101,25	335,25	18	2,5	20,5	7	80	87	665	329,75	
12	Ziraat	a:1	120	54,5	63,75	238,25	25	2	27	6	50	56	545	306,75	
13	Ziraat	ev:1	80	35,5	45	160,5	15	1,5	16,5	3	36	39	372,5	212	
14	Ziraat	ev:1	60	35,25		95,25	20	1,5	21,5	6		6	397	301,75	
15	Ziraat	a:1 ev:1	110	37	112,5	259,5	25	1	26	13	90	103	375	115,5	
16	Aylakçıyan	ev:1 ed:1			41,25	41,25			0		32	32	200	158,75	200 gündelikçiliğinden
17	Ziraat	ev:2	65	20,5	67,5	153	10	0,5	10,5	1	50	51	207,5	54,5	
18	Ziraat	ev:2	40	18		58	12	1	13	5		5	355	297	150 gündelikçiliğinden

19	Ziraat	ev:1 ed:1	41	34,25	37,5	112,75	12	1	13	7	29	36	370	257,25	
20	Ziraat	ev:2	90	35,25	45	170,25	15	2	17	2	34	36	407,5	237,25	
21	Ziraat	a:1	100	40	52,5	192,5	15	3	18	8	40	48	450	257,5	80 şeriki tenzili
22	Ziraat	a:1 ed:1	80	37,75	86,25	204	20		20	6	66	72	377,5	173,5	
23	Aylakçiya n	ev:1	35	12,75		47,75	6		6	4		4	227,5	179,75	100 gündelikçiliğinden
24	Ziraat	ev:1	55	29,75	60	144,75	12	0,5	12,5	2	44	46	337,5	192,75	
25	Ziraat	a:2 ev:2 ed:3	150	62,5	82,5	295	25	0,5	25,5	10	60	70	612,5	317,5	
26	Ziraat	a:1	60	42,75	33,75	136,5	17	1	18	1	27	28	477,5	341	
	Çoban	ev:1			45	45		0,5	0,5		34	34	280	235	220 çobanlığından
27	Ziraat	ev:3 ed:1	30	14,25	26,25	70,5	10		10	3	17	20	142,5	72	
28	Ziraat	a:1 ev:4 ed:1	130	54,75	101,25	286	26		26	6	73	79	547,5	261,5	
29	Ziraat	ev:2	20	12,5	15	47,5	6		6		14	14	275	227,5	150 gündelikçiliğinden
30	Ziraat	a:1 ed:1	60	40,25	82,5	182,75	15	1	16	2	58	60	315	132,25	
31	Aylakçiya n	ev:1				0	8	0,5	8,5	4		4	270	270	250 hizmetkarlığından
32	Aylakçiya n	ev:1	12	3,5		15,5	6	0,5	6,5			0	212,5	197	200 gündelikçiliğinden
33	Ziraat	ev:1		26,5	33,5	60	14	1	15	4	24	28	295	235	
	Ticaret	ev:1			11,25	11,25	8	0,5	8,5		9	9	290	278,75	250 hizmetkarlığından
-			15	12		27	15		15			0	125	98	
34	Aylakçiya n	ev:1	10	7	11,25	28,25	10		10	4	11	15	82,5	54,25	
35	Ziraat	ev:3 ed:1	60	21,5	70,5	152	12	0,5	12,5	2	53	55	407,5	255,5	200 gündelikçiliğinden

36	Aylakçıyan	ev:1			7,5	7,5	5		5		8	8	250	242,5	200 gündelikçiliğinden
37	Çiftlikandan	a:1	65	40,5	40,5	146	30		30	10	32	42	202,5	56,5	
38	Çiftlikandan	ev:2	70	67,5	63,75	201,25	35		35	8	48	56	307,5	106,25	
39	Ziraat	a:1 ev:2 ed:2	120	33,5	71,25	224,75	20	1	21	9	49	58	360	135,25	

3.1.27. Nivyate Karyesi

Gayrimüslim halkın yaşadığı bu karyede 17 hanenin hepsi "ashabı çiftlikandan idüğü" diye kaydedilmiştir. 1 kocabaşının bulunduğu karyede bir de aylakçı mevcuttur. Toplanan toplam 2288,05 kuruş verginin 732 kuruşu vergi-yi mahsusa, 622,5 kuruşu öşür, 933,55 kuruşu ise aded-i ağnamdır. Toplam ekili arazi 310 dönüm olarak hesaplanmıştır. Diğer araziler ise 8 dönümdür. 966 baş toplam hayvanın 90'ı büyükbaş, 876'sı ise küçükbaştır. Hanelerin toplam geliri 6829,5'tir. Karyeye ait defterin sonunda ise bazı ek gelirler kaydedilmiştir. Bu gelirlerin hangi haneye ait olduğu net olmamakla birlikte defter sonu temettuat toplamının içerisinde hesaplanmıştır.[55]

---

[55] Bkz.Başbakanlık Osmanlı Arşivi,ML.VRD.TMT.d.15315

Hane Numara	Meslek	Cizye	Vergiyi Mahsusa	Öşür	Ağnam	Toplam Vergi	Ekili Arazi	Diğer Arazi	Toplam Arazi	Büyük Baş	Küçük Baş	Toplam Hayvan	Gelir	Kullanılabilir Gelir	Diğer emlak,arazi ve gelirler
1	Kocabaşı	ev:2 a:1 ed:1	80	41,5	105	226,5	25		25	7	76	83	415	188,5	
2	Çiftlikandan	a:1 ed:1	60	74,75	105	239,75	28	0,5	28,5	3	82	85	777,5	537,75	
3	Çiftlikandan	ev:2 a:1	62	46,5	86,25	194,75	20	0,5	20,5	3	74	77	460	265,25	
4	Çiftlikandan	ev:1 a:1 ed:1	70	37	67,5	174,5	20		20	6	50	56	330	155,5	
5	Çiftlikandan	ev:3 ed:1	55	40,25	52,5	147,75	20	1,5	21,5	3	40	43	632,5	484,75	250 Şundan Bundan gündelikçiliğinden
6	Çiftlikandan	ev:1 a:2 ed:1	65	85,75		150,75	25	0,5	25,5	14	140	154	882,5	731,75	6 Kovan
7	Çiftlikandan	ev:1 a:1 ed:1	40	30,5	95,5	166	18	0,5	18,5	6	68	74	300	134	
8	Çiftlikandan	ev:1	30	32,5		62,5	15		15	8		8	305	242,5	
9	Çiftlikandan	ev:2	30	31,5	52,5	114	17	0,5	17,5	4	42	46	320	206	
10	Çiftlikandan	ev:1 a:1	40	28	63,75	131,75	16	0,5	16,5	1	50	51	290	158,25	
11	Çiftlikandan	ev:1	26	18,5	63,75	108,25	15	0,5	15,5	3	50	53	175	66,75	
12	Çiftlikandan	ev:4	25	22	33,75	80,75	12	0,5	12,5	8	30	38	200	119,25	

13	Çiftlikandan	ev:1	35	35,25	22,5	92,75	15	0,5	15,5	2	16	18	347	254,25	
14	Çiftlikandan	ev:1 a:1	50	55,5	82,5	188	25	1,5	26,5	7	60	67	570	382	
15	Çiftlikandan	ev:2 ed:1	35	36	39,3	110,3	15	0,5	15,5	7	32	39	355	244,7	
16	Çiftlikandan	ev:1	17		26,25	43,25	12		12	4	20	24	250	206,75	250 şundan bundan
17	Çiftlikandan	ev:1 ed:1	12	7	37,5	56,5	12		12		30	30	220	163,5	150 şundan bundan gündelikçiliğinden
	Aylakçiyan	ev:1				0			0	4	16	20		0	

3.1.28. Koçana Kazası Müslimlerin Temettuat Defteri

Koçana kazasının merkezi Müslim ve gayrimüslimler olmak üzere 2 defter halinde kaydedilmiştir. Müslimlerin kayıtlı olduğu bu defterde 237 hane yer almaktadır. Koçana kazasında Müslümanların yaptığı meslekler arasında İmam, Berber, Müezzin, Doğramacı, Kasap, Saraç, Tüccar, Bekçi, Aylakçı, Kethüda, Hizmetkâr, Bakkal, Nalbant, Boyacı, Tüfekçi, İskeleci, Duhancı, Duhan Kıymacı, Hamamcı, Sığırtmaç, Semerci, Derbent, Berber kalfası, Pirinç Bekçisi, Oduncu, Kahveci gibi kent ya da kasaba yaşamında görülebilecek meslekler bulunmaktadır. Ayrıca dükkân kirası, ev kirası gibi gayrimenkul gelirlerinin yanında, hanelerin yaptıkları mesleklerle ilgili gelirleri kaydedilmiştir. Daha önceki karyelerin aksine merkezde tarım gelirleri kadar diğer ek gelirler de önemli yer tutmaktadır. Tablo 28'de de görüldüğü gibi hiçbir hanede 55 dönümü aşan ekili tarla bulunmamaktadır. Oysa Lepoyliçe karyesinde sadece bir hanede 300 dönümlük ekili arazi bulunmaktaydı. Dolayısıyla kent hayatının daha baskın olduğu Koçana merkezi bu yönüyle diğer karyelerden ayrılmaktadır.

1 numaralı hanede imam efendinin kendi emlakının yanında ayrıca "mektebte vakıf mezru tarla" ile "kahve vakıf" diye kayıtlar bulunmaktadır. Bu kayıtlar belirli bir vakfın emlakının da imam efendinin tahriri içerisinde yazıldığını göstermektedir.

Defterde bazı hanelerde meslek belirtilmediği için Tablo 28'de de buna uygun bir biçimde meslek sütunu boş bırakılmıştır. Ancak o kişinin mesleğini belirten ya da onu tanımlayan ibarenin eksikliği geliri olmadığı anlamına gelmemektedir. Ayrıca ek gelir sütununda bu hanelerde bazı mesleklerden elde ettikleri gelirler yer almaktadır. Koçana 'da Müslimlerin yer aldığı defterde dört hizmetkâr haricinde hanelerden cizye alınmamıştır. Bunun yanında 3946 kuruş vergi-yi mahsusa toplanmıştır. Bazı hanelerden vergi-yi mahsusa alınmamıştır.

Bu haneler Müezzin, İmam gibi muafiyeti olan kişiler ile gelir seviyesi belirli bir düzeyin altındaki hizmetkâr ve aylakçılardır. Diğer karyelere kıyasla ekilen tarlalar çok fazla olmadığından öşür de kısıtlı kalmıştır. Alınan toplam öşür vergisi 2883 kuruştur. Ayrıca bir hanenin dışında küçükbaş hayvan bakan hane yoktur. Dolayısıyla aded-i ağnam sadece o haneden 63,8 kuruş alınmıştır.

Toplanan toplam 6892,8 kuruş vergiye karşılık hanelerin elde ettikleri toplam gelir (temettuat) 75.950 kuruştur. Koçana merkezinde toplam ekili arazi 1065 dönümdür. Bunun yanında bağ, bostan, duhan, pirinç ve çayır tarlalarının toplamı ise 342,5 dönümdür. 381 büyükbaş hayvanın haricinde sadece 1 haneye ait 50 küçükbaş hayvan vardır.

Bu yerleşim biriminde nüfusa göre hayvan sayısının az miktarda olmasının kaynağının kent yaşamı olduğu düşünülmektedir.[56]

---

[56] Bkz.Başbakanlık Osmanlı Arşivi,ML.VRD.TMT.d.15316

Hane Numara	Meslek	Cizye	Vergiyi Mahsusa	Öşür	Ağnam	Toplam Vergi	Ekili Arazi	Diğer Arazi	Toplam Arazi	Büyük Baş	Küçük Baş	Toplam Hayvan	Gelir	Kullanılabilir Gelir	Diğer emlak,arazi ve gelirler
1	İmam			4,5		4,5		2	2			0	315	310,5	150 cami şerifden aldığı,5 dönüm tarla vakıf,1 kahve vakıf
2	Ziraat		10			10	1		1	2		2	250	240	250 şundan bundan aldığı
3	Berber		10	14		24	4	1	5			0	280	256	100 berberliğinden aldığı
4	Berber		10	5,25		15,25	4	1,5	5,5			0	318,5	303,25	120 berberliğinden aldığı
5	Müezzin					0			0			0	370,5	370,5	370,5 müezzinliğinden aldığı
6						0		0,5	0,5	1		1	160	160	150 şundan bundan aldığı
7			10			10		0,5	0,5			0	220	210	200 kethüdalığından
8			7,5			7,5			0	1		1	225	217,5	225 şundan bundan aldığı
9	Doğramacı		10			10		0,5	0,5			0	225	215	215 doğramacılığından aldığı
10	Ziraat		25	66		91	10	4,5	14,5	4		4	1105	1014	
	Ticaret	ev:1				0			0			0	150	150	150 hizmetkarlığından aldığı
11			10	6,5		16,5	2	1	3			0	204,5	188	
12						0			0	1		1	200	200	

13						0			0			0	120	120	
14				2,5		2,5	0,5	0,5	1	1		1	178,5	176	150 şundan bundan aldığı
15	Ziraat		40	91,5		131,5	15	6,5	21,5	5		5	1180	1048,5	
16			5			5		0,5	0,5	1		1	120	115	120 kethüdalığından
17						0		0,5	0,5	1		1	10	10	
18	Ziraat		10	48,75		58,75	6	3	9	4		4	612,5	553,75	
19	Ziraat		66	128,5		194,5	16	6,5	22,5	5		5	1450	1255,5	1 taş asiyab,1 tokmak dibek
20	Ziraat		18,5	68,75		87,25	14	4,5	18,5	4		4	592,5	505,25	
21	Ziraat		15	46,75		61,75	9	3	12	2		2	409,5	347,75	
22						0		0,5	0,5	2		2	110	110	100 şundan bundan aldığı
23			16,5	25,25		41,75	4	2,5	6,5			0	187,5	145,75	
24	Bekçi		12			12		0,5	0,5	2		2	140	128	120 bekçiliğinden
25	Bekçi		5			5		0,5	0,5	1		1	130	125	120 bekçiliğinden
26			10			10	1	1,5	2,5	1		1	130	120	
27	Ziraat		10	12,5		22,5	4	0,5	4,5	2		2	140	117,5	
28	Ziraat		45	42		87	16	2,5	18,5	2		2	683	596	
29			12			12		0,5	0,5	1		1	100	88	100 şundan bundan aldığı
30			12			12			0			0	250	238	250 şundan bundan aldığı
31	Ziraat		15			15		0,5	0,5	2		2	120	105	1 kovan
32						0			0			0		0	

33						0			0			0	150	150	150 şundan bundan aldığı
34			12			12		0,5	0,5	2		2	20	8	
35	Aylakçıyan		12,5			12,5		0,5	0,5			0	191	178,5	180 kethüdalığından
36	Aylakçıyan			17,25		17,25	1,5	1,5	3	2		2	99,5	82,25	
37						0	4	0,5	4,5			0	112	112	2 dönüm tarla icarda 100 kuruş
38			7,5	5,25		12,75	1,5	1	2,5			0	60	47,25	
39	Aylakçıyan					0			0			0	250	250	250 hizmetkarlığından
40	Aylakçıyan					0			0			0		0	
41	Ticaret					0			0			0	150	150	150 şundan bundan aldığı
42	Aylakçıyan					0		0,5	0,5	1		1	200	200	180 şundan bundan aldığı
43			30	1		31		1	1	3		3	30	-1	
44	Ziraat		60	31		91	6	4	10	5		5	666	575	
45			50			50		3	3	10		10	1834	1784	4 hane icarda, 2 taş değirmen, 3 dibek
46			30			30		2	2	4		4	1082	1052	4 değirmen dibek
47			60			60	20	2	22	8		8	865	805	
48			75	24		99	25	1,5	26,5	3		3	332	233	2 hane icarda
49			60	17		77	10	30	40	3		3	495	418	2 dükkan icarda
50			75	24,25		99,25	25	1,5	26,5	4		4	442	342,75	2 dükkan icarda, 2 hane icarda
51	İmam			12		12	6		6			0	240	228	

52	Ziraat		120	44,25		164,25	30	4	34	6		6	897,5	733,25	1 berber dükkanı, 1 kahvehane
	Ticaret					0			0			0	170	170	170 hizmetkarlığından
53	Ziraat			20,5		20,5	2,5	1,5	4	2		2	212,5	192	
54	Ziraat		25	23,75		48,75	5	1,5	6,5	3		3	272,5	223,75	
55	Ziraat		15	18,5		33,5	4	1,5	5,5	2		2	243	209,5	
56	Ziraat		15	26,5		41,5	8	2	10	2		2	142,5	101	
57	Ziraat			29		29	25	5	30	5		5	540	511	
	Ticaret					0			0			0	164	164	164 hizmetkarlığından
	Ticaret					0			0			0	45	45	45 hizmetkarlığından
58	Ziraat		25			25	16	4,5	20,5	4		4	410	385	
	Ticaret	ev:1				0			0	1		1	180	180	180 hizmetkarlığından
59	Berber		20			20	2	1,5	3,5	1		1	160	140	1 berber dükkanı
60	Ziraat		80	85,75		165,75	13	4,5	17,5	8		8	1052	886,25	360, 2 adet dükkan kirasından, 2 menzil
61			5			5		0,5	0,5			0	20	15	
62	Ziraat		4			4		1	1	4		4	50	46	
63	Ziraat		8			8		1	1	2		2	40	32	
64	Ziraat		40			40	17	4	21	4		4	455	415	
65	Aylakçıyan		5	1,75		6,75	2	1	3	2		2	165	158,25	

66	Bakkal		7			7		0,5	0,5			0	165	158	150 bakkal dükkanından
67	Ziraat		20			20	7	2	9	3		3	640	620	
68	Ziraat		14	8,75		22,75	8	1	9	3		3	145	122,25	
69	Berber					0			0			0	120	120	120 berberliğinden aldığı
70	Aylakçiyan		5			5	3	1,5	4,5			0	120	115	
71	Ziraat		30			30	15	5	20	3		3	250	220	
72	Tüfekçi		20	3,5		23,5	3	1,5	4,5			0	285	261,5	100 tüfekçiliğinden
73			20	4		24	5	1,5	6,5			0	512	488	80 tüfekçi dükkanından
74			7,5			7,5	2		2			0	50	42,5	
75	Ziraat		7	7		14	2	0,5	2,5	3		3	100	86	
76			10			10			0	1		1	210	200	210 duhan kıymacılığından
77	Nalbant		10	7,5		17,5	1	0,5	1,5			0	260	242,5	220 nalbantlığından, 1 taş asiyab
78	Yarıcı		12			12		0,5	0,5	3		3	260	248	250 yarıcılığından
79	Aylakçiyan					0		0,5	0,5	1		1	120	120	110 şundan bundan aldığı
80	Ziraat		45	22,25		67,25	12	1,5	13,5	2		2	272,5	205,25	
81	Aylakçiyan		15			15		1	1	2		2	360	345	80 duhan kıymacılığından , 220 yarıcılığından
						0	10		10			0	300	300	
82	Ziraat		45	39,5		84,5	10	2,5	12,5	5		5	465	380,5	300 icardan aldığı
83	Ziraat		40	46,5		86,5	8	2,5	10,5	5		5	720	633,5	1 hane kirada 200

84	Ziraat		35	26,5		61,5	10	2,5	12,5	4		4	595	533,5	100 fırıncı dükkanından
85	Ziraat		32	26,5		58,5	10	2,5	12,5	3		3	595	536,5	100 fırıncı dükkanından
86	Ziraat		35	18,5		53,5	10	1,5	11,5	4		4	495	441,5	100 fırıncı dükkanından
87	Ziraat		80	32		112	55	9	64	2		2	630	518	2 menzil
88	Ziraat		15	16		31	6	1,5	7,5	4		4	148	117	
89						0			0			0		0	
90			5			5			0			0	150	145	150 bekçiliğinden
91			5			5			0			0	150	145	150 hizmetkarlığından
92	Aylakçıyan		5			5		0,5	0,5			0	140	135	140 şundan bundan aldığı
93	Kasap		5			5			0			0	225	220	225 kasaplığından
94	Hizmetkar		12			12	3		3			0	100	88	100 hizmetkarlığndan
95	Ziraat		35	28,75		63,75	25	4,5	29,5	5		5	787,5	723,75	
96	Duhancı		8			8		1	1	1		1	335	327	100 dükkan kirası
97	Ziraat		8			8	4	3	7			0	140	132	
98	Aylakçıyan					0			0			0	220	220	220 şundan bundan aldığı
99	Aylakçıyan		10			10			0			0	220	210	220 şundan bundan aldığı
100	Ziraat		15	50,75		65,75	6	3,5	9,5	4		4	435	369,25	
101	Aylakçıyan					0		0,5	0,5	1		1	135	135	125 şundan bundan aldığı

102	Ziraat		30	19,75		49,75	8	3	11	3		3	582,5	532,75	
103			10			10			0	1		1	200	190	200 hizmetkarlığından
104			10			10			0			0	300	290	300 oradan buradan
105				9,5		9,5	4	1,5	5,5			0	255	245,5	
106	Ticaret					0			0			0	120	120	120 şundan bundan aldığı
107	Ziraat			3,5		3,5	4	0,5	4,5	1		1	51	47,5	
108	İmam		12			12		0,5	0,5	1		1	1020	1008	1000 imamlığından
109	Boyacı		12			12			0			0	250	238	250 boyacı dükkanından
110	Ziraat		12	45		57	3	3,5	6,5	3		3	75	18	1 menzil
111			10			10			0	2		2		-10	
112	Ziraat		40	15,25		55,25	15	1,5	16,5	3		3	217,5	162,25	
	Ticaret	ev:1				0			0			0	100	100	100 hizmetkarlığndan
113	aylakçıyan		9	8,25		17,25	5	1,5	6,5			0	197,5	180,25	
114	Ziraat		8	9		17	4	0,5	4,5	3		3	90	73	
115	Ziraat		15	6		21	7	1,5	8,5	1		1	95	74	
116	Ziraat		40	44,25		84,25	12	3,5	15,5	4		4	472,5	388,25	
117	Ziraat		30			30		0,5	0,5	1		1	810	780	2 taş dibek, 2 taş asiyab
118	Ziraat		30	9,5		39,5	10	3,5	13,5	3		3	305	265,5	
	Ticaret	ev:1				0			0			0	130	130	130 hizmetkarlığından

119	Ziraat		80	46		126	25	4	29	7		7	1601	1475	2 taş değirmen, 2 tokmak dibek
120	Ziraat		80	59		139	50	7	57	6		6	2330	2191	2 değirmen, 2 tokmak dibek
121	Ziraat		30	26		56	15	5	20	4		4	1601	1545	1 asiyab, 1 dibek değirmen
122			30	26		56	10	5	15			0	1601	1545	2 dibek, 2 asiyab
	İmam					0			0			0		0	2 dükkan,5 menzil,4 hane arsası,500 ticaretten
123	İmam		15	21		36	8	2,5	10,5			0	616	580	40 terzi dükkanı, 50 nalbant dükkanından
124	Ziraat		10			10		0,5	0,5	1		1	80	70	bakkal dükkanından aldığı 60
125	Ziraat		10			10			0	1		1	250	240	nalbant dükkanından aldığı 250
126	Ziraat		25	48,5		73,5	10	3	13	5		5	506	432,5	
127	Ziraat		25	48,5		73,5	10	3	13	5		5	506	432,5	
128	Ziraat		20	7,5		27,5	1	0,5	1,5	2		2	245	217,5	120 hizmetkarlığından
129	Ticaret					0			0			0	120	120	120 kahveciliğinden
130	Bakkal		20			20		0,5	0,5	2		2	120	100	120 bakkalcılığından
131	Ziraat		25	17,25		42,25	6	2	8	3		3	442,5	400,25	
132	Nalbant		5			5			0			0	150	145	150 nalbantlığından
133	Ticaret		5			5			0			0	150	145	150 kethüdalığından

134			12	6,5		18,5	2	1	3	2		2	197	178,5	
135	Ziraat		20	4,5		24,5	0,5	1	1,5	1		1	458	433,5	yarım taş asiyab
136	Aylakçıyan		7,5			7,5		1	1	2		2	200	192,5	160 şundan bundan aldığı
137	Bakkal		7,5			7,5			0			0	200	192,5	200 bakkallığından
138	Ziraat		50	28,25	63,8	142,05	10	8	18	3	50	53	1037,5	895,45	
139						0			0			0	120	120	120 hizmetkarlığından
140	Ziraat		20			20	0,5	1	1,5	4		4	367,5	347,5	
141	Nalbant		15	3		18	1	0,5	1,5	2		2	135	117	100 nalbantlığından
142			5			5			0	1		1	80	75	80 iskeleciliğinden
143	Bakkal			3,5		3,5	4	0,5	4,5	1		1	235	231,5	180 bakkallığından
144	Ziraat		25	19,75		44,75	10	0,5	10,5	2		2	135	90,25	50 dükkan kirası
145	aylakçıyan		12			12		0,5	0,5	2		2	155	143	150 Sergiciliğinden
146	aylakçıyan					0		1	1	1		1	135	135	120 şundan bundan aldığı
147	Ziraat		15	12		27	6	2,5	8,5	1		1	330	303	
148	Saraç		10			10			0			0	200	190	200 saraçlığından
149	aylakçıyan					0			0			0	120	120	
150	Duhan Kıymacı		8			8			0			0	50	42	
151	Ziraat		12	17		29	3	2	5	3		3	160	131	
152	Bekçi		9			9		0,5	0,5			0	125	116	120 bekçiliğinden

153	Duhancı		8			8		0,5	0,5	1		1	150	142	120 duhan kıymacılığından
154	Bakkal		10	4		14	2	0,5	2,5			0	160	146	120 bakkalcılığından
155	Berber		5			5			0			0	120	115	120 berberliğinden aldığı
156	Kahveci		5			5			0			0	130	125	130 kahveciliğinden
157	Ziraat			53,2 5		53,25	13	3	16	2		2	387, 5	334,25	100 bakkal dükkanı kirası
158	Nalbant		8			8			0			0	120	112	120 nalbantlığından
159	Bekçi		8			8		0,5	0,5	2		2	170	162	150 bekçiliğinden
160	Ziraat		20	14,5		34,5	0,5	1	1,5	3		3	365	330,5	
161	Ziraat		40	33,5		73,5	10	2,5	12,5	1		1	510	436,5	
162	Bakkal		8			8		0,5	0,5	1		1	270	262	250 dükkan kirası
163	Aylakçıya n		8			8			0			0	150	142	150 kethüdalığından
164	Nalbant		10			10			0			0	150	140	150 nalbantlığından
165	Berber		10	0,5		10,5		0,5	0,5	1		1	130	119,5	120 berberliğinden aldığı
166	Ziraat		20	13		33	6	2	8	4		4	267, 5	234,5	
167	Derbent					0			0			0	50	50	50 şundan bundan aldığı
168	Berber kalfası					0			0			0	120	120	120 berber kalfalığından
169	Berber		12	8,5		20,5	3		3			0	165	144,5	80 berberliğinden
170	Hamamcı					0			0			0	150	150	150 hamamcılığından

171	Pirinç Bekçisi		12			12	1	1,5	2,5			0	240	228	
172	Kethüda		8			8			0			0	220	212	220 kethüdalığından
173	Alil					0			0			0		0	
174	Sığırtmaç					0			0			0	220	220	220 sığırtmaçlığından
175	Ticaret					0			0			0	130	130	130 gündelikçiliğinden
176	Derbent					0			0			0	50	50	50 şundan bundan aldığı
177	Nalbant		8			8	0,5	0,5	1			0	150	142	150 nalbantlığından
178			10			10			0	1		1	150	140	150 şundan bundan aldığı
179	Ziraat			24,7 5		24,75	10	2,5	12,5	3		3	749, 5	724,75	
180	Ziraat		40	65,5		105,5	8	5	13	4		4	965	859,5	bakkal dükkanı 350
181	Derbent			5,25		5,25	3	0,5	3,5	1		1	52,5	47,25	
182	Ticaret					0			0			0	150	150	150 hizmetkarlığından aldığı
183	Ticaret		6			6			0			0	120	114	120 hizmetkarlığından
184	Ziraat		60	22,5		82,5	20	4	24			0	800	717,5	100 dükkan kirası
185	Ziraat		50	72,5		122,5	10	3	13	3		3	595	472,5	
186	Ziraat		25			25	10	3,5	13,5	3		3	490	465	
187	Ziraat		60	125, 5		185,5	15	7	22	6		6	1855	1669,5	1 Fırın, 1 kahve
188	Ziraat		60	127, 5		187,5	15	7,5	22,5	4		4	1285	1097,5	1 kovan, 1 kahve

189	Ziraat		40	49		89	20	3,5	23,5	3		3	532	443	
190	Ziraat		20	36,5		56,5	6	2	8	4		4	345	288,5	
191	Ziraat		30			30		0,5	0,5	4		4	205	175	İcarda 1 Bakkal dükkanı,2 Kilimci dükkanı,2 menzil
192			15			15			0			0	150	135	1 kilimci dükkanı kirası
193						0			0			0	750	750	1 dükkan kirası
194			10			10			0			0	100	90	100 hizmetkarlığından
195	Ziraat		30			30		0,5	0,5	1		1	104	74	1 dükkan kirası
196	Ziraat		25	7		32	4,5	1,5	6	3		3	72	40	
197	Ziraat		10	12,5		22,5	5	0,5	5,5	3		3	136	113,5	
198	Nalbant		6			6			0			0	80	74	80 nalbantlığından
199	Nalbant		6			6			0			0	80	74	80 nalbantlığından
200	Ziraat		10			10		0,5	0,5	2		2	10	0	
201	Ziraat		150	126,5		276,5	40	7,5	47,5	1		1	1785	1508,5	3 bakkal dükkanı
202	Ziraat		30	49,75		79,75	18	3	21	4		4	287,5	207,75	
203	Ziraat		25	34,75		59,75	12	2	14	4		4	287,5	227,75	
204	Müezzin					0			0			0	140	140	140 müezzinliğinden
205	Boyacı		10			10			0			0	220	210	220 boyacılığından
206			5			5			0			0	200	195	200 şundan bundan aldığı
207	Duhan Kıymacı		5			5		0,5	0,5			0	190	185	180 duhan kıymacılığından

208	Nalbant		6			6			0	2		2	120	114	1 nalbant dükkanı
209			8			8			0			0	150	142	1 kahvehane, 1 doğramacı dükkanı icarda
210	Ticaret		8			8			0	2		2	250	242	250 gündelikçiliğinden
210	Nalbant		12			12		0,5	0,5			0	230	218	220 nalbantlığından
211	Bakkal		5			5			0			0	120	115	120 bakkalcılığından
212	Ticaret					0			0			0	120	120	120 şundan bundan aldığı
213	Nalbant		12	0,5		12,5		0,5	0,5	2		2	140	127,5	120 nalbantlığından
214			6	0,5		6,5		0,5	0,5	2		2	10	3,5	
215	Oduncu		3			3			0			0	20	17	20 odunculuğundan
216	Kiracı		3			3			0	1		1	50	47	50 Kiracılığından
217	Kahveci		5			5		0,5	0,5			0	116	111	100 kahveciliğinden
218	Bakkal		15	10,2 5		25,25	2	1,5	3,5			0	173, 5	148,25	60 bakkallığından
219			6	6,25		12,25	1	1	2	2		2	62,5	50,25	
220			20	15,2		35,2	8	1,5	9,5	1		1	203, 5	168,3	
221			20			20		0,5	0,5	1		1	116	96	100 şundan bundan aldığı
222			6	5,25		11,25	3	1,5	4,5	2		2	62,5	51,25	
223	Bekçi		10			10			0			0	100	90	100 bekçiliğinden
224	Semerci		12			12	1		1	1		1	120	108	120 semerciliğinden
225	Aylakçıya n					0			0			0	100	100	100 şundan bundan aldığı

226	Berber		10	13		23	0,5	1	1,5	2		2	261	238	120 berberliğinden aldığı
227	Nalbant		10	6,75		16,75	2		2	1		1	167,5	150,75	1 terzi dükkanı kirası
228	Bakkal		4			4		0,5	0,5	2		2	55	51	50 bakkallığından
229	Ziraat		15	6,5		21,5	6	3,5	9,5	1		1	300	278,5	
230	Ziraat		20	12,5		32,5	6	1	7	2		2	225	192,5	1 dükkan kirası
231	Ziraat		25	52		77	8	2	10	1		1	525	448	
232	Derbent					0		1	1	1		1	120	120	
233	Derbent		10			10			0			0	150	140	150 şundan bundan aldığı
234	aylakçıyan					0			0			0		0	
235	Ziraat		30	20,5		50,5	6	1,5	7,5	4		4	62,5	12	
236	İskeleci					0			0			0	150	150	150 iskeleciliğinden
237			20			20			0			0	200	180	2 bakkal dükkanı kirası

3.1.29. Virbilice Karyesi

Virbilice karyesi defterinin başındaki bir kayıt bu karyede 100 dönüm tarlanın Koçana medresesindeki bir müderrise tahsis edildiği ve ekilen bu arazinin icaresinden gelen gelirin müderrise verildiği anlaşılmaktadır. Defterdeki kayıt şu şekildedir [57]: *"Karye'i mezburede koçana kazası medrese'i vakıf olub medresede bulunan faziletlü medresini kiramdan bekir efendiye, verilen icaresinden ber mucebi zir dört aded zemiye verilen, mezru tarla 100 dönüm"*.

Çoğunlukla bir toprak sahibi ve toprağı ekip biçen bir ortağın bulunduğu karyede Müslim ve gayrimüslimler bulunmaktadır. Toplam 3572,91 kuruş verginin 1905 kuruşu vergi-yi mahsusa, 1056 kuruşu öşür geri kalan 611,91 kuruşu ise aded-i ağnamdır. Buna karşılık toplam gelir 10.081,5 kuruştur. Ekilen toplam arazi 378 dönümdür. Diğer araziler ise 48 dönümdür. Karyede bakılan hayvan 732 baştır. Bunlardan 100'ü büyükbaş iken 632'si küçükbaştır.

[57] Bkz.Başbakanlık Osmanlı Arşivi,ML.VRD.TMT.d.15317

Hane Numara	Meslek	Cizye	Vergiyi Mahsusa	Öşür	Ağnam	Toplam Vergi	Ekili Arazi	Diğer Arazi	Toplam Arazi	Büyük Baş	Küçük Baş	Toplam Hayvan	Gelir	Kullanılabilir Gelir	Diğer emlak,arazi ve gelirler
1	Ziraat			58	26,25	84,25		2	2	7	20	27	202	117,75	400 Müderris Bekir efendiye verilen
2	Ziraat	a:1		60,5	28,12	88,62		2,5	2,5	3	33	36	165	76,38	400 Müderris Bekir efendiye verilen
3	Ziraat	ev:1		49,25	5,5	54,75		3,5	3,5	3	5	8	86	31,25	400 Müderris Bekir efendiye verilen
4	Ziraat	ev:1		40,5		40,5		1,5	1,5	2		2	17	-23,5	400 Müderris Bekir efendiye verilen
	Çiftlikandan		310			310	124		124		50	50	913,75	603,75	
5	Ziraat	a:1	95	95	84,3	274,3		5	5	10	60	70	799	524,7	260 şeriki tenzili
6	Ziraat	a:1	60	50	33,75	143,75		2,5	2,5	7	25	32	455	311,25	185 şeriki tenzili
7	Ziraat	a:1	60	69,5	75,12	204,62		4	4	6	35	41	352,5	147,88	232,5 şeriki tenzili
8	Ziraat	ev:1	40	37,5	28,12	105,62		2,5	2,5	3	17	20	116,25	10,63	236,25 şeriki tenzili
	Çiftlikandan		22,5			22,5	25	2,5	27,5			0	399,5	377	
9	Çiftçi	a:1	50	51,25	45	146,25		1	1	3	31	34	245,5	99,25	213,5 şerikinden aldığı
10	Çiftçi	a:1				0		1	1	4	32	36	283	283	73,75 şerikinden aldığı, 210 hizmetkarlığından
	Çiftlikandan		22,5	70,5		93	25		25			0	244,5	151,5	

11	Çiftçi	a:1	50	14	147	211		1	1	9	95	104	500	289	
	Çiftlikandan		22,5			22,5	25		25			0	237	214,5	
12	Çiftçi	a:1	50	61	45	156		2,5	2,5	4	32	36	390	234	237 şeriki tenzili
	Çiftlikandan		22,5			22,5	25		25			0	328,5	306	
13	Çiftçi		70	81,12	63,75	214,87		2,5	2,5	9	62	71	512,5	297,63	328,5 şeriki tenzili
	Çiftlikandan		310			310	124		124		20	20	545,75	235,75	
14	Ziraat	a:1	120	102,3		222,25		4	4	8	48	56	279	56,75	185 şeriki tenzili
15	Ziraat	a:1	120	93,6		213,6		1,5	1,5	5	35	40	265,25	51,65	181,25 şeriki tenzili
16	Ziraat	a:1	80	43	30	153		4	4	4	21	25	239	86	155 şeriki tenzil
17	Ziraat		40	29,25		69,25		1	1	5		5	102,25	33	86,25 şeriki tenzili
	Çiftlikandan	a:1	240			240	30		30			0	310	70	
18	Çiftçi	ev:1	120	50,25		170,25		3,5	3,5	8	11	19	548,5	378,25	

3.1.30. Teranca Karyesi

Teranca karyesinde çoğunlukla hizmetkârlar, çiftlik sahipleri veya çiftlikte yaşayan haneler ve ziraat ile uğraşanlar mevcuttur. Bunun yanında bir adet terzi ve 3 bekçi bulunmaktadır. Terzinin gelir kısmında 1200 kuruşluk bir gelir kaydedilmiştir. Bu gelir terzinin kaftancılığından gelmektedir. Diğer gelir kalemlerine kıyasla kaftancılığın yüksek gelir getirmesi dikkat çekmektedir. Ayrıca 47 numaralı hanenin 25 kuruşluk geliri dikkat çekmektedir. Bu gelir "Ramazan sahurculuktan aldığı" şeklinde kaydedilmiştir. Dolayısıyla bu kişinin Ramazan ayında davulculuk yaptığı düşünülmektedir. Karyede hizmetkârlar haricinde gayrimüslim yoktur. Defterin başında imam olan kişinin kendi arazisinin yanı sıra vakıf arazileri yanında, "vakıf" ibaresiyle kaydedilmiştir. Ayrıca defter sonundaki bazı hanelerin diğer karyelerden olduğu belirtilmiştir. Bu kayıtların bu kişilerin Teranca'daki arazilerine istinaden yazıldığı düşünülmektedir.

Teranca'da toplanan toplam 9363,25 kuruş verginin, 4007 kuruşu vergi-yi mahsusa, 4322 kuruşu öşür, 1034,5 kuruşu ise aded-i ağnamdır. Buna karşılık hanelerin toplam geliri 56.704 olarak hesaplanmıştır. Ekilen toplam 742 dönüm tarla mevcuttur. Bunun haricinde bağ, bostan, duhan, pirinç tarlaları vb. gibi diğer araziler 215,5 dönümdür. Karyede 237 büyükbaş hayvan, 873 küçükbaş hayvan bulunmaktadır.[58]

---

[58] Bkz.Başbakanlık Osmanlı Arşivi,ML.VRD.TMT.d.15318

Hane Numara	Meslek	Cizye	Vergiyi Mahsusa	Öşür	Ağnam	Toplam Vergi	Ekili Arazi	Diğer Arazi	Toplam Arazi	Büyük Baş	Küçük Baş	Toplam Hayvan	Gelir	Kullanılabilir Gelir	Diğer emlak,arazi ve gelirler
1	İmam			67,5		67,5	3	2,5	5,5	4		4	652,5	585	16,5 dönüm vakıf arazisi
1/2	Ziraat		300	314,5	78,5	693	50	14	64	16	68	84	2520	1827	
	Ticaret	a:1	80	9,75	75	164,75	1,5	1,5	3	4	55	59	570	405,25	400 şeriki hissesinden aldığı
	Ticaret	ev:1		0,5	37,5	38		0,5	0,5		26	26	320	282	280 Hizmetkarlığından
	Ticaret	ev:1				0			0			0	210	210	210 Hizmetkarlığından
	Ticaret					0			0			0	280	280	280 Hizmetkarlığından
3	Ziraat		160	217,5	187,5	565	27	6	33	5	180	185	2209,5	1644,5	
	Ticaret	ev:1				0			0			0	140	140	140 hizmetkarlığından
	Ticaret	ev:1				0			0			0	120	120	120 hizmetkarlığından
4	Ziraat		160	199,5	80,6	440,1	30	7,5	37,5	8	51	59	2195	1754,9	3 taş asiyab, 1 fırın , 1 hane icarda
	Ticaret					0			0			0	225	225	225 hizmetkarlığından
	Ticaret	ev:1				0			0			0	110	110	110 hizmetkarlığından
	Ticaret					0			0			0	120	120	120 hizmetkarlığından

	Ziraat		50	50,2 5		100,25	10	2	12	4		4	437, 5	337,25	
6	Ziraat		100	118	43,1	261,1	22	4,5	26,5	4	34	38	1230	968,9	
	Ticaret	ev:1				0			0			0	300	300	300 hizmetkarlığından
	Ticaret	ev:1				0			0			0	70	70	70 hizmetkarlığından
7	Ziraat		100	100, 3	48,75	249	20	4,5	24,5	5	33	38	1067 ,5	818,5	
	Ticaret					0			0			0	290	290	290 hizmetkarlığından
	Ticaret					0			0			0	140	140	140 hizmetkarlığından
8	Ziraat		90	115, 3		205,25	27	4,5	31,5	4		4	1102 ,5	897,25	
	Ticaret	ev:1				0			0			0	257, 5	257,5	257,5 hizmetkarlığından
9	Ziraat		40	87,5		127,5	15	4,5	19,5	5		5	885	757,5	
10	Ziraat		90	147, 8		237,75	15	5,5	20,5	5		5	1272 ,5	1034,75	
11	Ziraat		30	36		66	5	2,5	7,5	3		3	430	364	
12	Ziraat		40	34,7 5		74,75	5	2	7	3		3	367, 5	292,75	
	Ticaret	ev:1				0		0,5	0,5	2		2	250	250	250 hizmetkarlığından
13	Ziraat		140	201, 8	78,75	420,5	30	7	37	4	54	58	2187 ,5	1767	1 hane,1 fırın icarda
	Ticaret	ev:1				0		0,5	0,5	1	10	11	315	315	315 hizmetkarlığından

14	Ziraat		140	195	71,25	406,25	30	7	37	4	52	56	2150	1743,75	1 hane,1 fırın icarda
	Ticaret	ev:1				0		0,5	0,5	1		1	130	130	130 hizmetkarlığından
15	Ziraat		160	169	57,8	386,8	30	5	35	9	30	39	1845	1458,2	1 taş asiyab
	Ticaret	ev:1				0		0,5	0,5	2	29	31	310	310	270 hizmetkarlığından
16	Ziraat		48	42	52,5	142,5	10	2	12	2	36	38	475	332,5	
	Ticaret	ev:1				0			0			0	90	90	90 hizmetkarlığından
17	Ziraat		30	24		54	3	1,5	4,5	3	2	5	160	106	
18	Ziraat		40	37		77	8	2,5	10,5	3		3	320	243	
19	Ziraat		50	37,7 5		87,75	18	3	21	4		4	457, 5	369,75	
20	Ziraat		120	33,2 5		153,25	8	2	10	4		4	287, 5	134,25	
21	Ziraat		50	40,5		90,5	1	1,5	2,5	3		3	415	324,5	
22	Ziraat		60	61		121	10	3	13	4	24	28	610	489	
23	Ziraat		65	55,2 5		120,25	10	3	13	6		6	522	401,75	
24	Ziraat		40	49,2 5	22,5	111,75	6	2	8	3	16	19	522, 5	410,75	
25	Ziraat		35	48,7 5		83,75	5	3	8	3		3	480, 5	396,75	
26	Ziraat		35	32	5	72	5	2,5	7,5	3	3	6	309, 5	237,5	
27	Ziraat		100	145, 3		245,25	15	5	20	8		8	1472 ,5	1227,25	
28	Ziraat		80	126		206	15	6,5	21,5	5		5	1315	1109	

29	Ziraat		40	62		102	8	2,5	10,5	3		3	685	583	
30	Ziraat		80	62		142	10	3,5	13,5	3		3	870	728	1 taş asiyab
31	Ziraat		120	113, 8	18,75	252,5	20	4,5	24,5	5	13	18	1282 ,5	1030	2 taş asiyab
32	Ticaret					0		0,5	0,5	1		1	75	75	75 hizmetkarlığından
32	Ziraat		32	33		65	5	2	7	3	8	11	395	330	
33	Ziraat		160	163, 8		323,75	30	8	38	11		11	2515	2191,25	2 dibek, 1 asiyab
34	Ticaret	ev:1				0			0	1		1	265	265	265 hizmetkarlığından
35	Çiftlika ndan		100	204		304	40	7,5	47,5	7		7	2095	1791	
36	Ticaret	ev:1				0		0,5	0,5	1		1	340	340	300 hizmetkarlığından
37	Ticaret	ev:1				0			0			0	115	115	115 hizmetkarlığından
38	Ziraat		160	215, 3		375,25	45	11,5	56,5	12		12	3067 ,5	2692,25	4 taş asiyab,1hane, 1 fırın
39	Ticaret	ev:1				0		0,5	0,5	2		2	215	215	165 hizmetkarlığından
40	Ticaret	ev:1				0		0,5	0,5		22	22	245	245	205 hizmetkarlığından
41	Ziraat		60	43,5		103,5	20	2	22	4		4	545	441,5	
42	Ziraat		90	102	26,25	218,25		5	5	1	23	24	587, 5	369,25	1 taş asiyab
43	Ticaret	ev:1	60			60		0,5	0,5	3		3	457, 5	397,5	417,5 şeriki hissesinden aldığı

44	Ziraat		30	30,25		60,25	5	2	7	3		3	422,5	362,25	
45	Ziraat		20	17,5		37,5	4	1,5	5,5	3		3	200	162,5	
46	Ziraat			0,5		0,5	20	0,5	20,5			0	22,5	22	
47	Ticaret		12	7,75		19,75		1	1	3		3	130	110,25	25 Ramazan sahurculuktan
48	Ticaret			0,25		0,25		0,5	0,5	1		1	187,5	187,25	180 bekçi
49	Ticaret			0,5		0,5		0,5	0,5	2		2	225	224,5	180 bekçi
50	Ticaret			0,5		0,5		0,5	0,5	2		2	230	229,5	200 bekçi
51	Çiftlikandan		100	75,25		175,25	16	4,5	20,5	3		3	757,5	582,25	
52	Çiftlikandan		100	80,5		180,5	10	5,5	15,5	5	21	26	1007,5	827	
53	Ziraat		100	7,75		107,75		1	1	2		2	7,5	-100,25	
54	Terzi		40	23		63	1	1	2	2		2	1462,5	1399,5	1200 kaftancılığından
55	Ticaret	ev:1				0			0			0	300	300	300 terzi kalfalığından
56	Ticaret	ev:1				0		1	1	1		1	540	540	500 terziliğinden
57	Ticaret	ev:1				0			0			0	100	100	100 hizmetkarlığından
58	Ziraat	a:1	110	67,5	93,75	271,25	15	2,5	17,5	5	50	55	785	513,75	
59	Ticaret	ev:1				0			0			0	100	100	100 hizmetkarlığından
60	Ziraat	a:1	10	57	57	124	10	3	13	2	33	35	655	531	
61	Ticaret	ev:1				0		0,5	0,5	1		1	240	240	225 hizmetkarlığından

62	Ticaret	ev:1				0		0,5	0,5	1		1	265	265	225 hizmetkarlığından
63						0		3	3			0		0	
64				22,5		22,5	1,5		1,5			0	140	117,5	
65						0		2	2			0		0	
66			60	60		120	18	4	22			0	750	630	
67						0		1	1			0	150	150	
68			40			40	14	4	18			0	750	710	
69				45		45	3		3			0	500	455	
70				30		30		2	2			0	375	345	
-						0		4	4			0		0	
-			50			50	12		12			0	500	450	

3.1.31. Ulaksalar Karyesi

Kocabaşı, çiftlik sahipleri, sığırtmaç, aylakçı ve ziraat ile uğraşanların bulunduğu bu karyede nüfusun çoğunluğu gayrimüslimdir. Toplanan toplam 1527,24 kuruş verginin 534 kuruşunu vergi-yi mahsusa, 798,8 kuruşunu öşür, 194,49 kuruşunu ise aded-i ağnam oluşturmaktadır. Hanelerin toplam temettuatı 14.207,5 kuruş olarak hesaplanmıştır. Ekili toplam 192,5 dönüm tarlaların 158 dönümü mezru tarla iken diğer 34,5 dönümlük kısmı diğer arazilerdir. Karyede 223 küçükbaş hayvan yetiştirilirken, büyükbaş hayvan sayısı 68'dir.[59]

---

[59] Bkz.Başbakanlık Osmanlı Arşivi,ML.VRD.TMT.d.15319

Hane Numara	Meslek	Cizye	Vergiyi Mahsusa	Öşür	Ağnam	Toplam Vergi	Ekili Arazi	Diğer Arazi	Toplam Arazi	Büyük Baş	Küçük Baş	Toplam Hayvan	Gelir	Kullanılabilir Gelir	Diğer emlak,arazi ve gelirler
1	Kocabaşı	ev:1	25	43,5		68,5	6	2	8	5		5	565	496,5	
2	Ziraat	ev:1	20	23,75		43,75	8	4	12	6	40	46	1117,5	1073,75	
3	Ziraat	ev:1	20	76,75		96,75	8	3,5	11,5	4	30	34	927,5	830,75	
4	Ziraat	ev:1	12	39,25		51,25	5	1,5	6,5	3		3	412,5	361,25	
5	Aylakçiyan	ev:1	10	36	20,12	66,12	4	1	5	2	23	25	345	278,88	
6	Ziraat	ev:1 ed:1	15	42	32,12	89,12	6	2,5	8,5	3	27	30	570	480,88	
7	Çiftlikandan	ev:1	8	58,5	18,75	85,25		0,5	0,5	3	10	13	407,5	322,25	
8	Çiftlikandan	ev:1	15	13	15	43	4	1	5	3	8	11	352,5	309,5	
9	Aylakçiyan	ev:1	5			5			0	1		1	300	295	300 Şundan bundan aldığı
10	Çiftlikandan	ev:1		79,5	54,25	133,75	2	0,5	2,5	4	45	49	407,5	273,75	
11	Aylakçiyan	ev:1	5			5		0,5	0,5	1		1	250	245	250 şundan bundan aldığı
12	Ziraat	ev:1	10	54	54,25	118,25	6	1,5	7,5	3	40	43	630	511,75	
13	Aylakçiyan	ev:1	5			5			0	3		3	280	275	280 dörtlemeciliğinden
14	Aylakçiyan	ev:1				0			0	6		6	280	280	280 dörtlemeciliğinden
15	Aylakçiyan	ev:1	10	10,5		20,5	2		2	2		2	255	234,5	150 şundan bundan aldığı

16	Sığırtmaç	ev:1	5			5			0			0	140	135	140 sığırtmaçlığından
17	Aylakçiyan	ev:1	12			12			0	5		5	350	338	350 şundan bundan aldığı
18	Aylakçiyan	ev:1				0		0,5	0,5	1		1	270	270	250 dörtlemeciliğinden
19	Ziraat	ev:1	12	39,25		51,25	8	1	9	1		1	370	318,75	
20	Aylakçiyan	ev:1	5			5			0	3		3	320	315	320 şundan bundan aldığı
21	Çiftlikandan		40	63		103	20		20			0	1115	1012	1 dibek değirmen
22			65	96		161	20	4	24	2		2	1255	1094	1 dibek değirmen
23	Çiftlikandan		80	54		134	15	5	20	3		3	2220	2086	1 taş değirmen
24	Çiftlikandan		80	42		122	22	2	24	2		2	420	298	
25			75	27,75		102,75	22	3,5	25,5	2		2	727,5	624,75	

3.1.32. Gardofça Karyesi

72 hanenin 68'inin Müslüman olduğu bu karyede hizmetkârlar, imam, ziraat ile uğraşanlar, çiftlik sahipleri ve tüccarlar bulunmaktadır. 3 numaralı hane imamete vekalet etmektedir ve vekaletten geliri bulunmaktadır. Karyede toplam 6701,25 kuruş vergi toplanmıştır. Bu verginin 4023 kuruşluk kısmı öşürdür. Toplam vergi-yi mahsusa ise 2408 kuruştur. Geriye kalan aded-i ağnam toplam 270,75 kuruş olarak hesaplanmıştır. Hanelerin elde ettikleri yıllık gelirleri toplamı 54.784 kuruştur. 558 dönüm ekili arazi olan Gardofça'da diğer araziler ise 81 dönümdür. 429 baş hayvanın 223'ü büyükbaş, 206'sı ise küçükbaştır.[60]

---

[60] Bkz.Başbakanlık Osmanlı Arşivi,ML.VRD.TMT.d.15320

Hane Numara	Meslek	Cizye	Vergiyi Mahsusa	Öşür	Ağnam	Toplam Vergi	Ekili Arazi	Diğer Arazi	Toplam Arazi	Büyük Baş	Küçük Baş	Toplam Hayvan	Gelir	Kullanılabilir Gelir	Diğer emlak,arazi ve gelirler
1	İmam		30	162		192	12	6	18	7		7	1620	1428	
2	Hizmetkar					0			0			0	300	300	300 hizmetkarlığından
3	İmam Vekili		7	19		26	6	1	7	1		1	350	324	350 vekaletinden aldığı
4	Ticaret		20	43		63	2	2,5	4,5	3		3	495	432	
5	Ziraat		35	52		87	3	2,5	5,5	4		4	502	415	
6	Ticaret		10			10			0	2		2	200	190	200 hizmetkarlığından
7	Ziraat		25	55,5		80,5	8	2	10	5		5	587	506,5	
8	Ziraat		20	42,5		62,5	7	2	9	6		6	462	399,5	
9	Ziraat		20	54		74	6	2	8	5		5	577	503	
10	Hizmetkar		8			8		0,5	0,5	2		2	215	207	200 hizmetkarlığından
11	Ziraat			101		101	8	2	10	5		5	1032	931	
12	Hizmetkar		15			15			0	2		2	300	285	300 hizmetkarlığından
13	Hizmetkar		20	1		21		1,5	1,5	2		2	482,5	461,5	
14	Çiftlikandan		82,5		7,5	90	4		4	2	8	10	1560	1470	2 dibek tokmak
15	Çiftlikandan		82,5	211	43	336,5		2	2	3	33	36	1149	812,5	1060 şeriki tenzili

16	Ziraat		207			207	70		70	1		1	2530	2323	
17	Ziraat			245,5		245,5		1,5	1,5	6		6	1200	954,5	
18	Ziraat		103	258,5		361,5		1	1	5		5	1265	903,5	20 şeriki tenzili
19	Hizmetkar					0			0	2		2	300	300	300 hizmetkarlığın dan
20	Ziraat		82,5			82,5			0			0		-82,5	
21	Ziraat		82,5	194	62,5	339		1	1	7	35	42	1075	736	
22	Ziraat		30			30	22		22			0	770	740	
23	Ziraat		30	110,5	35	175,5		1,5	1,5	6	30	36	670	494,5	
24	Ziraat		25	76,5		101,5	15	1,5	16,5	5		5	875	773,5	
25	Ziraat		15	17,5		32,5	8	2	10	6		6	210	177,5	
26	Ticaret		25	56,5		81,5	5	0,5	5,5	5		5	570	488,5	
27	Hizmetkar		15			15			0	3		3	500	485	500 hizmetkarlığın dan
28	Çiftlikandan		100			100	50		50	5		5	1915	1815	
29	Ziraat		80	198	35	313		2	2	4	40	44	1042	729	980 şeriki tenzili
30	Ziraat		60	180		240		1	1	4		4	937	697	895 şeriki tenzili
31	Çiftlikandan		100			100	50	2	52	3		3	1915	1815	
32	Ziraat		80	198		278		2	2	5		5	1059	781	980 şeriki tenzili
33	Ziraat			185		185		1	1	4		4	947	762	890 şeriki tenzili

34	Çiftlikandan		40			40	30		30			0	985	945	
35	Ziraat		40	62		102		5	5			0	980	878	
36	Ziraat			1		1		1	1	3		3	415	414	
37	Çiftlikandan		40			40			0			0	985	945	
38	Çiftlikandan	ev:1	40	63	17,5	120,5		6	6	3	10	13	1331	1210,5	985 şeriki tenzili
39	Hizmetkar	ev:1	15			15			0			0	400	385	400 hizmetkarlığın dan
40	Hizmetkar	ev:1	15			15			0	2		2	375	360	375 hizmetkarlığın dan
41	Çiftlikandan		25			25	40		40	1		1	655	630	
42	Ziraat	a:1	25	133		158		2	2	7		7	729	571	655 şeriki tenzili
43	Çiftlikandan		40			40	23		23			0	430	390	
44	Ziraat		40	2		42		2	2	5		5	514	472	430 şeriki tenzili, 3 kovan
45	Ziraat		40			40	40		40			0	1125	1085	2 dibek tokmak
46	Ziraat	ev:1	40	129		169		2	2	4		4	671	502	635 şeriki tenzili
47	Ziraat		40			40	30		30	1		1	680	640	
48	Ziraat		20	138		158	2	2	4	4		4	859	701	680 şeriki tenzili
49	Ziraat		75			75	15		15			0	600	525	
50	Ziraat		25	121		146	2	1	3	5		5	830	684	
51	Ziraat		82,5			82,5	20		20	1		1	540	457,5	
52	Ziraat			115,5		115,5		4,5	4,5	6		6	590	474,5	

53	Ziraat		63	98,5		161,5	15		15	3		3	985	823,5	
54	Hizmetkar					0		1	1	2		2	360	360	300 hizmetkarlığın dan
55	Çiftlikandan		27,5			27,5	20		20	2		2	557,5	530	
56	Ziraat		20	64		84		0,5	0,5	3		3	258	174	237,5 şeriki tenzili
57	Ziraat		20	47,5		67,5		0,5	0,5	3		3	258	190,5	237,5 şeriki tenzili
58	Ziraat			98,5		98,5			0	3		3	985	886,5	
59	Hizmetkar					0			0	2		2	300	300	300 hizmetkarlığın dan
60	Ziraat			98,5		98,5			0	2		2	985	886,5	
61	Hizmetkar					0			0	1		1	280	280	280 hizmetkarlığın dan
62	Ziraat			193, 5		193,5	20	2,5	22,5	6		6	2210	2016,5	
63	Ziraat		75	84,5	43,25	202,75	10	3	13	8	25	33	1080	877,25	
64	Hizmetkar		25			25			0	2		2	400	375	400 hizmetkarlığın dan
65	Hizmetkar		30	1,5		31,5		1,5	1,5	5		5	700	668,5	550 hizmetkarlığın dan
66	Ziraat					0		0,5	0,5	2		2	780	780	700 hizmetkarlığın dan

67	Hizmetkar					0			0	3		3	380	380	380 hizmetkarlığın dan
68	Hizmetkar		20			20		1	1	2		2	400	380	380 hizmetkarlığın dan
69	Ziraat		20			20		0,5	0,5	2		2	400	380	350 hizmetkarlığın dan
70	Hizmetkar				1	1		1	1	1		1	475	474	400 hizmetkarlığın dan
71	Hizmetkar		20	1		21		1	1	4		4	450	429	350 hizmetkarlığın dan
72	Ziraat		35	109,5	26	170,5	15	1,5	16,5	5	25	30	1235	1064,5	

3.1.33. Leşke Karyesi

16 haneli küçük bir karye olan Leşke'de nüfusun tamamı gayrimüslimdir. Çiftlik sahipleri, Aylakçılar, 1 kocabaşı ve 1 tüccardan oluşan karyede toplanan toplam vergi 2375,79 kuruş olarak hesaplanmıştır. Bunun 911 kuruşu vergi-yi mahsusa, 661,3 kuruşu öşür ve geri kalan 803,54 kuruşu ise aded-i ağnamdır. Hanelerin yıllık geliri 10.052,5 olarak hesaplanmıştır. 253 dönüm ekili arazilerin 240 dönümü mezru tarla iken 13 dönümü diğer arazilerdir. Karyede hane başına küçükbaş hayvan sayısı önemli miktardadır. Toplam 471 küçükbaş hayvan ve 59 büyükbaş hayvan mevcuttur. Defter sonunda "Çiftlikandan idüğü" diye kaydedilen bir hanenin Tablo 33'de görüldüğü gibi 1690 kuruş geliri görülmektedir. Bu kişinin ilgili kaydındaki gelirin Koçana'daki diğer arazilerinden gelen geliri olduğu anlaşılmaktadır. Zaten 1690 kuruşun hemen üstünde "çiftliklerden aldığı" şeklinde ibare mevcuttur.[61]

---

[61] Bkz.Başbakanlık Osmanlı Arşivi,ML.VRD.TMT.d.15321

Hane Numara	Meslek	Cizye	Vergiyi Mahsusa	Öşür	Ağnam	Toplam Vergi	Ekili Arazi	Diğer Arazi	Toplam Arazi	Büyük Baş	Küçük Baş	Toplam Hayvan	Gelir	Kullanılabilir Gelir	Diğer emlak,arazi ve gelirler
1	Kocabaşı	ev:1		10,5	15	25,5	12,5		12,5	3	13	16	280	254,5	
2	Çiftlikandan	ev:1 a:1 ed:1	50	53	60	163	15	1	16	7	42	49	565	402	
3	Çiftlikandan	ev:2 a:1	100	110,8	103,12	313,87	25	1,5	26,5	4	69	73	1042,5	728,63	
4	Çiftlikandan	ev:1 a:1	120	84	164,5	368,5	25	2	27	7	64	71	985	616,5	
5	Çiftlikandan	ev:1 a:1	100	54	155,3	309,3	25	1	26	4	76	80	520	210,7	
6	Aylakçiyan	ev:1	15	7		22		0,5	0,5	3		3	275	253	200 şundan bundan aldığı
7	Çiftlikandan	a:1	60	53	112,5	225,5	12,5	2	14,5	6	74	80	485	259,5	
8	Aylakçiyan	ev:1	40		43,12	83,12			0		27	27	300	216,88	300 gündelikçiliğinden
9	Çiftlikandan	ev:3	50	42,5	37,5	130	12,5	1	13,5	4	26	30	360	230	
10	Çiftlikandan	ev:1	50	46	30	126	12,5	0,5	13	3	16	19	440	314	
11	Çiftlikandan	ev:1	98	66,5		164,5	25	1	26	1		1	490	325,5	
12	Çiftlikandan	ev:2	98	63		161	25	1	26	1	9	10	570	409	
13	Çiftlikandan	ev:3	50			50	25		25	7		7	500	450	500 dörtlemeciliğinden
14	Çiftlikandan	a:1	80	71	82,5	233,5	25	1,5	26,5	9	55	64	1150	916,5	1 Taş asiyab 1 Kovan
15	Aylakçiyan	ev:1				0			0			0	150	150	150 şundan bundan aldığı
16	Ticaret	ev:1 ed:1				0			0			0	250	250	250 sığırtmaçlığından,2 Kovan
	Çiftlikandan					0			0			0	1690	1690	1690 Çiftliklerden aldığı

3.1.34. Pantele Karyesi

Nüfusun tamamının gayrimüslim olduğu bu karyede Kocabaşı, Aylakçılar, Ziraat ile uğraşanlar ve hafriyatçılar bulunmaktadır. Toplanan cizyelerin yanı sıra 863 kuruş vergi-yi mahsusa, 669,8 kuruş öşür, 745,52 kuruş aded-i ağnam olmak üzere toplam 2278,27 kuruş vergi toplanmıştır. Buna karşılık elde edilen gelir ise 8467,25 kuruştur. 196 dönüm mezru tarla bulunan karyede diğer araziler 24 dönümdür. 562 küçükbaş hayvan beslenirken, 89 büyükbaş hayvan vardır.[62]

---

[62] Bkz.Başbakanlık Osmanlı Arşivi,ML.VRD.TMT.d.15322

Hane Numara	Meslek	Cizye	Vergiyi Mahsusa	Öşür	Ağnam	Toplam Vergi	Ekili Arazi	Diğer Arazi	Toplam Arazi	Büyük Baş	Küçük Baş	Toplam Hayvan	Gelir	Kullanılabilir Gelir	Diğer emlak,arazi ve gelirler
1	Kocabaşı	ev:1 a:1 ed:1	40	28	31,8	99,8	15	1	16	5	29	34	285	185,2	
2	Ziraat	ev:3 a:1 ed:1	150	102,5	162,8	415,3	32	5	37	15	112	127	1405	989,7	
3	Ziraat	ev:1	130	100	196,8	426,8	30	5	35	15	145	160	1385	958,2	
4	Ziraat	a:1	60	55,75	75	190,75	20	2	22	8	50	58	672,5	481,75	
5	Ziraat	a:1	40	30,25	39,12	109,37	10	2	12	3	22	25	422,5	313,13	
6	Ziraat	ev:1 a:1 ed:1	60	47	67,5	174,5	20	2	22	7	36	43	545	370,5	
7	Ziraat	a:1	60	38,25	48,75	147	15	1,5	16,5	8	34	42	417,5	270,5	
8	Aylakçiyan	ev:1	8			8			0			0	250	242	250 Hafriyatcılığından
9	Ziraat	ev:2	20	18,75	30	68,75	8	1,5	9,5	2	22	24	227,5	158,75	
10	Aylakçiyan	ev:1	25	24		49	10	1,5	11,5			0	365	316	
11	Ziraat	ev:2	50	50,5	33,75	134,25	16	1	17	8	34	42	681	546,75	
12	Aylakçiyan	ev:1	15	7,5		22,5			0		4	4	150	127,5	150 Hafriyatcılığından
13	Aylakçiyan	ev:1	40			40			0	1		1	375	335	375 dörtlemeciliğinden
14	Ziraat	ev:3 a:1	70	54,25	60	184,25	20	1,5	21,5	6	42	48	662,5	478,25	
15	Ziraat	ev:1	50	78		128			0	8	32	40	243,75	115,75	
16	Ziraat	ev:1	45	35		80			0	3		3	380	300	

3.1.35. Ğumna Karyesi

Ziraat ile uğraşanlar, Çiftlik sahipleri ya da çiftlikte yaşayanlar, Tüccarlar, Hizmetkârlar ve İmamın bulunduğu bu karyede nüfusun tamamı Müslümandır. Dolayısıyla cizye toplanmamıştır. Ayrıca küçükbaş hayvanın da bulunmadığı Ğumna'da aded-i ağnam da yoktur. Toplam 2415 kuruş verginin 1340 kuruşu vergi-yi mahsusa, 1075 kuruşu öşürdür. Bu küçük karyede elde edilen gelirlerin toplamı ise 16.470 kuruştur. Toplam 256,5 dönüm ekili arazilerin 41,5 dönümü bağ, bostan gibi araziler, geriye kalan 215 dönüm ise mezru tarlalardır. Bunun yanında 57 büyükbaş hayvan mevcuttur.[63]

[63] Bkz.Başbakanlık Osmanlı Arşivi,ML.VRD.TMT.d.15323

Hane Numara	Meslek	Vergiyi Mahsusa	Öşür	Toplam Vergi	Ekili Arazi	Diğer Arazi	Toplam Arazi	Büyük Baş	Toplam Hayvan	Gelir	Kullanılabilir Gelir	Diğer emlak,arazi ve gelirler
1	İmam	60	121,5	181,5	16	6	22	5	5	1415	1233,5	
2	Hizmetkar			0			0		0	340	340	340 hizmetkarlığından
3	Ziraat	60	74,5	134,5	7	2,5	9,5	6	6	785	650,5	
4	Ticaret			0	2		2	2	2	155	155	135 hizmetkarlığından
5	Ziraat	95	132	227	25	6	31	9	9	1640	1413	
6	Ticaret			0			0	2	2	310	310	310 hizmetkarlığından
7	Hizmetkar	40		40		1	1	2	2	200	160	100 hizmetkarlığından
8	Hizmetkar	40		40			0	2	2	150	110	150 hizmetkarlığından
9	Hizmetkar	25		25			0		0	200	175	200 hizmetkarlığından
10	Hizmetkar	35		35		0,5	0,5	4	4	182	147	150 hizmetkarlığından
11	Ziraat	40	23,5	63,5	10	1,5	11,5		0	269	205,5	
12	Ziraat	130	210,5	340,5	25	9	34	5	5	2855	2514,5	
13	Hizmetkar			0			0		0	300	300	300 hizmetkarlığından
14	Çiftlikandan	232,5	231	463,5	50	8	58	7	7	3470	3006,5	
15	Ticaret			0			0		0	335	335	335 hizmetkarlığından
16	Çiftlikandan	310	200	510	60	4	64	8	8	2494	1984	1 Hane
17	Ticaret			0			0		0	330	330	
18	Ziraat	272,5	82	354,5	20	3	23	5	5	920	565,5	
20	Hizmetkar			0	215	41,5	256,5		0	120	120	120 hizmetkarlığından

3.1.36. Nuvisil Karyesi

11 hanenin bulunduğu bu küçük karyede 4 hane Müslümandır ve toprak sahipleridir. Diğer 7 hane ise gayrimüslim olup hizmetkâr olarak kaydedilmişlerdir. Bu dört hane toplamda 842 kuruş vergi-yi mahsusa ödemektedirler. Öşürleri ise 1079 kuruştur. Küçükbaş hayvan bulunmadığından aded-i ağnam vergisi alınmamıştır. Diğer karye ve hanelere kıyasla zengin sayılabilecek bu dört Müslüman ailenin toplamda 1050 dönüm mezru tarlaları vardır. Ayrıca 24 dönüm de diğer arazileri mevcuttur. 30 büyükbaş hayvan beslenen karyede, hizmetkârlarla birlikte hanelerin toplam geliri 12.580 kuruştur.[64]

---

[64] Bkz.Başbakanlık Osmanlı Arşivi,ML.VRD.TMT.d.15324

Hane Numara	Meslek	Cizye	Vergiyi Mahsusa	Öşür	Toplam Vergi	Ekili Arazi	Diğer Arazi	Toplam Arazi	Büyük Baş	Toplam Hayvan	Gelir	Kullanılabilir Gelir	Diğer emlak,arazi ve gelirler
1	Çiftlikandan		137	262	399	250	7,5	257,5	9	9	2640	2241	
2	Ticaret	ev:1			0			0	2	2	280	280	280 hizmetkarlığından
3	Ticaret	ev:1			0			0	3	3	250	250	250 hizmetkarlığından
4	Ticaret	a:1			0			0	3	3	200	200	200 hizmetkarlığından
5	Çiftlikandan		137	262	399	250	7,5	257,5	7	7	2640	2241	
6	Ticaret	ev:1			0			0	2	2	320	320	320 hizmetkarlığından
7	Ticaret	ev:1			0			0		0	320	320	320 hizmetkarlığından
8	Çiftlikandan		284	395	679	400	6	406		0	3900	3221	
9	Hizmetkar	ev:1			0			0	3	3	200	200	200 hizmetkarlığından
10	Hizmetkar	ev:1			0			0	1	1	200	200	200 hizmetkarlığından
11	Çiftlikandan		284	160	444	150	3	153		0	1630	1186	

3.1.37. Pirbac Karyesi

Müslim ve gayrimüslim nüfusun beraber yaşadığı 34 haneli Pirbac karyesinde Çiftlik sahibi ve ya toprak sahibi diye nitelendirilebilecek "çiftlikandan" haneler, ziraat ile uğraşanlar ve bunların hizmetkârları yaşamaktadır. Karyede küçükbaş hayvan bulunmamaktadır. Dolayısıyla aded-i ağnam vergisi alınmamıştır. Bunun haricinde alınan toplam 4981,5 kuruş verginin; 2270 kuruşu vergi-yi mahsusa, 2712 kuruşu ise öşürdür. Pirbac'da 478,5 dönüm tarla ekilmektedir. Bu tarlaların 19,5 dönümü bu kitapta diğer araziler olarak adlandırılan bağ, bostan, duhan, çayır veya pirinç tarlalarıdır. Geri kalan 459 dönüm ise mezru tarlalardır. Ayrıca yetiştirilen hayvan sayısı 122'dir ve bunun tamamı büyükbaştır. Bu karyede ekilen toprakların büyük bir kısmı ortakçılıkla ekilmektedir. 11 hane, toprak sahiplerinin olan tarlaları ekip biçmektedirler. Bu yüzden toprak sahiplerine verilen paylar Tablo 37'de de görüldüğü gibi "Diğer emlak, arazi ve gelirler" sütununda "şeriki tenzili" olarak kaydedilmiştir.[65]

[65] Bkz.Başbakanlık Osmanlı Arşivi,ML.VRD.TMT.d.15325

Hane Numara	Meslek	Cizye	Vergiyi Mahsusa	Öşür	Toplam Vergi	Ekili Arazi	Diğer Arazi	Toplam Arazi	Büyük Baş	Toplam Hayvan	Gelir	Kullanılabilir Gelir	Diğer emlak,arazi ve gelirler
1	Çiftlikandan		82,5	76	158,5	50	1	51	8	8	765	606,5	
2	Ticaret	ev:1			0			0		0	270	270	270 hizmetkarlığın dan
3	Ziraat	a:1	82,5	175,5	258	3	1	4	6	6	954	696	870 şeriki tenzili
4	Çiftlikandan		113,5		113,5	40		40	3	3	1230	1116,5	
5	Ziraat	a:1	113,5	246	359,5			0	6	6	1230	870,5	1230 şeriki tenzili
6	Çiftlikandan		41,5		41,5	12		12		0	437,5	396	
7	Ziraat		41,5	87,5	129		4	4	2	2	437,5	308,5	437,5 şeriki tenzili
8	Çiftlikandan		227,5		227,5	36	6	42	3	3	1790	1562,5	
9	Ziraat	a:1		359,5	359,5		1,5	1,5	4	4	1890	1530,5	
10	Çiftlikandan		20		20	5		5		0	550	530	
11	Ziraat	ev:1		110	110			0	4	4	525	415	
12	Çiftlikandan				0	6		6		0	250	250	
13	Ziraat		82,5		82,5	40		40	3	3	1175	1092,5	
14	Ziraat	ev:1	82,5	236	318,5		1	1	5	5	1250	931,5	1175 şeriki tenzili
15	Ziraat				0	10		10		0		0	
16	Ziraat		85		85	30		30		0	935	850	1 taş değirmen
17	Ziraat	a:1	80	98	178	1,5	1	2,5	8	8	585	407	485 şeriki tenzili
18	Ziraat		80		80	30		30	2	2	972,5	892,5	

19	Ziraat		80	108	188		2	2	7	7	580	392	522 şeriki tenzili
20	Çiftlikandan		110		110	50		50	6	6	1865	1755	
21	Ziraat		110	188	298		1	1	6	6	994,5	696,5	932,5 şeriki tenzili
22	Ziraat		110	186,5	296,5	1		1	3	3	2165	1868,5	
23	Ziraat		80		80			0	3	3	687,5	607,5	
24	Ziraat		82,5	137,5	220	20		20	3	3	687,5	467,5	687,5 şeriki tenzili
25	Çiftlikandan		82,5		82,5	25		25	3	3	795	712,5	
26	Ziraat	a:1	82,5	159	241,5			0	6	6	795	553,5	795 şeriki tenzili
27	Çiftlikandan		120		120	54,5	1	55,5	6	6	1557	1437	
28	Ziraat	ed:1	60	171	231			0	4	4	855	624	855 şeriki tenzili
29	Ziraat		60	136	196			0	6	6	680	484	690 şeriki tenzili
30	Hizmetkar				0			0	1	1	180	180	180 hizmetkârlığın dan
31	Çiftlikandan		40		40	10		10		0		-40	
32	Ziraat		40	59	99	10		10	6	6	590	491	
33	Çiftlikandan		40		40	25		25	3	3	890	850	
34	Ziraat		40	178	218			0	5	5	2000	1782	

3.1.38. Esbancova Karyesi

"Ashabı ziraat", "Ashabı çiftlikandan" ve "hizmetkâr" idüğü diye kayıt edilen hanelerin yaşadığı 68 haneli bu karyede gayrimüslimler ve az sayıda Müslüman yaşamaktadır. Verilen cizye resimlerinin yanında toplam 7874,35 kuruş vergi toplanmıştır. Buna karşılık elde edilen toplam temettuat 35.843 kuruş olarak hesaplanmıştır. Esbancova'nın toplanan toplam vergi-yi mahsusası ise 3971,5 kuruştur. Karyede 1110,5 dönümü mezru tarla, 179,5 dönümü diğer araziler olan toplam 1290 dönüm arazi ekilmektedir. Bu araziden elde edilen hasat için toplanan öşür miktarı 2847 kuruştur. Küçükbaş hayvanların bulunduğu karyede aded-i ağnam ise 1056,1 kuruş olarak hesaplanmıştır. Toplam büyükbaş hayvan sayısı 224 iken küçükbaş hayvanların sayısı 857'dir. Esbancova'da 17 hane kendi toprağı olmamasına rağmen toprak sahipleri ile ortak bir şekilde belirli bir pay karşılığında ziraat yapmaktadır. Bu haneler "şeriki tenzili" ibaresi ile tespit edilip Tablo 38'de de görüldüğü gibi kaydedilmişlerdir.[66]

[66] Bkz.Başbakanlık Osmanlı Arşivi,ML.VRD.TMT.d.15326

Hane Numara	Meslek	Cizye	Vergiyi Mahsusa	Öşür	Ağnam	Toplam Vergi	Ekili Arazi	Diğer Arazi	Toplam Arazi	Büyük Baş	Küçük Baş	Toplam Hayvan	Gelir	Kullanılabilir Gelir	Diğer emlak, arazi ve gelirler
1	Ziraat	ev:1 a:1	100	115		215	20	5	25	5	12	17	1044	829	
2	Ziraat	a:1	100	67		167	8	3,5	11,5	4	13	17	523	356	
3	Ziraat	a:1	160	175,8	93,75	429,5	30	13,5	43,5	6	68	74	2108,5	1679	
4	Ziraat	a:1	80	85	70,3	235,3	18	5,5	23,5	8	54	62	860	624,7	
5	Ziraat	ev:1	100	33,5	15	148,5	5	1,5	6,5	4	11	15	285	136,5	
6	Hizmetkar	ev:1	9			9			0	1		1	210	201	210 hizmetkarlığından
7	Ziraat	ev:1	12	14,75		26,75	5	0,5	5,5	2		2	147	120,25	
8	Ziraat	ev:1	50	24	46,8	120,8	10	3	13	5	20	25	308	187,2	
9	Ziraat	ev:1	80	46	33,75	159,75	18	4,5	22,5	4	23	27	445	285,25	
10	Ziraat	ev:1	50	60		110	15	3	18	3	15	18	560	450	
11	Ziraat	a:1	40	44,5		84,5	12	2,5	14,5	3	23	26	454,5	370	
12	Ziraat	ev:1	50	27,75	30	107,75	15	7,5	22,5	4	24	28	272,5	164,75	
13	Ziraat	ev:1	25	16,75		41,75	5	1	6	3	3	6	117,5	75,75	
14	Ziraat	a:1	40	29,5	28,1	97,6	9	3,5	12,5	3	21	24	316	218,4	
15	Ziraat	a:1	25	18,75	11,25	55	5	2	7	2	9	11	131	76	
16	Ziraat	a:1	30	19,25	11,25	60,5	5	2	7	2	8	10	148,5	88	
17	Ziraat	ev:1	20	30,5		50,5	5	2,5	7,5	2		2	323	272,5	
18	Ziraat	ev:1	18	20,25	13,1	51,35	4	1,5	5,5	1	10	11	249	197,65	
19	Hizmetkar	ev:1	12	0,5		12,5	2	0,5	2,5			0	236	223,5	150 hizmetkarlığından
20	Ziraat	ev:1	15	20,5		35,5	5	0,5	5,5	3		3	155	119,5	
21	Ziraat	ev:1	40	8		48	5	3,5	8,5	1		1	242	194	
22	Hizmetkar	ev:1	25	11		36	1	0,5	1,5	2		2	476	440	35,5 hizmetkarlığından

23	Ziraat	ev:1	80	14	62,1	156,1	4	5	9	8	45	53	611,5	455,4	487,5 şeriki tenzili
24	Hizmetkar	ev:1	18	0,5		18,5		1,5	1,5	1		1	50	31,5	50 hizmetkarlığından
25	Hizmetkar	ev:1	25	0,5		25,5		0,5	0,5	1		1	180	154,5	180 hizmetkarlığından
26	Ziraat	a:1	90	86,5	55,6	232,1	20	6,5	26,5	8	50	58	936	703,9	
27	Ziraat	ev:1	25	12,5		37,5	5	1	6	2		2	202	164,5	
28	Ziraat	ev:1	30	26,75	5,6	62,35	4,5	1	5,5	2	5	7	305	242,65	
29	Ziraat	ev:1	40	33,75		73,75	5	2	7	3		3	356,5	282,75	
30	Hizmetkar	ev:1	30	5,5		35,5		1	1	1		1	146	110,5	100 hizmetkarlığından
31	Ziraat	a:1	20	66,5	33,75	120,25	20	3	23	7	27	34	682	561,75	
32	Ziraat	ev:1	25	31		56	8	2	10	2		2	342	286	
33	Çiftlikandan					0	70		70	1		1	590	590	
34	Ziraat	a:1	260	120,5	63,75	444,25		3,5	3,5	3	44	47	626	181,75	590 şeriki tenzili
35	Ziraat	a:1	150	99,5	18,75	268,25	30	4	34	7	15	22	1151	882,75	
36	Çiftlikandan					0	50		50	1		1	500	500	
37	Ziraat	a:1	60	103	37,5	200,5	30	8	38	8	25	33	702	501,5	450 şeriki tenzili
38	Çiftlikandan					0	40		40			0	750	750	
39	Çiftlikandan					0	30		30	1		1	500	500	
40	Ziraat	a:1	60	102,5	37,5	200		8	8	7	28	35	720	520	500 şeriki tenzili
41	Ziraat	a:1	50	43		93	5	2	7	3		3	522	429	
42	Ziraat		120			120	80		80	1		1	514	394	

43	Ziraat	ev:1		52,5		52,5		4,5	4,5	3	13	16	304,5	252	207,5 şeriki tenzili
44	Ziraat	ev:1		64,5	84,3	148,8		6	6	7	55	62	460	311,2	307 şeriki tenzili
45	Çiftlikandan		100			100	7		7			0	105	5	
46	Ziraat	ev:1	100	26	26,25	152,25	5	2,5	7,5	5	20	25	261	108,75	105 şeriki tenzili
47	Çiftlikandan	a:1	82,5	93,5	55,3	231,3		5	5	6	45	51	757	525,7	430 şeriki tenzili
48	Çiftlikandan					0	35		35			0	430	430	
49	Çiftlikandan		82,5			82,5	30		30	1		1	345	262,5	
50	Ziraat	ev:1	82	82	14	178		7	7	3	12	15	605	427	345 şeriki tenzili
51	Çiftlikandan		82,5			82,5	40		40			0	345	262,5	
51	Ziraat	a:1	82,5	71	8,75	162,25		3,5	3,5	4	10	14	431	268,75	345 şeriki tenzili
52	Çiftlikandan		155			155	30		30	1		1	500	345	
53	Ziraat	ev:1	155	114	37,5	306,5	40	6	46	4	30	34	676	369,5	500 şeriki tenzili
54	Çiftlikandan		75			75	30		30	1		1	345	270	
55	Ziraat	a:1	75	81,5		156,5		7	7	4		4	626	469,5	340 şeriki tenzili
56	Ziraat	a:1	50	51	33,75	134,75	7	2	9	4	25	29	462	327,25	
57	Ziraat	ev:1	30	28,5		58,5	3	1,5	4,5	2		2	307	248,5	
58	Ziraat	a:1	25	19	16,8	60,8	5	1,5	6,5	6	12	18	262	201,2	
59	Ziraat		82,5			82,5	25	3	28	1		1	460	377,5	
60	Hizmetkar	ev:1	25	1		26		1	1	2		2	301	275	285 hizmetkarlığından

61	Çiftlikandan		250	165		415	250		250	6		6	3809	3394	2159 şerikinden aldığı
	Hizmetkar	ev:1				0			0	1		1	210	210	210 hizmetkarlığından
	Hizmetkar	ev:1				0			0	1		1	210	210	210 hizmetkarlığından
	Hizmetkar	ev:1				0			0			0	210	210	210 hizmetkarlığından
	Hizmetkar	ev:1		1		1		1	1	1		1	316	315	300 hizmetkarlığından
62	Ziraat	a:1	50	72,5	56,25	178,75		2	2	8	40	48	435	256,25	357 şeriki tenzili
63	Ziraat	a:1	50	95	18,75	163,75		2,5	2,5	4	13	17	451	287,25	415 şeriki tenzili
64	Ziraat	ev:1	40			40			0	3		3	380	340	380 şeriki tenzili
65	Ziraat	ev:1	43	80		123		2	2	3		3	766	643	
66	Ziraat	ev:1	40	68		108		2	2	2		2	355	247	275 şeriki tenzili
67	Ticaret	ev:1				0		0,5	0,5			0	316	316	300 hizmetkarlığından
68	Ziraat	a:1	50	66,5	36,6	153,1		2,5	2,5	6	29	35	404,5	251,4	292,5 şeriki tenzili

3.1.39. İvranince Karyesi

Gayrimüslimlerin yaşadığı 11 haneli bu küçük karyede ziraat ile meşgul olanlar, çiftlik sahipleri ve aylakçılar yer almaktadır. Ekilen toprağın çoğunluğu çiftlik olarak ekilmektedir. 1 numaralı hane ise kocabaşıdır. Kocabaşı olan kişinin tanımlanması için yazılan kayıtlar dikkat çekmektedir çünkü bu hanede hem "ashabı çiftlikandan" hem de "Aylakçiyan" idüğü yazmaktadır. Yine aynı kişinin şundan bundan günlükçülüğünden ibaresi ile kaydedilen geliri bulunmaktadır. Bu durum bu kocabaşının geçici bir işi olduğunu aynı zamanda bir toprağa sahip olduğunu göstermektedir. Fakat bu kişinin mezru tarlasının altında dönümü ve geliri bulunmamaktadır. Bundan dolayı toprağından gelir elde edemeyen kocabaşının geçici işlerde çalıştığı düşünülmektedir. Bunun yanında 4 numaralı hanenin dinkçiliğinden geliri bulunmaktadır. Bu tabir dink sahibi kişiler için kullanılmıştır. Dink ise dibek ile aynı manaya gelmekte olup tahılların kabuğunu ayırmak için kullanılan taş değirmenlere verilen addır.[67]

İvranince karyesinden toplam 926,4 kuruş vergi alınmıştır. Bunun 295 kuruşu vergi-yi mahsusa, 261 kuruşu öşür, 370,4 kuruşu ise aded-i ağnamdır. Toplanan bu vergilerin yanında elde edilen gelir 3763,5 kuruş olarak hesaplanmıştır. 92,5 dönüm mezru tarla ekilen bu karyede diğer araziler 4,5 dönümdür. Toplam 344 baş hayvanın 290'ı küçükbaş, 54'ü büyükbaştır.[68]

---

[67] **Ötüken Türkçe Sözlük**, "Dink", İstanbul: Ötüken Neşriyat, 2007,s.1231

[68] Bkz.Başbakanlık Osmanlı Arşivi,ML.VRD.TMT.d.15327

Hane Numara	Meslek	Cizye	Vergiyi Mahsusa	Öşür	Ağnam	Toplam Vergi	Ekili Arazi	Diğer Arazi	Toplam Arazi	Büyük Baş	Küçük Baş	Toplam Hayvan	Gelir	Kullanılabilir Gelir	Diğer emlak,arazi ve gelirler
1	Kocabaşı	ev:2		1		1		1	1	1		1	365	364	225 gündelikçiliğinden
2	Çiftlikandan	ev:2	25	28,5		53,5			0	7		7	230	176,5	100 arabacılığından
3	Çiftlikandan	ev:1 a:1	50	47,5	99,3	196,8		0,5	0,5	12	76	88	478,5	281,7	
4	Çiftlikandan	ev:1	30	27,5	18,5	76	15	1	16	3	20	23	525	449	250 dinkçiliğinden
5	Çiftlikandan	ev:1	30	27,5	37,5	95	15		15	8	35	43	275	180	
6	Çiftlikandan	ev:1	30	27,5	46,8	104,3	15		15	2	35	37	275	170,7	
7	Çiftlikandan	ev:1	30	27,5	46,5	104	18		18	3	35	38	275	171	
8	Aylakçiyan	ev:1 ed:1				0			0			0	200	200	200 dörtlemeciliğinden
9	Ziraat	ev:1	35	29,5	46,8	111,3	12,5	1	13,5	7	37	44	375	263,7	
10	Ziraat	ev:2	35	30,5	75	140,5	15	1	16	7	52	59	375	234,5	
11	Aylakçiyan	ev:1	30	14		44	2		2	4		4	390	346	1 taş asiyab

3.1.40. Pigelene Karyesi

Müslümanların yaşadığı Pigelene karyesinde 1 imam, 5 aylakçı, 1 hizmetkârın bulunduğu karyede nüfusun geri kalanı ziraat ehlidir. Ayrıca "Aylakçiyan idüğü" diye kaydedilen kişilerin 3'ünün bekçi 2'sinin gündelikçiliğinden gelirleri oldukları yazılmıştır. Bunun yanında "ashabı ziraat" diye kaydedilen 29 numaralı hanenin tüccarlığından geliri bulunmaktadır.

Sadece 2 hanenin vermiş olduğu cizyelerin yanı sıra toplanan toplam 4406,9 kuruş verginin; 1492 kuruşu vergi-yi mahsusa, 1635 kuruşu öşür, geri kalan 1279,7 kuruşu ise aded-i ağnamdır. Hanelerin elde ettikleri toplam gelir 19.221,5 kuruş olarak hesaplanmıştır. Toplam 693 dönüm arazi ekilmektedir. Bunun 44 dönümü diğer araziler iken 649 dönümü mezru tarlalardır. 1191 küçükbaş hayvanın beslendiği Pigelene'de büyükbaş hayvan sayısı 100'dür.[69]

---

[69] Bkz.Başbakanlık Osmanlı Arşivi,ML.VRD.TMT.d.15329

Hane Numara	Meslek	Cizye	Vergiyi Mahsusa	Öşür	Ağnam	Toplam Vergi	Ekili Arazi	Diğer Arazi	Toplam Arazi	Büyük Baş	Küçük Baş	Toplam Hayvan	Gelir	Kullanılab ilir Gelir	Diğer emlak,arazi ve gelirler
1	İmam			76	90	166	30	2,5	32,5	5	69	74	237,5	71,5	
2	Ziraat		40	48,5	103,1	191,6	30	1,5	31,5	4	63	67	475	283,4	
3	Ziraat		30	14		44	8	0,5	8,5	2		2	160	116	
4	Ziraat		80	168,8	118,1	366,85	35	1	36	3	199	202	1855	1488,15	
5	Ziraat		15	15		30	10	0,5	10,5	3		3	167,5	137,5	
6	Ziraat		65	67	101,25	233,25		2	2	2	80	82	677,5	444,25	
7	Ziraat		25	34		59	12	1	13	2		2	370	311	
8	Ziraat		18	25,5		43,5	12	1	13	3		3	310	266,5	
9	Ziraat		40	44		84	10	1	11	2		2	535	451	
10	Ziraat		65	30,5	108,75	204,25	20	0,5	20,5	4	72	76	270	65,75	
11	Ziraat		29	19		48	15	1	16	2		2	207,5	159,5	
12	Ziraat			35,75		35,75	12	1	13	2		2	377,5	341,75	
13	Ziraat		40	23,5	41	104,5	26	1	27		30	30	255	150,5	
14	Ziraat		80	101,8	105	286,75	40	4,5	44,5	5	76	81	1077,5	790,75	
	Ticaret	ev:1			41,25	41,25			0		22	22	250	208,75	250 Hizmetkarlığından
15	Ziraat		12	8,5		20,5	10	1,5	11,5			0	155	134,5	70 duvarcılığından
16	Ziraat		25	23,5	18,75	67,25	13	0,5	13,5	3	20	23	290	222,75	
17	Ziraat		15	13,25		28,25	10	1	11	1		1	150	121,75	1 kovan
18	Ziraat		45	52,25		97,25	20	1,5	21,5	3		3	522,5	425,25	
19	Ziraat		120	60	105	285	30	1,5	31,5	3	76	79	675	390	
20	Ziraat		45	38		83	12	1	13	4		4	435	352	
21	Ziraat		25	30		55	8	1	9	2		2	325	270	
22	Ziraat		40	34,5		74,5	15	1	16	4		4	317,5	243	
23	Ziraat		35	30		65	10	1,5	11,5	2		2	330	265	
24	Ziraat		35	46	7,5	88,5	16	1,5	17,5	2	18	20	510	421,5	

25	Ziraat		30	22		52	15	1,5	16,5	4		4	200	148	
26	Aylakçi yan		15			15	7	0,5	7,5			0	250	235	250 Hizmetkarlığından
27	Aylakçi yan					0			0			0	200	200	Şundan bundan gündelikçiliğinden
28	Ziraat		10	27		37	10	0,5	10,5	2		2	290	253	8 kovan
29	Ziraat		15	7		22	4	0,5	4,5	1		1	270	248	200 şundan bundan tüccarlığından
30	Ziraat		40	36		76	25	1	26	3		3	385	309	
31	Ziraat		25	23,75		48,75	15	1,5	16,5	3		3	227,5	178,75	
32	Ziraat		50	61,5		111,5	17	0,5	17,5	3	30	33	265	153,5	
33	Ziraat		60	189	50	299	22	0,5	22,5	3	131	134	2510	2211	
34	Aylakçi yan		6			6			0			0	150	144	150 şundan bundan gündelikçiliğinden
35	Ziraat		75	74,75	82,5	232,25	25	2	27	4	62	66	782,5	550,25	
36	Ziraat		15	8,5		23,5	10	1	11	2		2	335	311,5	150 Bekçiliğinden
37	Ziraat		45	40,25	35,6	120,85	25	1,5	26,5	4	29	33	410	289,15	
38	Ziraat		27	12,5		39,5	12	0,5	12,5	2		2	316,5	277	
39	Aylakçi yan					0			0			0	215	215	2 kovan,200 bekçiliğinden
	Aylakçi yan					0	8		8			0	207,5	207,5	1 kovan,200 bekçiliğinden
40	Ziraat		70	50	198,75	318,75	20	0,5	20,5	2	155	157	510	191,25	
41	Ziraat		40	30	28,1	98,1	18	0,5	18,5	2	25	27	355	256,9	
42	Ziraat	a:1 ed:1	45	13,75	45	103,75	12	0,5	12,5	2	34	36	407,5	303,75	1 hane kirada

3.1.41. Lika Karyesi

47 haneli Lika karyesinde çiftlikandan ve ashab-ı ziraatten haneler, hizmetkârlar, aylakçılar, terzi, çoban ve kocabaşı bulunmaktadır. Nüfusun tamamının gayrimüslim olduğu karyede cizyelerin yanı sıra 1072 kuruş vergi-yi mahsusa toplanmıştır. Bunun haricinde 1123 kuruş öşür ve 2612,4 kuruş da aded-i ağnam resmi alınmıştır. Toplam alınan 4807,65 kuruş verginin yanında hanelerin toplam temettuatı 13954 kuruş olarak hesaplanmıştır.

Lika karyesinde ekilen tarlaların toplamı 668 dönümdür. Bağ, bostan, çayır, pirinç ve duhan tarlalarını içeren diğer arazilerin toplamı ise 30 dönümdür. Yetiştirilen 2369 baş hayvanın 243'ü büyükbaş iken 2126'sı küçükbaştır.[70]

[70] Bkz.Başbakanlık Osmanlı Arşivi,ML.VRD.TMT.d.15330

Hane Numara	Meslek	Cizye	Vergiyi Mahsusa	Öşür	Ağnam	Toplam Vergi	Ekili Arazi	Diğer Arazi	Toplam Arazi	Büyük Baş	Küçük Baş	Toplam Hayvan	Gelir	Kullanılabilir Gelir	Diğer emlak,arazi ve gelirler
1	Kocabaşı	ev:1		11		11	6		6	2		2	77	66	
2	Çiftlikandan	a:1	80	38,5	90	208,5	30	1	31	10	68	78	332,5	124	
3	Çiftlikandan	a:1 ev:1	60	41,5	130,5	232	22,5	1	23,5	12	99	111	430	198	
4	Aylakçıyan	ev:1			44,75	44,75			0		26	26	120	75,25	120 şundan bundan aldığı
5	Çiftlikandan	ev:1	60	17,75	,5,5	77,75	22	1	23	10	31	41	172,5	94,75	
6	Çiftlikandan	a:1		30	31,8	61,8	15,5		15,5	2	20	22	317,5	255,7	
7	Aylakçıyan	ev:1			26,25	26,25		1	1		21	21	126	99,75	120 şundan bundan aldığı
8	Aylakçıyan	ev:1				0			0	2	5	7	120	120	120 şundan bundan aldığı
9	Çiftlikandan	ev:1		28,5	51,5	80	12	1	13	3	38	41	206,7 5	126,75	
10	Çiftlikandan	ev:1		5,25	11,25	16,5	5	0,5	5,5	1	10	11	39,5	23	
11	Aylakçıyan	ev:1	14	10,5		24,5			0	1	18	19	105	80,5	
12	Çiftlikandan	a:1 ev:1 ed:1		27	50,6	77,6	17	0,5	17,5	3	40	43	189,7 5	112,15	
13	Çiftlikandan	ev:1		36,25	50,6	86,85	17	0,5	17,5	4	39	43	387,2 5	300,4	
14	Kacar	ev:1		1,5		1,5			0			0	200	198,5	200 kacarlığından, 1 kovan
15	Çiftlikandan	a:1 ev:1 ed:1	17	34,5	70,75	122,25	15	0,5	15,5	9	56	65	250,5	128,25	
16	Ziraat	a:1 ev:2 ed:1		16	56,75	72,75	8		8	4	37	41	120	47,25	
17	Çiftlikandan	a:1 ev:1	44	40,5	102,5	187	23	0,5	23,5	11	81	92	252,2 5	65,25	

18	Çiftlikandan	ev:1 ed:1	7	14	28	49	10	0,5	10,5	1	21	22	140	91	
19	Çiftlikandan	a:1 ev:1	50	35,25	126,1	211,35	20	0,5	20,5	6	103	109	177,5	-33,85	
20	Aylakçıyan	ev:2 ed:1				0			0	1	20	21	180	180	180 şundan bundan aldığı
21	Çiftlikandan	a:1 ev:1	50	64,5	112,5	227	20	1	21	13	90	103	503	276	2 kovan
	Ticaret	ev:1				0			0			0	80	80	80 hizmetkarlığından
22	Çiftlikandan	ev:1	30	11	71,25	112,25	15	1	16		53	53	57,5	-54,75	
23	Çiftlikandan	a:1 ev:2 ed:1	30	46,5	108,75	185,25	19	0,5	19,5	12	85	97	318	132,75	
24	Ziraat	ev:2	13			13	10	0,5	10,5	1	8	9	50	37	50 şundan bundan aldığı
25	Çiftlikandan	a:1 ev:2 ed:2		59	282,75	341,75	45	0,5	45,5	18	210	228	420,75	79	6 kovan
	Ticaret	ev:1				0			0			0	80	80	80 hizmetkarlığından
26	Çiftlikandan	a:1 ev:2 ed:1				0	15	1	16	11	28	39	45	45	
27	Çiftlikandan	ev:1	16	21,5		37,5	18	0,5	18,5	2		2	203	165,5	
28	Çiftlikandan	a:1 ev:1 ed:1	80	39,5	178,1	297,6	20	1	21	15	140	155	207	-90,6	
29	Çiftlikandan	ev:2	30	20,25	13,1	63,35	15	1	16	5	11	16	116,75	53,4	
30	Çiftlikandan	ev:3	9		28,1	37,1	7	1	8	6	21	27	105	67,9	
31	Çiftlikandan	a:1 ev:1		23	65	88	15		15	2	50	52	155	67	
32	Çiftlikandan	ev:1	50	21,25	37,5	108,75	30		30	4	29	33	194,5	85,75	
33	Çiftlikandan	ev:1	40	18	28,1	86,1	19	0,5	19,5	2	21	23	117,5	31,4	

34	Çiftlikandan	a:1 ev:2	50	37	144,3	231,3	30	1	31	6	111	117	167,25	-64,05	
35	Çiftlikandan	ev:1		58,75	76,8	135,55	15	1	16	6	54	60	494,5	358,95	
	Ticaret	ev:1				0			0		13	13	50	50	50 hizmetkarlığından
36	Çiftlikandan	ev:1	30	14	51,3	95,3	10	1	11	1	39	40	23	-72,3	
37	Çiftlikandan	ev:1	25	24,5	13,1	62,6	10	1	11	1	10	11	184	121,4	
38	Çiftlikandan	ev:1 ed:1	25	14	22,5	61,5	12	1	13	2	16	18	177,5	116	100 şundan bundan aldığı
39	Ziraat	ev:1		7,5		7,5	5	1	6	5		5	100	92,5	
	Ticaret	ev:1			35,75	35,75			0		18	18	100	64,25	100 hizmetkarlığından
	Aylakçıyan	ev:1 ed:1			21,6	21,6			0		16	16	80	58,4	80 çobanlığından
40	Çiftlikandan	ev:2	40	18	30,5	88,5	20	1	21	4	18	22	92,5	4	bir kelime okunamadı
	Aylakçıyan	ev:1	30			30			0	1	30	31	50	20	50 şundan bundan aldığı
41	Terzi	ev:1	12	5,75		17,75	5	0,5	5,5			0	109,5	91,75	
42	Çiftlikandan	ev:1	36	39,5	26,25	101,75	10	0,5	10,5	3	21	24	365	263,25	
43	Çiftlikandan	ev:3 ed:1	36	30,25	20,6	86,85	15	1	16	3	16	19	277,5	190,65	
	Aylakçıyan	ev:2				0			0			0	120	120	120 şundan bundan aldığı
	Aylakçıyan	ev:1			24,6	24,6			0	1	19	20	100	75,4	100 şundan bundan aldığı
44	Çiftlikandan	ev:1	36	11,5	16,8	64,3	5	0,5	5,5		14	14	79,5	15,2	
45	Çiftlikandan	a:1 ev:1 ed:1		89,75	256,8	346,55	30	2,5	32,5	28	191	219	921	574,45	

46	Çiftlikandan	ev:1 ed:1	36	42,25	37,5	115,75	15	0,5	15,5	4	31	35	399,5	283,75	
47	Çiftlikandan	ev:2	36	18	37,5	91,5	15	0,5	15,5	5	30	35	92,5	1	

3.1.42. Orizar Karyesi

Diğer karyeler gibi ilk hanenin kocabaşı olduğu bu gayrimüslim yerleşim yerinde, ziraat erbabı haneler, hizmetkârlar ve aylakçılar bulunmaktadır. Daha önceki karyelerde karşılaşıldığı gibi bu karyede de hizmetkârlıktan geliri olanlar "erbabı ticaret idüğü" diye kaydedilmiştir. Bunun yanında Karyede Aylakçiyan idüğü olarak kaydedilen hanelerden biri semercilikten biri de bekçilikten gelire sahiptir.

Toplanan toplam 6338,4 kuruş verginin 2545 kuruşu vergi-yi mahsusa, 3047 kuruşu öşür, 746,65 kuruşu ise aded-i ağnamdır. Toplam ekili arazi 288 dönüm olarak hesaplanmıştır. Diğer araziler ise 133,5 dönümdür. 667 baş toplam hayvanın 122'si büyükbaş, 545'i ise küçükbaştır. Hanelerin toplam geliri 35.754,5'tir.[71]

---

[71] Bkz.Başbakanlık Osmanlı Arşivi,ML.VRD.TMT.d.15331

Hane Numara	Meslek	Cizye	Vergiyi Mahsusa	Öşür	Ağnam	Toplam Vergi	Ekili Arazi	Diğer Arazi	Toplam Arazi	Büyük Baş	Küçük Baş	Toplam Hayvan	Gelir	Kullanılabilir Gelir	Diğer emlak,arazi ve gelirler
1	Kocabaşı	ev:1	60	117,3	22,5	199,75	8	4,5	12,5	3	14	17	897,5	697,75	
	Ticaret	ev:1				0			0			0	250	250	250 hizmetkarlığından
2	Ziraat	ed:1	90	60,25		150,25	10	4,5	14,5			0	782,5	632,25	
3	Ziraat	a:1 ev:1	180	106,3	56,25	342,5	20	5,5	25,5	6	45	51	1552,5	1210	
	Ticaret					0			0			0	250	250	250 hizmetkarlığından
4	Ziraat	a:1	120	131	58	309	12	5	17	7	42	49	1215	906	
5	Ziraat	a:1	65	80		145	7	4,5	11,5	3		3	945	800	
6	Ziraat	a:1 ed:1	105	139,5	90	334,5	12	8	20	4	65	69	1962	1627,5	
	Ticaret	ev:1				0			0			0	120	120	120 hizmetkarlığından
6	Ziraat	a:1 ev:1	60	81,25		141,25	6	3	9	2		2	827,5	686,25	
7	Ziraat	a:1	60	54,5	56,25	170,75	6	3,5	9,5	4	42	46	730	559,25	
8	Ziraat	ev:1 ed:1	40	77	84,3	201,3	6	4,5	10,5	5	65	70	875	673,7	
9	Ziraat	a:1	65	58,5	37	160,5	10	4,5	14,5	3	20	23	882,5	722	
	Ticaret	ev:1				0			0			0	200	200	200 hizmetkarlığından
10	Ziraat	a:2 ed:1	150	78,5	104,3	332,8	20	6	26	5	75	80	1470	1137,2	

	Ticaret	ev:1				0			0			0	120	120	120 hizmetkarlığından
11	Ziraat	a:1 ev:3 ed:1		154,5		154,5	15	4	19	8		8	1182,5	1028	
12	Ziraat	a:1 ed:1	50	42	24,3	116,3	7	2,5	9,5	4	20	24	612,5	496,2	
13	Ziraat	ev:1	25	48,75		73,75	3	1	4	3		3	512,5	438,75	
14	Ziraat	a:1	70	74		144	6	2,5	8,5	4		4	795	651	
15	Ziraat	a:1	25	93		118	3	2	5	2		2	915	797	
16	Ziraat	a:1	60	89		149	12	4	16	1		1	1375	1226	
	Ticaret	ev:1				0			0			0	250	250	250 hizmetkarlığından
17	Ziraat	ev:1	30	36,25		66,25	7	2,5	9,5			0	387,5	321,25	
18	Aylakçiyan	ev:1	15	25		40		1	1			0	370	330	120 dörtlemeciliğinden
19	Ziraat	ev:1	90	92,75	22,5	205,25	8	4	12	3	22	25	1007,5	802,25	
	Ticaret	ev:1				0			0			0	150	150	150 hizmetkarlığından
20	Ziraat	a:1 ev:1	50	62,25		112,25	5	2,5	7,5	3		3	662,5	550,25	
21	Ziraat	a:1 ed:1	80	107	67,75	254,75	12	5	17	3	50	53	1115	860,25	
22	Ziraat	a:1 ed:1	120	111	18,75	249,75	12	4	16	3	14	17	1160	910,25	
23	Ziraat	a:1	100	157		257	10	4,5	14,5	5		5	1680	1423	
24	Ziraat	a:1 ev:1	80	64		144	5	2,5	7,5	2		2	685	541	
25	Ziraat	ev:1	40	71	26	137	6	3	9	5	14	19	780	643	
26	Aylakçiyan	ev:1	20	26		46		2	2	1		1	390	344	120 semerciliğinden

27	Ziraat	a:1	75	115		190	10	4	14	5		5	1100	910	
28	Ziraat	ev:1	50	75,75		125,75	3	3,5	6,5	2		2	805	679,25	
29	Ziraat	ev:1	35	71,25		106,25	4	2,5	6,5	2		2	727,5	621,25	
	Ticaret	ev:1				0			0			0	150	150	150 hizmetkarlığından
30	Ziraat	ev:2	60	74		134	4	2	6	3		3	775	641	
31	Ziraat	ev:1	50	67,25		117,25	3	2	5	2		2	697,5	580,25	
32	Ziraat	a:1	40	77,5		117,5	8	3	11	5		5	845	727,5	
33	Aylakçiyan	ev:1	50	2		52		1,5	1,5			0	460	408	
34	Ziraat	ev:1	85	100,3		185,25	10	4	14	4		4	1060	874,75	
35	Aylakçiyan	ev:1	20			20		1	1	1		1	440	420	120 şundan bundan aldığı
36	Ziraat	a:1 ev:1	150	147,3	78,75	376	10	4,5	14,5	4	57	61	440	64	
37	Aylakçiyan	ed:1				0		0,5	0,5			0		0	
38	Ziraat	a:1	60	79		139	8	3,5	11,5	4		4	875	736	
39	Aylakçiyan	ev:1	20			20		1	1	1		1	270	250	100 bekçiliğinden

3.1.43. Yastermik Karyesi

19 haneli Yastermik karyesinde çiftlik sahipleri, aylakçılar ve kocabaşı bulunmaktadır. Nüfusun tamamının gayrimüslim olduğu karyede cizyelerin yanı sıra 316 kuruş vergi-yi mahsusa toplanmıştır. Bunun haricinde 426,8 kuruş öşür ve 771,02 kuruş da aded-i ağnam resmi alınmıştır. Toplam alınan 1513,77 kuruş verginin yanında hanelerin toplam geliri 6085 kuruş olarak hesaplanmıştır. Bu karyede ekilen tarlaların toplamı 197 dönümdür. Bağ, bostan, çayır, pirinç ve duhan tarlaları gibi araziler ise ekilmemektedir. Yetiştirilen 701 baş hayvanın 83'ü büyükbaş iken 618'i küçükbaştır.[72]

---

[72] Bkz.Başbakanlık Osmanlı Arşivi,ML.VRD.TMT.d.15332

Hane Numara	Meslek	Cizye	Vergiyi Mahsusa	Öşür	Ağnam	Toplam Vergi	Ekili Arazi	Toplam Arazi	Büyük Baş	Küçük Baş	Toplam Hayvan	Gelir	Kullanılabilir Gelir	Diğer emlak, arazi ve gelirler
1	Kocabaşı	a:1	33	21	41,25	95,25	15	15	5	30	35	211	115,75	
2	Çiftlikandan	ev:1 ed:1	33	17		50	12	12	4		4	172	122	
3	Çiftlikandan	a:1	43	40	99,6	182,6	15	15	6	71	77	420	237,4	
4	Çiftlikandan	ev:1	43	35,75	48,75	127,5	15	15	6	36	42	357,5	230	1 Kovan
5	Çiftlikandan	a:1 ed:1	43	35,75		78,75	12	12	4	40	44	357,5	278,75	
6	Aylakçiyan	ev:2		5,25	18,75	24	4	4	1	15	16	232,5	208,5	180 gündelikciliğinden
7	Aylakçiyan	ev:1 ed:1				0		0			0	200	200	200 şundan bundan aldığı
8	Çiftlikandan	ev:2	43	33,5	52,5	129	20	20	5	36	41	425	296	150 bacacılığından
9	Çiftlikandan	ev:1	33	20,5	11	64,5	12	12	2	10	12	180	115,5	
10	Aylakçiyan	ed:1			30	30		0	1	22	23	150	120	150 gündelikçiliğinden
11	Aylakçiyan	ev:2 ed:2		7	26,25	33,25		0	1	20	21	420	386,75	350 gündelikçiliğinden
12	Aylakçiyan	ev:1			27,8	27,8		0	3	17	20	200	172,2	200 şundan bundan aldığı
13	Aylakçiyan	ed:1				0		0	1		1	80	80	80 gündelikçiliğinden

14	Aylakçiyan	ev:1			28,12	28,12		0	1	22	23	200	171,88	200 hizmetkarlığından
15	Aylakçiyan	ev:1 ed:1			26,25	26,25		0		19	19	150	123,75	150 hizmetkarlığından
16	Çiftlikandan	ev:1 a:1 ed:1	45	73,5	124,5	243	20	20	13	97	110	825	582	
17	Çiftlikandan	ev:1 a:2 ed:1				0	30	30	6		6		0	
18	Çiftlikandan	a:1 ed:2		77,5	112,5	190	25	25	13	79	92	775	585	
19	Aylakçiyan	ev:1		7		7	2	2		10	10	170	163	100 şundan bundan aldığı
	Çiftlikandan	ev:2 a:2 ed:2		53	123,75	176,75	15	15	11	94	105	560	383,25	

3.1.44. Coşbiyane Karyesi

2 haneli bu küçük karyede 1 hizmetkâr dışında gayrimüslimler yaşamaktadır. İki hanenin ziraat ile meşgul olduğu Coşbiyane'de 3 de hizmetkâr bulunmaktadır. Toplanan toplam 349,5 kuruş verginin 190 kuruşu vergi-yi mahsusa, 84,5 kuruşu öşür, 75 kuruşu ise aded-i ağnamdır. Toplam ekili arazi 50 dönümdür. 87 baş toplam hayvanın 17'si büyükbaş, 70'i ise küçükbaştır. Hanelerin toplam geliri 1580 kuruştur.[73]

[73] Bkz.Başbakanlık Osmanlı Arşivi,ML.VRD.TMT.d.15333

Hane Numara	Meslek	Cizye	Vergiyi Mahsusa	Öşür	Ağnam	Toplam Vergi	Ekili Arazi	Toplam Arazi	Büyük Baş	Küçük Baş	Toplam Hayvan	Gelir	Kullanılabilir Gelir	Diğer emlak,arazi ve gelirler
1	Ziraat	ev:1	30	18		48	15	15	4		4	160	112	
2	Ziraat	a:1	130	53	75	258	25	25	7	70	77	535	277	
	Hizmetkar	ev:1				0		0			0	300	300	300 hizmetkarlığından
	Ziraat	ev:1	30	13,5		43,5	10	10	5		5	335	291,5	200 hizmetkarlığından
	Hizmetkar					0		0	1		1	250	250	250 hizmetkarlığından

3.1.45. Trasna Karyesi

Çoğunluğun Müslüman olduğu Trasna'da ziraat ile uğraşanlar, hizmetkârlar, 1 imam, 1 sığırtmaç ve aylakçılar bulunmaktadır. 6 gayrimüslim hanenin verdiği cizyelerin yanı sıra 844,5 kuruş vergi-yi mahsusa toplanmıştır. Bunun haricinde 744 kuruş öşür ve 838,35 kuruş da aded-i ağnam resmi alınmıştır. Toplam alınan 2426,85 kuruş verginin yanında hanelerin toplam geliri 9302 kuruş olarak hesaplanmıştır. Bu karyede ekilen tarlaların toplamı 572 dönümdür. Bağ, bostan, çayır, pirinç ve duhan tarlaları gibi araziler ise 23 dönümdür. Yetiştirilen 956 baş hayvanın 113'ü büyükbaş iken 843'ü küçükbaştır. Ayrıca karyede 3 asiyab ve 2 arı kovanı bulunmaktadır.[74]

[74] Bkz.Başbakanlık Osmanlı Arşivi,ML.VRD.TMT.d.15334

Hane Numara	Meslek	Cizye	Vergiyi Mahsusa	Öşür	Ağnam	Toplam Vergi	Ekili Arazi	Diğer Arazi	Toplam Arazi	Büyük Baş	Küçük Baş	Toplam Hayvan	Gelir	Kullanılabilir Gelir	Diğer emlak,arazi ve gelirler
1	İmam			19,5		19,5	15	0,5	15,5	4		4	202,5	183	
2	Ziraat			25		25	30	0,5	30,5	4		4	235	210	
3	Ziraat		45	22,75		67,75	20	0,5	20,5	4	24	28	212,5	144,75	
4	Ziraat		28	22,75		50,75	20	0,5	20,5	3		3	220	169,25	
5	Ziraat		25	13,75		38,75	10	0,5	10,5	2	4	6	287,5	248,75	
6	Ziraat		20	29,25		49,25	20	0,5	20,5	5		5	277,5	228,25	
7	Ziraat			31,25		31,25	25	1	26	3		3	285	253,75	
8	Ziraat		25	16,25		41,25	9	0,5	9,5	3		3	140	98,75	
9	Ziraat		30	37	37,5	104,5	22	1	23	3	35	38	354,5	250	
10	Ziraat		40	45		85	30	1,5	31,5	4	46	50	510	425	2 Kovan,0,5 asiyab
	Ticaret	ev:1			49	49			0		29	29	225	176	225 çobanlığından
11	Ziraat		23	12,75		35,75	14	0,5	14,5	3		3	252,5	216,75	1 taş asiyab
12	Ziraat		30	42,75	110,3	183,05	28	0,5	28,5	4	74	78	547,5	364,45	1 taş asiyab
13	Ziraat		40	31	31,8	102,8	30	1,5	31,5	4	26	30	280	177,2	
14	Ziraat		16	14,75	41,25	72	18	0,5	18,5	4	25	29	147,5	75,5	
15	Ziraat		30	28,25	39,3	97,55	30	0,5	30,5	3	31	34	230	132,45	
16	Ziraat		40	27,5	70,5	138	30	1,5	31,5	4	54	58	275	137	
17	Ziraat		15	22,25	52,5	89,75	12	1	13	3	30	33	147,5	57,75	
18	Ziraat		18	27		45	15	1	16	4		4	225	180	
19	Ziraat		50	36,5	90	176,5	15	0,5	15,5	3	62	65	365	188,5	
20	Ziraat		8	7		15	6	0,5	6,5	2		2	120	105	50 şundan bundan aldığı
21	Ziraat		35	17,75	39,1	91,85	15	0,5	15,5	1	29	30	172,5	80,65	

22	Ziraat		12	7		19	6	0,5	6,5			0	150	131	80 şundan bundan aldığı
23	Aylakçı yan		10	4		14	4	0,5	4,5			0	120	106	80 şundan bundan aldığı
24	Ziraat		15	7		22	10		10			0	170	148	100 şundan bundan aldığı
25	Ziraat		30	25,25		55,25	12	1	13	3		3	207,5	152,25	
26	Ziraat		30	26,75	82,5	139,25	20	0,5	20,5	4	46	50	267,5	128,25	
27	Ziraat		14	11,25		25,25	12	0,5	12,5	1		1	87,5	62,25	
28	Aylakçı yan		5			5			0			0	250	245	1 taş asiyab,100 gündelikçiliği nden
29	Aylakçı yan		2,5			2,5		0,5	0,5			0	125	122,5	125 gündelikçiliği nden
30	Aylakçı yan		8			8		1	1	1		1	190	182	150 şundan bundan ticaretten
31	Ziraat		18	17,75		35,75	10	1	11	1		1	217,5	181,75	
32	Sığırtma ç					0			0			0	180	180	180 sığırtmaçlığın dan
33	Aylakçı yan		10	10,5		20,5	8		8	1	2	3	225	204,5	120 şundan bundan aldığı
34	Aylakçı yan		5			5			0			0	200	195	200 bekçiliğinden
35	Aylakçı		4			4	4		4			0	120	116	120

	yan														kethüdalığınd an
36	Ziraat	a:1 ev:1 ed:1	45	30,25		75,25	20	1	21	6	80	86	302,5	227,25	
37	Ziraat	a:1 ed:1	50	24,25	84,3	158,55	10	0,5	10,5	5	56	61	257,5	98,95	
38	Ziraat	a:2 ev:3	40	20,75	56,25	117	15	0,5	15,5	3	35	38	227,5	110,5	
39	Ziraat	ev:1	18	13,75	48,75	80,5	10		10	4	36	40	137,5	57	
40	Ziraat	ev:1	10	15,5	5,3	30,8	5		5	5	45	50	155	124,2	
41	Ziraat	ev:1				0	12		12	9	74	83		0	

3.1.46. Estebene Karyesi

Çoğunluğu Müslüman olan 102 haneli Estebene karyesinde imam, dinkçi, değirmenci, çoban gibi mesleklerin yanı sıra ziraat ile uğraşanlar, hizmetkârlar ve amelmande (iş göremez) haneler bulunmaktadır. Ayrıca bir hane muhtar-ı evveli ve bir hanede mahalle muhtarı olarak kaydedilmiştir. Estebene Karyesinde; 2881,75 kuruşu Vergi-yi Mahsusa, 6174 kuruşu Öşür, 1313 kuruşu ise Aded-i Ağnam olmak üzere 10.368,5 kuruş toplam vergi alınmaktadır. Buna karşın, toplam temettuat yani gelir ise 72.480 kuruştur. 766 dönüm mezru tarlası bulunan bu karyede diğer arazi ise 315,9 dönümdür. Toplam 1259 hayvanın bulunduğu bu yerleşim biriminde bu hayvanların 251'i büyükbaş 1008'i ise küçükbaştır.[75]

---

[75] Bkz.Başbakanlık Osmanlı Arşivi,ML.VRD.TMT.d.15335

Hane Numara	Meslek	Cizye	Vergiyi Mahsusa	Öşür	Ağnam	Toplam Vergi	Ekili Arazi	Diğer Arazi	Toplam Arazi	Büyük Baş	Küçük Baş	Toplam Hayvan	Gelir	Kullanılabilir Gelir	Diğer emlak,arazi ve gelirler
1	İmam			154	62	216		6	6	3	50	53	1084	868	
2	Ziraat	ev:1		0,5	15	15,5		0,5	0,5	1	8	9	386	370,5	300 Hizmetkarlığın dan
3	Hizmetkar			8,75		8,75			0		10	10	300	291,25	300 Hizmetkarlığın dan
4	Muhtar-ı evveli			97		97	13	6	19	5		5	992	895	
5	Ziraat		71	186,5		257,5	22	10	32	4		4	1909	1651,5	
6	Ticaret	ev:1				0			0			0	160	160	160 Hizmetkarlığın dan
7	Ziraat		25	58,5		83,5	5	2,5	7,5	2		2	607	523,5	
8	Ziraat		20	28		48	4	3	7	3		3	286	238	
9	Dinkçi		20			20			0			0	200	180	200 Hizmetkarlığın dan
10	Ziraat		50	90,5		140,5	8	4,5	12,5	7		7	1864	1723,5	
11	Ziraat					0			0			0	210	210	210 Hizmetkarlığın dan
12	Ziraat		61,25	135		196,25	15	7	22	4		4	1404	1207,75	
13	Hizmetkar					0			0			0	200	200	200 Hizmetkarlığın dan

14	Ziraat		71	186,5		257,5	22	10	32	4		4	1909	1651,5	
15	Ziraat	ev:1				0			0			0	160	160	160 Hizmetkarlığın dan
16	Ziraat		15	54		69	6	2,5	8,5	4		4	567	498	
17	Ziraat		20	82,5		102,5	0,5	1,5	2	3		3	832	729,5	
18	Ziraat		82,5	153		235,5	19	6,5	25,5	1		1	1584	1348,5	
19	Hizmetkar					0			0			0	230	230	230 Hizmetkarlığın dan
20	Ziraat		45	96		141	10	3,5	13,5	3		3	1120	979	
21	Ziraat		60	149,5		209,5	15	5	20	5		5	2590	2380,5	1 taş dibek
22	Dinkçi		10			10		0,4	0,4	1		1	275	265	200 dinkçiliğinden
23	Ziraat		45	146,5		191,5	15	6	21	5		5	1552, 5	1361	
24	Ziraat		35	117		152	15	5,5	20,5	5		5	1260	1108	
25	Hizmetkar					0			0			0	150	150	150 Hizmetkarlığın dan
26	Ziraat		35	61		96	8	5	13	2		2	545	449	
27	Amelmanda		16	23,5		39,5	3	2,5	5,5	1		1	275	235,5	
28	Ziraat	a:1	60	112,5		172,5		3,5	3,5	4	76	80	570	397,5	495 şeriki tenzili
29	Çiftlikandan		30			30	15		15			0	495	465	
30	Çoban	ev:1				0			0			0	120	120	120 Çobanlığından

31	Değirmenci	ev:1				0			0			0	70	70	70 Değirmenciliğinden
32	Ziraat		35,5	79,5		115	11	3,5	14,5	3		3	750	635	
33	Ziraat		70	153		223	22	7	29	4		4	1620	1397	
34	Ziraat		100	225,5		325,5	40	22	62	6		6	1885	1559,5	İcarda Pirinç dibek
35	Hizmetkar	ev:1	10			10		1	1	2		2	400	390	200 Hizmetkarlığından
36	Ziraat		25	40		65	4	2	6	3		3	440	375	
37	Ziraat		75	140		215	19	5	24	2		2	1375	1160	4 dibek
38	Hizmetkar	ev:1				0		1	1	2		2	205	205	180 hizmetkarlığından
39	Ziraat		22	41,5	56,75	120,25	6	1	7	2	45	47	440	319,75	
40	Ziraat		60	162,5		222,5	20	8	28	6		6	2230	2007,5	
41	Ticaret		20	43,5		63,5	5	3	8	4		4	475	411,5	
42	Ziraat		30	44		74	5	3	8	2		2	475	401	
43	Ziraat		55	78,5		133,5	15	5	20	2		2	815	681,5	
44	İmam			108	53	161	0,5	6	6,5	3	43	46	1124	963	
45	Mahalle Muhtarı		40	130	56	226	13	7	20	4	39	43	1354	1128	
46	Çoban				70	70			0		55	55	125	55	125 Hizmetkarlığından
47	Ziraat		30	55		85	8	3,5	11,5	4		4	517	432	
48	Hizmetkar					0			0			0	110	110	110 Hizmetkarlığından

49	Ziraat		30	67,5		97,5	8	5	13	3		3	780	682,5	
50	Ziraat		40	130,5	48,75	219,25	12	3,5	15,5	5	35	40	842	622,75	
51	Hizmetkar					0			0			0	110	110	110 Hizmetkarlığın dan
52	Ziraat		30	57		87	13	2,5	15,5	4		4	619	532	
53	Ziraat		30	55,5	32,5	118	6	3,5	9,5	3	25	28	669	551	
54	Ziraat		15	23		38	4	2	6	3		3	246	208	
55	Ziraat		50	101		151	11	5,5	16,5	5		5	1047	896	
56	Ziraat		30	51		81	8	2	10	3		3	532	451	
57	Hizmetkar					0			0			0	150	150	150 Hizmetkarlığın dan
58	Ziraat		20	61,5		81,5	0,5	2,5	3	3		3	632	550,5	
59	Ziraat		25	38		63	6	3	9	5		5	402	339	
60	Ziraat		15	26,5		41,5	3	1,5	4,5	1		1	287	245,5	
61	Ziraat		67	122,5	27,75	217,25	25	5,5	30,5	3	25	28	1279	1061,75	
62	Hizmetkar					0			0			0	250	250	250 Hizmetkarlığın dan
63	Ziraat		60	123		183	10	6	16	4		4	1315	1132	3 bakkal dükkanı icarda
64	Hizmetkar					0			0			0	390	390	390 Hizmetkarlığın dan
65	Ziraat		30	60		90	8	4	12	4		4	650	560	
66	Ziraat		35	68		103	8	4	12	3		3	702	599	
67	Ziraat		30	72		102	15	3,5	18,5	5		5	840	738	
68	Ziraat		36	74		110	12	4,5	16,5	2		2	870	760	

69	Ziraat		75	136,5		211,5	15	6,5	21,5	5		5	1585	1373,5	
70	Ziraat		30	73		103	7	3,5	10,5	4		4	827	724	
71	Ziraat		50	87,5	65,75	203,25	15	1,5	16,5	3	55	58	730	526,75	
72	Hizmetkar					0			0			0	300	300	300 Hizmetkarlığın dan
73	Ziraat		40	124		164	14	5	19	4		4	1330	1166	
74	Ziraat		60	100	381,75	541,75	20	2,5	22,5	3	235	238	1120	578,25	
75	Hizmetkar					0			0			0	240	240	240 Hizmetkarlığın dan
76	Ziraat		50	105,5		155,5	15	5	20	3		3	1150	994,5	
77	Ziraat		25	50,5		75,5	6	2,5	8,5	3		3	520	444,5	
78	Ziraat		10	22,5		32,5	3	2	5	1		1	235	202,5	
79	Ziraat		35	75,5	70	180,5	5	3,5	8,5	3	55	58	805	624,5	
80	Ziraat		30	39,5		69,5	7	2,5	9,5	2		2	465	395,5	
81	Ziraat		35	42,5		77,5	9	3	12	3		3	470	392,5	
82	Ziraat		25	55,5		80,5	8	2,5	10,5	4		4	547	466,5	
83	Ziraat		25	23,5		48,5	9	2,5	11,5	3		3	260	211,5	
84	Ziraat		50	58,5	47,25	155,75	7	3	10	3	41	44	627	471,25	
85	Ziraat		50	165,5		215,5	7	5,5	12,5	3		3	1683	1467,5	
86	Hizmetkar					0			0			0	250	250	250 Hizmetkarlığın dan
87	Ziraat		50	98,5		148,5	16	5	21	5		5	1100	951,5	
88	Ziraat		39,5	128,5	29,75	197,75	10	4,5	14,5	6	25	31	1370	1172,25	
89	Ziraat		50	87	65	202	17	5,5	22,5	3	52	55	940	738	
90	Ziraat		40	23,5		63,5	5	2,5	7,5	2		2	347,5	284	

91	Çoban				26,75	26,75			0	1	16	17	310	283,25	310 çobanlığından
92	Ziraat		25	66	65,5	156,5	8	4	12	3	24	27	704	547,5	
93	Hizmetkar		10			10	0,5	1	1,5	1		1	256	246	120 Hizmetkarlığın dan
94	Ziraat		20	23		43	2	2	4	1		1	257	214	
95	Ziraat		25	32,5		57,5	1,5	2,5	4	1		1	402	344,5	
96	Ziraat		20	30,5		50,5	3	2	5	2		2	354	303,5	
97	Ziraat		50	81,5		131,5	25	4,5	29,5	2		2	885	753,5	
98	Ziraat		25	19,5	139,5	184	0,5	2	2,5	2	94	96	249	65	
99	Ziraat		40	1		41	10	1	11			0	426	385	
100	Ziraat					0	7		7			0	250	250	
101	Ziraat					0			0			0	100	100	1 asiyab
102	Ziraat		10	49,5		59,5		0,5	0,5	3		3	527	467,5	

3.1.47. Koçana Kazası Gayrimüslimlerin Temettuat Defteri

Koçana kazasının merkezi Müslim ve gayrimüslimler olmak üzere 2 defter halinde kaydedilmiştir. Gayrimüslimlerin kayıtlı olduğu bu defterde 149 hane yer almaktadır. Koçana kazasında Gayrimüslimlerin yaptığı meslekler arasında, Kocabaşı, dülger, terzi, taşçı, kürekçi, çoban, semerci, kasap, aylakçı, mutafcı, sabuncu, papaz, değirmenci, mihancı(?)[76], hancı, saatçi gibi bir kasabada görülebilecek meslekler bulunmaktadır. Ayrıca ziraat ile uğraşan haneler de mevcuttur.

Tablo 47'de görülen kürekçiliğinden geliri olan haneler dikkat çekmektedir. Kürek, pirinç ekiminin bir parçasıdır. Pirinç ekilecek tarlanın hazırlanmasında kullanılır. Tarlada su dağıtma ve boşaltma kanalları yapılır. Kürek, bel, sedde aleti veya pullukla tavalar hazırlanır. Sedde ve tirler(pirinç tarlasının evleklerini ayıran sınır) bel veya kürekle yapılır. Ekime hazırlama işi günümüzde traktörle ve daha çabuk yapılırken 19.yy Osmanlı Devleti'nde bu iş için insanlar çalıştırılırdı. Bu ve bundan sonraki karyelerde yer alan kürekçilik mesleğinde belirtilen küreğin, bir kayık için kullanılan kürekten daha çok pirinç ekiminde kullanılan kürek olduğu düşünülmektedir.[77] Koçana kazasının gayrimüslimlerine ait bu defterde görülmektedir ki; alınan toplam vergi 4615,55 kuruştur. Bunun 2407,5 kuruşu vergi-yi mahsusa, 1956 kuruşu öşür, 252,3 kuruşu ise aded-i ağnamdır. Buna karşın hanelerin toplam geliri 61677 kuruş olarak hesaplanmıştır. Koçana'da gayrimüslimlere ait mezru tarla toplamı 276,5 dönüm iken diğer araziler 150,5 dönümdür. Koçana'da sadece 4 gayrimüslim hanenin küçükbaş hayvanları vardır ve toplamı 152'dir. Bunun yanında 195 büyükbaş hayvan bulunmaktadır.[78]

---

[76] Mihancı ya da Mihmancı olarak yazılan kelime anlaşılamamıştır.
[77] **Samsun Valiliği Gıda Tarım ve Hayvancılık İl Müdürlüğü**, Çeltik yetiştiriciliği, 2, 2013, s.1
[78] Bkz.Başbakanlık Osmanlı Arşivi,ML.VRD.TMT.d.15336

Hane Numara	Meslek	Cizye	Vergiyi Mahsusa	Öşür	Ağnam	Toplam Vergi	Ekili Arazi	Diğer Arazi	Toplam Arazi	Büyük Baş	Küçük Baş	Toplam Hayvan	Gelir	Kullanılabilir Gelir	Diğer emlak,arazi ve gelirler
1	Kocabaşı	a:1 ev:2	60	34		94	6	2	8	3		3	780	686	250 urgancılıktan
2	Ziraat	a:1	120	91,25		211,25	15	4,5	19,5	2		2	2674,5	2463,25	1 hane,3 dükkan kirada
	Ticaret	ev:1				0			0			0	120	120	120 hizmetkarlığından
3	Ziraat	ev:1	120	91,25		211,25	15	4,5	19,5	2		2	2674,5	2463,25	1 hane,3 dükkan kirada
4	Aylakçiyan	ev:1	5	6		11		0,5	0,5	1		1	110	99	110 dörtlemeciliğinden
5	Aylakçiyan	ev:1	10	78,5		88,5	1	1	2	1		1	885	796,5	
6	Dülger	ev:1 ed:1	8			8			0			0	250	242	250 dülgerliğinden
7	Aylakçiyan	ev:1	15	0,5		15,5		0,5	0,5	2		2	230	214,5	212 dörtlemeciliğinden
8	Dülger	ev:2	8			8			0			0	280	272	280 dülgerliğinden
9	Ziraat	ev:1 a:1 ed:1	60	11	81,3	152,3	3	0,5	3,5	2	45	47	120	-32,3	
10	Aylakçiyan	ev:1	10			10			0			0	120	110	120 odunculuğundan
11	Ziraat	ev:1	51	21,75		72,75	3	2	5	3		3	277,5	204,75	
11	Aylakçiyan	Sakat	10			10			0	1		1	120	110	120 dörtlemeciliğinden
12	Aylakçiyan	ev:1	10			10			0			0	120	110	120 gündelikçiliğinden

13	Terzi	ev:1	12	5,75		17,75	0,5	0,5	1	1		1	257,5	239,75	200 terziliğinden
14	Terzi	a:1	40	43,75		83,75	9	3,5	12,5	1		1	667,5	583,75	200 terziliğinden
15	Taşcı	ev:1	5			5			0			0	220	215	220 taşcılığından
16	Aylakçiya n	ev:1	8	5,75		13,75	0,5	0,5	1	1		1	180	166,25	120 şundan bundan aldığı
17	Aylakçiya n	ev:1	10	0,5		10,5		0,5	0,5	1		1	128	117,5	120 şundan bundan aldığı
18	Kürekçi	ev:1	5	28,25		33,25	7	1	8			0	266,5	233,25	120 kürekçiliğinden
19	Aylakçiya n	ev:1	15	0,5		15,5		0,5	0,5	1		1	170	154,5	150 şundan bundan aldığı
20	Ziraat	a:1 ev:1	80	65,25	28	173,25	20	4	24	2		2	1227, 5	1054,25	2 dükkan kirada
21	Ticaret	ev:1				0		0,5	0,5			0	170	170	150 hizmetkarlığından
22	Ticaret	a:1 ev:1	20			20			0			0	370	350	370 hizmetkarlığından
23	Aylakçiya n	a:1 ev:1	20	1		21		1	1	2		2	330	309	1 dükkan kirada
	Çoban	ev:1	5			5			0			0	220	215	220 çobanlığından
24	Ziraat	a:1	30	51		81	1	12	13	3		3	542	461	
25	Ziraat	a:1 ed:1	35	30,25		65,25	4	2,5	6,5	2		2	327,5	262,25	
26	Ziraat	a:1	40	21,75		61,75	8	1,5	9,5	4		4	277,5	215,75	
27	Saatçi	ev:1	10			10		0,5	0,5			0	200	190	160 saatçiliğinden
28	Saatçi	ev:1	12,5	1		13,5	1	1	2	2		2	200	186,5	120 saatçiliğinden
29	Semerci	ev:2	20	0,5		20,5		0,5	0,5			0	430	409,5	400 semerciliğinden
30	Kasap	a:1 ev:1	30	12		42	4	2	6	1		1	450	408	150 kasaplığından

31	Aylakçiya n	ev:1				0			0	1		1	250	250	250 şundan bundan aldığı
32	Aylakçiya n	ev:1				0			0	1		1	250	250	250 odunculuğundan
33	Aylakçiya n	ev:1	18	0,5		18,5		0,5	0,5	1		1	140	121,5	120 şundan bundan aldığı
34	Aylakçiya n	ev:1				0			0	1		1	140	140	140 şundan bundan aldığı
35	Aylakçiya n	ed:1	6			6		0,5	0,5	1		1	150	144	110 hizmetkarlığından
36	Aylakçiya n	ev:2	5	0,5		5,5		0,5	0,5	1		1	140	134,5	120 şundan bundan aldığı
37	Ziraat	a:1	22,5	45,25	37,5	105,25	6	3	9	5	25	30	535	429,75	
38	Aylakçiya n	ev:1	8			8			0	1		1	120	112	120 şundan bundan aldığı
39	Terzi	ev:1	6,5			6,5	2		2			0	240	233,5	120 dörtlemeciliğinden ,120 terziliğinden
40	Semerci	ev:1	5	2		7	1	0,5	1,5	1		1	150	143	150 semerciliğinden
41	Aylakçiya n	ev:1	20	30		50	2	1,5	3,5	3		3	325	275	
42	Kiracı	ev:2				0			0	1		1	250	250	250 kiracılığından
43	Aylakçiya n	ev:1		0,5		0,5		0,5	0,5	1		1	160	159,5	120 şundan bundan aldığı
44	Ticaret	ev:1	10	4		14	1	0,5	1,5	1		1	345	331	300 kilise redifinden
45	Mutafcı					0			0			0	300	300	300 mutafcılığından
46	Aylakçiya n	ev:1	10	0,5		10,5		0,5	0,5			0	270	259,5	250 şundan bundan aldığı

47	Aylakçiyan	ev:1	12			12			0			0	250	238	250 saatçiliğinden
48	Sabuncu	ev:1	20			20			0			0	400	380	400 sabunculuğundan
49	Papaz	a:1 ev:1	20	3		23		3	3	2		2	650	627	500 papazlığından
50	Ziraat	a:1 ev:1 ed:2	50	41,25	93,75	185	20	1	21	4	62	66	757,5	572,5	
51	Ziraat	a:2 ev:1	20	39		59	3	3,5	6,5	5		5	765	706	
52	Ziraat	a:1 ev:1	30	44,25		74,25	8	1,5	9,5	4		4	437,5	363,25	
53	Ziraat	ev:1 ed:1	30	2		32	5	1,5	6,5	2		2	260	228	
54	Ziraat	a:1	25	47		72	7	1,5	8,5	3		3	475	403	
55	Ticaret	ev:1	20	1		21		1	1	3		3	340	319	320 Yarıcılığından
56	Ziraat	ev:1	18	58		76	5	4	9	4		4	317,5	241,5	
57	Ziraat	a:1 ev:1	30	27		57	6	8	14	2		2	680	623	1 hane
58	Kiracı	ev:1	12			12			0	1		1	250	238	250 kiracılığından
59	Ziraat	a:1 ev:1	50	109		159	12	8	20	2		2	7610	7451	1 hane, 2 dükkan
60	Değirmenci	a:1	30	3		33	2	1	3			0	1970	1937	2 asiyab, 2 dibek
61	Kürekçi	a:1	20			20			0			0	200	180	200 kürekçiliğinden
62	Kürekçi	ev:1	15		11,75	26,75			0	1	20	21	120	93,25	120 kürekçiliğinden
63	Ziraat	a:1	20	56		76	4	1,5	5,5	3		3	650	574	

64	Ziraat	a:1 ev:1	25	55		80	4	2,5	6,5	5		5	550	470	
65	Mihancı	ev:1	6	0,5		6,5	1	0,5	1,5			0	220	213,5	200 mihancılığından
66	Değirmenci	ev:1	12	2,5		14,5		0,5	0,5	1		1	300	285,5	280 değirmenciliğinden, 2 asiyab
67	Ziraat	ev:1	12	21		33	4		4	2		2	210	177	
68	Aylakçiyan	ev:1	8	0,5		8,5	2	0,5	2,5	1		1	140	131,5	120 dörtlemeciliğinden
69	Aylakçiyan	ev:1	8	2		10	2	0,5	2,5	1		1	135	125	
70	Papaz	a:1 ed:1	15	16,5		31,5	1,5	2	3,5	1		1	205	173,5	
71	Ziraat	a:1	14	5,5		19,5	4	2	6	3		3	535	515,5	
72	Terzi	ev:1	6	0,5		6,5	2	0,5	2,5			0	220	213,5	200 terziliğinden
73	Hancı	a:1	16	45		61	5	3	8	1		1	800	739	
74	Terzi	ev:1	8			8			0			0	220	212	220 terziliğinden
75	Mutafcı	ev:1	10	1		11		1	1			0	320	309	240 mutafcılıktan
76	Aylakçiyan	ev:1 ed:1	10	0,5		10,5	1	0,5	1,5	1		1	170	159,5	150 kiracılığından
77	Aylakçiyan	ev:1	12	0,5		12,5		0,5	0,5	2		2	200	187,5	160 şundan bundan aldığı
78	Aylakçiyan	ev:1 ed:1	10	21		31	6	0,5	6,5	3		3	230	199	
79	Terzi	ev:1	8			8			0			0	200	192	200 terziliğinden
80	Ziraat	ev:1 ed:1	10	15,5		25,5	2	2	4	5		5	380	354,5	
81	Mihancı	ev:1				0			0			0	320	320	320 mihancılıktan
82	Ziraat	ev:1	12	29,25		41,25	1	1	2	3		3	332,5	291,25	

83	Ziraat	ev:2	15	40,5		55,5	5	2	7	4		4	457,5	402	
84	Ziraat	ev:2	20	23		43	6	1,5	7,5	3		3	270	227	
85	Ticaret	ev:1	10			10			0			0	280	270	280 hizmetkarlığından
86	Aylakçiyan	ev:2	10			10			0	1		1	220	210	220 şundan bundan aldığı
87	Aylakçiyan	a:1	15	15,5		30,5		1,5	1,5	1		1	285	254,5	
88	Aylakçiyan	ev:1	15	1,5		16,5		1	1	2		2	245	228,5	200 şundan bundan aldığı
89	Dülger	ev:2	10			10			0			0	420	410	420 dülgerliğinden
90	Ziraat	ev:2	20	22,25		42,25	6	1	7	3		3	157,5	115,25	
91	Aylakçiyan	ev:1	10	0,5		10,5		0,5	0,5	1		1	220	209,5	200 şundan bundan aldığı
92	Ticaret	ev:1	6			6			0	1		1	240	234	240 şundan bundan aldığı
93	Aylakçiyan	ev:2	12,5	35,25		47,75	2	1,5	3,5	4		4	362,5	314,75	
94	Aylakçiyan	ev:2	8			8		1	1	1		1	280	272	200 şundan bundan aldığı
95	Çiftlikandan	ev:2		48,5		48,5		1	1	3		3	282,5	234	
96	Kiracı	ev:1	12	0,5		12,5		0,5	0,5			0	320	307,5	300 kiracılığından
97	Aylakçiyan	ev:1	20	20,5		40,5	4	1,5	5,5			0	200	159,5	
98	Kiracı	ev:1	15			15		1	1	1		1	350	335	350 kiracılığından
99	Aylakçiyan	ev:1	15	30		45	2	2	4	1		1	370	325	
100	Aylakçiya	ev:1	10	0,5		10,5		0,5	0,5	1		1	290	279,5	250 şundan bundan

	n														aldığı
101	Aylakçiya n	ev:2	10	5,25		15,25	1		1	1		1	212,5	197,25	160 dörtlemeciliğinden
102	Ziraat	ev:1 ed:1	25	112		137		1	1	3		3	560	423	
103	Aylakçiya n	ev:2	15			15	2		2	2		2	220	205	220 dörtlemeciliğinden
104	Aylakçiya n	ev:1	12	0,5		12,5		1	1			0	380	367,5	320 terziliğinden
105	Terzi	ev:1	15	0,5		15,5		0,5	0,5			0	270	254,5	250 terziliğinden
106	Ziraat	ev:1	20	14		34	3		3			0	260	226	120 dülgerliğinden
107	Ziraat	a:1	30	26		56	6	1,5	7,5	3		3	580	524	
108	Semerci	ev:1	12			12			0			0	260	248	260 semerciliğinden
109	Aylakçiya n	ev:1	8	0,5		8,5		0,5	0,5	1		1	154	145,5	150 semerciliğinden
110	Aylakçiya n	ev:1	12,5	0,5		13		0,5	0,5	1		1	160	147	140 günlükçülüğünden
111	Hancı	a:1	16			16			0	1		1	250	234	okunamayan kelime
112	Semerci	ev:1	10			10		0,5	0,5			0	200	190	200 semerciliğinden
113	Aylakçiya n	ev:1	12	0,5		12,5		0,5	0,5			0	260	247,5	250 terziliğinden
114	Aylakçiya n	ev:1				0			0			0	150	150	150 şundan bundan aldığı
115	Aylakçiya n	ev:1				0			0			0	150	150	150 günlükçülüğünden
116	Aylakçiya n	ev:1				0			0			0	140	140	140 şundan bundan aldığı
117	Semerci	ev:2	10			10	4	0,5	4,5	1		1	270	260	250 semerciliğinden
118	Aylakçiya	ev:1	6			6	3		3	2		2	300	294	300 kiracılığından

	n														
119	Saatçi	a:1	15	3		18		3	3	1		1	470	452	250 saatçiliğinden
120	Mihancı	ev:1	15			15			0			0	300	285	300 mihancılığından
121	Terzi	ev:1	10			10		0,5	0,5			0	240	230	220 terziliğinden
122	Mihancı	ev:1	12			12			0			0	220	208	220 mihancılığından
123	Terzi	ev:1	15	1		16		1	1			0	240	224	200 terziliğinden
124	Semerci	ev:1	15			15		0,5	0,5			0	275	260	250 semerciliğinden
125	Mihancı	ev:1 a:1	50	1		51	4	1	5			0	580	529	1 hane
126	Terzi	ev:1	15			15		0,5	0,5			0	270	255	250 terziliğinden
127	Aylakçiyan	a:1 ev:1	40	1		41		1	1			0	440	399	400 şundan bundan aldığı
128	Kürekçi	ev:1	15	0,5		15,5		0,5	0,5			0	330	314,5	300 kürekçiliğinden
129	Aylakçiyan	ev:1		26		26		0,5	0,5	3		3	380	354	120 şundan bundan aldığı
130	Kürekçi	ev:1		29,5		29,5	2	1,5	3,5			0	520	490,5	200 kürekçiliğinden
131	Aylakçiyan	ev:2	40	63		103		0,5	0,5	3		3	655	552	
132	Aylakçiyan	a:1	14			14		0,5	0,5	3		3	300	286	160 dörtlemeciliğinden
133	Ziraat	ev:1	15	56		71	4	0,5	4,5	3		3	560	489	
134	Aylakçiyan	ev:1	10	1,5		11,5		1,5	1,5	1		1	200	188,5	140 şundan bundan aldığı
135	Kiracı	ev:1	15	1		16		1	1	1		1	240	224	220 kiracılığından
136	Aylakçiyan	ev:1	15			15			0	1		1	220	205	220 şundan bundan aldığı
137	Aylakçiyan	ev:1 ed:1				0			0			0	220	220	220 şundan bundan aldığı
138	Mihancı	ev:1	10			10			0			0	400	390	400 mihancılığından

	Ticaret	ev:1				0			0	1		1	180	180	180 hizmetkarlığından
	Ticaret	ev:1				0			0	1		1	180	180	180 hizmetkarlığından
139	Aylakçiya n	ev:1	5			5		0,5	0,5	1		1	160	155	140 şundan bundan aldığı
140	Aylakçiya n	ev:1				0			0	1		1	160	160	160 günlükçülüğünden
141	Aylakçiya n	ev:3				0			0	1		1	225	225	225 hizmetkarlığından
142	Aylakçiya n	ev:2	20	10,5		30,5	5	1	6	2		2	345	314,5	220 şundan bundan aldığı
	Ticaret	ev:1				0		0,5	0,5	1		1	200	200	200 hizmetkarlığından
	Ticaret	ev:3				0			0			0	400	400	400 hizmetkarlığından
143	Aylakçiya n	ev:1		17		17		1	1	1		1	230	213	100 şundan bundan aldığı
144	Aylakçiya n	ev:1				0		0,5	0,5	1		1	150	150	120 kiracılığından
145	Ticaret	ev:1 ed:2				0			0	1		1	350	350	350 hizmetkarlığından
146	Aylakçiya n	ev:1		14		14		0,5	0,5	1		1	260	246	120 şundan bundan aldığı
147	Aylakçiya n	ev:1	5	0,5		5,5		1	1	2		2	240	234,5	220 şundan bundan aldığı
148	Aylakçiya n	ev:1				0			0	1		1	210	210	210 odunculuğundan
149	Terzi	ev:1				0			0			0	320	320	320 terziliğinden

3.1.48. Peçe Karyesi

59 Haneli Müslim karyesi olan Peçe'de 1 imam, 7 hizmetkâr ve ziraat ile uğraşan haneler bulunmaktadır. Bunun yanında 6 hanede meslek ve ya kişi tanımlaması yapılmamıştır. Tablo 48'de görüldüğü gibi 26, 27, 33, 34, 35, 36 numaralı haneler deftere uygun olarak boş bırakılmıştır. Ayrıca karyede 1 hanede "Asâkir-i Nizamiyye" ibaresi bulunmaktadır. Bu tabir ilk askerlik devresini yapmakta olan askerler için kullanılmıştır.[79] Dolayısıyla 17 numaralı hanenin ilk askerlik devresini yapmakta olan asker olduğu anlaşılmaktadır. Ayrıca 59 numaralı hanede "papaz idüğü" ibaresi mevcuttur. Bir papazın Müslim bir karyede bulunması dikkat çekmektedir.

Gayrimüslim hane olmadığından karyede cizye kaydı yoktur. Bunun haricinden alınan toplam vergi-yi mahsusa 1666,5 kuruş, öşür 2785 kuruş, aded-i ağnam ise 1060,5 kuruş olarak hesaplanmıştır. Dolayısıyla toplanan toplam 5512,2 kuruş vergiye karşın hanelerin toplam geliri 32.948 kuruştur. 649,5 dönüm mezru tarla bulunan Peçe'de 148 dönüm diğer arazi mevcuttur. Ayrıca 1045 baş hayvan beslenmektedir. Bunların 170'i büyükbaş, 875'i ise küçükbaştır.[80]

---

[79] **Osmanlıca-Türkçe Ansiklopedik Lugat**, Asâkir-i Nizamiyye, Ankara: Aydın kitabevi, 2011, s.46

[80] Bkz.Başbakanlık Osmanlı Arşivi,ML.VRD.TMT.d.15337

Hane Numara	Meslek	Vergiyi Mahsusa	Öşür	Ağnam	Toplam Vergi	Ekili Arazi	Diğer Arazi	Toplam Arazi	Büyük Baş	Küçük Baş	Toplam Hayvan	Gelir	Kullanılabilir Gelir	Diğer emlak,arazi ve gelirler
1	İmam		33		33	3	2,5	5,5	4		4	329	296	
2	Hizmetkar	6	23		29		2	2			0	152	123	
3	Ziraat	70	111		181		4,5	4,5	5		5	1400	1219	
4	Ziraat	28	44		72	7	4	11	5		5	484	412	
5	Ziraat	65	115,5	76,8	257,3	20	5,5	25,5	5	58	63	1630	1372,7	
6	Ziraat	30	63	28,1	121,1	20	3	23	3	15	18	845	723,9	
7	Ziraat	40	76,5		116,5	10	4	14	4		4	815	698,5	
8	Ziraat	70	90,5		160,5	40	4,5	44,5	4		4	1160	999,5	
9	Ziraat	15	48,5		63,5	9	2,5	11,5	2		2	440	376,5	
10	Ziraat	35	40,5		75,5	4	2	6	3		3	480	404,5	
11	Ziraat	26	48		74	12	2	14	2		2	505	431	
12	Ziraat	39	37		76	8	2,5	10,5	3		3	425	349	
13	Ziraat	25	37		62	6	3	9	3		3	445	383	
14	Ziraat	75	98,25	25	198,25	20	3	23	5	40	45	735	536,75	
15	Ziraat	20	25		45	6	2	8	3		3	300	255	
16	Ziraat	20	24,5		44,5	1	1	2	2		2	193	148,5	
17	Asakiri Nizamiyye	25	47,5		72,5	8	3	11	2		2	439	366,5	
18	Ziraat	22	38,5		60,5	6	1,5	7,5	3		3	534	473,5	
19	Ziraat	8	19,5		27,5	3	1	4	1		1	180	152,5	
20	Ziraat	50	66		116	10	3,5	13,5	5		5	985	869	
21	Ziraat	25	33		58	4	2,5	6,5	3		3	297	239	
22	Ziraat	12	24,5		36,5		1,5	1,5	1		1	216	179,5	
23	Ziraat	18	33		51	8	1,5	9,5	4		4	341	290	
24	Ziraat	60	71,25	46	177,25	20	6	26	5	23	28	1064	886,75	
25	Ziraat	30	45	11,1	86,1	8	2	10	4	5	9	457	370,9	
26		16			16	0,5	0,5	1	2		2	75	59	

27						140						925		925 şerikinden aldığı
28	Ziraat	50	146,5	106,9	303,4	10	4,5	14,5	7	72	79	1634	1330,6	450 şeriki tenzili
29	Ziraat	50	111	45	206	4	5,5	9,5	4	24	28	1461	1255	475 şeriki tenzili
30	Ziraat	20	55,5	12,25	87,75	14	2,5	16,5	6	20	26	660	572,25	
31	Ziraat	18	78,5		96,5	15	3	18	2		2	599	502,5	
32	Hizmetkar	16	111,3		127,25		1	1	1	67	68	244	116,75	
33		100	104		204	60	6,5	66,5			0	1105	901	
34		8	25	25	58		2	2	3	6	9	264	206	
35		9	73	15	97		4	4	1	11	12	354	257	
36		2,5	13		15,5		2,5	2,5	3		3	131	115,5	
37	Hizmetkar	15	24,5		39,5	5	1,5	6,5	2		2	250	210,5	200 hizmetkarlığından
38	Hizmetkar	18	12,5		30,5		1,5	1,5	2		2	300	269,5	100 hizmetkarlığından
39	Ziraat	25	24,5		49,5	5	1,5	6,5	3		3	360	310,5	
40	Hizmetkar	10			10			0	2		2	100	90	100 hizmetkarlığından
41	Hizmetkar	6	12		18		0,5	0,5			0	160	142	
42	Ziraat	25	12,5	46,8	84,3	20	1,5	21,5	2	39	41	220	135,7	
43	Ziraat	50	25	45	120	12	3	15	3	33	36	1035	915	
44	Ziraat	50	61	39,2	150,2	15	3	18	4	36	40	670	519,8	
45	Ziraat	30	23	22,5	75,5	8	2,5	10,5	2	18	20	650	574,5	
46	Hizmetkar	20	1		21	2		2	2		2	460	439	400 hizmetkarlığından
47	Ziraat	25	49	28,1	102,1	8	2	10	2	24	26	395	292,9	
48	Ziraat	30	36,5	61,8	128,3	8	2,5	10,5	3	54	57	385	256,7	
49	Ziraat	25	61		86	10	3	13	4		4	630	544	
50	Ziraat	30	59,5	88,1	177,6	16	2	18	2	66	68	585	407,4	

51	Ziraat	50	59,5	46,8	156,3	15	2	17	5	34	39	685	528,7	
52	Ziraat	25	46	22,5	93,5	4	2	6	2	19	21	470	376,5	
53	Ziraat	25	39	11	75	6	2	8	3	9	12	440	365	
54	Ziraat	25	52,5	61,8	139,3	5	2,5	7,5	3	45	48	573	433,7	
55	Ziraat	30	47	57,1	134,1	6	2,5	8,5	3	47	50	510	375,9	
56	Ziraat	18	51	16,8	85,8	10	2	12	1	16	17	609	523,2	
57	Ziraat	15	25	52,5	92,5	8	3,5	11,5	1	42	43	472	379,5	200 hizmetkarlığından
58	Ziraat	16	51	24,3	91,3	5	2,5	7,5	4	18	22	437	345,7	
59	Papaz		1	45	46	5	2	7	5	34	39	249	203	

3.1.49. Burulcuva Karyesi

16 haneli Burulcuva karyesinde çiftlikandan diye kaydedilen çiftlik sahipleri, belirli bir payla ortak bir şekilde bir çiftlik sahibinin toprağını ekip biçen ashab-ı ziraat ve bu hanelerin hizmetkârları yer almaktadır. Karyede 3 çiftlik sahibi hane bulunmaktadır. Tablo 49'de görüldüğü gibi 1, 12 ve 15. Haneler çiftlik sahipleridir. Hizmetkârlar dışındaki çiftçi (ashab-ı ziraat) haneler ise bu çiftlik sahipleri ile ortak tarla ekip biçerek gelir elde etmektedirler. Bu durum defterlerde verdikleri paylar mucibince düşülen "şeriki tenzili" kayıtlarından anlaşılmaktadır. Tablo 49'da da bu paylar, diğer emlak, arazi ve gelirler sütununda şeriki tenzili olarak yer almaktadır. Gayrimüslim hanelerin oluşturduğu Burulcuva karyesinde toplanan cizyelerin yanı sıra toplam 1460 kuruş vergi-yi mahsusa, 1721 kuruş öşür ve 230,64 kuruş aded-i ağnam toplanmıştır. Dolayısıyla toplam vergi 3411,39 kuruş olarak hesaplanmıştır. Hanelerin yıllık temettuatı ise 20.007,5 kuruştur. 599 dönüm mezru tarlanın bulunduğu bu karyede diğer araziler ise 63 dönümdür. Bunun yanında karyede toplam 339 baş hayvan bakılmaktadır. Bunların 111'i büyükbaş, 228'i ise küçükbaştır.[81]

---

[81] Bkz.Başbakanlık Osmanlı Arşivi,ML.VRD.TMT.d.15338

Hane Numara	Meslek	Cizye	Vergiyi Mahsusa	Öşür	Ağnam	Toplam Vergi	Ekili Arazi	Diğer Arazi	Toplam Arazi	Büyük Baş	Küçük Baş	Toplam Hayvan	Gelir	Kullanıla bilir Gelir	Diğer emlak,arazi ve gelirler
1	Çiftlikandan			609,5		609,5	39	21	60	28		28	1127 7	10667,5	4582 Şerikinden aldığı
	Ticaret	ev:1	30			30		1	1	3		3	395	365	395 Hizmetkarlığından
	Ticaret	ev:1				0			0	1		1	250	250	250 Hizmetkarlığından
	Ticaret	ev:1				0			0	3		3	250	250	250 Hizmetkarlığından
2	Ziraat	ev:1	40	82		122	25	3	28	4		4	439	317	370 şeriki tenzili
3	Ziraat	ev:1	120	77	37,5	234,5	25	3	28	5	20	25	485	250,5	335 şeriki tenzili
4	Ziraat	a:1	120	120	46,8	286,8	25	3,5	28,5	7	40	47	700	413,2	580 şeriki tenzili
5	Ziraat	ev:1	120	109	24,3	253,3	25	3,5	28,5	5	19	24	620	366,7	525 şeriki tenzili
6	Ziraat	ev:1	120	111,8		231,75	30	3	33	4	20	24	540	308,25	440 şeriki tenzili
7	Ziraat	a:1	120	114	28,12	262,12	30	4	34	4	25	29	670	407,88	550 şeriki tenzili
8	Ziraat	ev:1	60	67	24,3	151,3	25	4	29	7	23	30	315	163,7	315 şeriki tenzili
9	Ziraat	ev:1	120	90,5	15	225,5	25	4	29	4	12	16	484, 5	259	432,5 şeriki tenzili
10	Ziraat	ev:1	120	97,5		217,5	25	3	28	5		5	541, 5	324	467,5 şeriki tenzili
	Hizmetkar	ev:1	60			60			0	3		3	300	240	300 hizmetkarlığından
11	Ziraat	a:1	120	117,5	28,12	265,62	25	4	29	6	15	21	687, 5	421,88	567,5 şeriki tenzili
12	Çiftlikandan					0	120		120	2		2	390	390	
13	Ziraat	ev:1	120	52,5	26,5	199	60	1	61	5	19	24	302	103	242,5 şeriki tenzili
14	Ziraat	ev:1	120	31,5		151,5	60	1	61	3		3	210	58,5	128 şeriki tenzili

	Hizmetkar	ed:1	10			10		2	2	5	15	20	505	495	400 hizmetkarlığından
	Hizmetkar	ev:1				0		0,5	0,5	2		2	182	182	150 hizmetkarlığından
15	Çiftlikandan					0	60		60			0	190	190	
16	Ziraat	ev:1	60	41		101		1,5	1,5	5	20	25	274	173	190 şeriki tenzili

3.1.50. Diniçe Karyesi

101 haneli Diniçe karyesinde haneleri tanımlayan meslek kayıtlarında İmam vekili, İmam, Çiftçi, Tüccar, Hizmetkâr, Kahveci, Hancı, Semerci ve Asakir-i Nizamiyye bulunmaktadır. Defterde 67 numaralı kişiden sonra hane numarası konulmamıştır. Tablo 50'de de deftere uygun biçimde hane 67'den sonra hane numara sütunu boş bırakılmıştır. Hanelerin zirai gelirlerinin yanı sıra emlak gelirlerinin de bulunduğu Diniçe'de toplam yıllık temettuat 56.933 kuruş olarak hesaplanmıştır. Buna karşın alınan toplam vergi ise 6941,5 kuruştur. Bu verginin 3851,5 kuruşu vergi-yi mahsusa, 3090 kuruşu öşürdür. Aded-i ağnam ise bulunmamaktadır. Karyede 724 dönüm mezru tarla ekilirken 239,5 dönüm diğer arazilerdir. Diğer arazilerin içerisinde 67. Hanede diğer karyelerde pek fazla rastlanmayan yaylak bulunmaktadır. Diniçe'de hanelerin çoğunda büyükbaş hayvan vardır. Sadece birkaç hanede bulunan küçükbaş hayvanların toplamı 174'dür. Toplam büyükbaş hayvan sayısı ise 253'tür.[82]

---

[82] Bkz.Başbakanlık Osmanlı Arşivi,ML.VRD.TMT.d.15339

Hane Numara	Meslek	Cizye	Vergiyi Mahsusa	Öşür	Toplam Vergi	Ekili Arazi	Diğer Arazi	Toplam Arazi	Büyük Baş	Küçük Baş	Toplam Hayvan	Gelir	Kullanılabilir Gelir	Diğer emlak,arazi ve gelirler
1	İmam Vekili, İmam		75	58	133	12	4	16	4		4	612	479	
2	Ticaret			1	1		1	1			0	282	281	250 Ticaretten
3	Ziraat		53	25,5	78,5	7	3	10	7		7	994	915,5	
4	Ziraat		45	14	59	15	3,5	18,5	2		2	847	788	
5	Ziraat		65	97,5	162,5	8	5	13	7		7	1465	1302,5	
6	Ziraat		100	73	173	15	5,5	20,5	5		5	881	708	
7	Ziraat		220	122,5	342,5	30	9	39	4		4	2403	2060,5	
8	Ticaret				0			0			0	316	316	316 Hizmetkarlığından
9	Ziraat		70	103	173	15	6,5	21,5	1		1	1440	1267	
9	Ziraat		32	36,5	68,5	3	1,5	4,5	2		2	311	242,5	
10	Ziraat		75	101	176	14	6,5	20,5	6		6	1274	1098	
11	Ticaret				0		0,5	0,5	1		1	300	300	290 hizmetkarlığından
12	Ziraat		30	50	80	6	2,5	8,5	3		3	621	541	
12	Ziraat		60	64	124	12	3	15	3		3	666	542	
13	Ziraat		70	91	161	13	3	16	5		5	880	719	
14	Ziraat		36	48	84	8	1,5	9,5	3		3	496	412	
15	Ziraat		100	143	243	25	6,5	31,5	7		7	2125	1882	
16	Ticaret				0			0			0	126	126	126 hizmetkarlığından
17	Ziraat		130	62	192	19	8	27	6		6	1060	868	
18	Ticaret				0			0			0	130	130	130 hizmetkarlığından
19	Ziraat		60	57	117	4	2,5	6,5	5		5	570	453	
20	Ziraat		10		10	3	1,5	4,5	4		4	114	104	
21	Ziraat		60	35	95	10	2,5	12,5	6		6	504	409	

22	Ziraat		30	19	49	7	1	8			0	310	261	
23	Ziraat		65	65,5	130,5	15	5	20	5		5	1199	1068,5	
24	Hizmetkar		10		10		1	1	2		2	316	306	200 hizmetkarlığından
25	Hizmetkar				0		1	1	1		1	166	166	150 hizmetkarlığından
26	Hizmetkar		12		12			0	3		3	400	388	400 hizmetkarlığından
27	Ticaret		15		15		1,5	1,5	1		1	230	215	100 Ticaretten
28	Ticaret		15	3,5	18,5	3	0,5	3,5	1		1	95	76,5	
29	Ziraat		24	25,5	49,5	4	1	5	3		3	271	221,5	
30	Ziraat		20	29,5	49,5	4	1,5	5,5	3		3	420	370,5	
31	Ziraat		35	21,5	56,5	5	2	7	2		2	331	274,5	
32	Ziraat		35	17,5	52,5	5		5	3		3	175	122,5	
33	Ziraat		10		10	3	0,5	3,5			0	66	56	
34	Ziraat		20	8	28	4	1	5			0	96	68	
35	Ziraat		1,5		1,5	3		3			0	50	48,5	
36	Ziraat		20	11,5	31,5	2	2	4	4		4	221	189,5	
37	İmam		220	212,5	432,5	50	10,5	60,5	5	71	76	2895	2462,5	
38	Ticaret				0			0	2		2	310	310	310 Hizmetkarlığından
39	Ticaret				0			0	1	6	7	310	310	310 Hizmetkarlığından
40	Ticaret				0			0	1	20	21	220	220	220 Hizmetkarlığından
41	Çiftlikandan				0	16	1,5	17,5			0	86	86	
42	Ziraat		60	28	88	14	4,5	18,5	3		3	575	487	
43	Ticaret		16		16		1	1			0	266	250	250 Hizmetkarlığından

44	Ziraat		30	14	44	4	1	5	2		2	216	172	
45	Ziraat		30	26	56	4	2,5	6,5	4		4	416	360	
46	Hizmetkar		10		10		1	1	1		1	266	256	250 Hizmetkarlığından
47	Ticaret		10		10			0	1		1	100	90	100 Hizmetkarlığından
48	Hizmetkar		25		25		1	1	2		2	232	207	200 Hizmetkarlığından
49	Ziraat		60	90	150	12	3,5	15,5	5		5	1414	1264	
50	Ziraat		40	25,5	65,5	8	1	9	3		3	395	329,5	
51	Ziraat		20	25	45	3	1	4	1		1	282	237	
52	Hizmetkar		5		5			0	1		1	100	95	100 hizmetkarlığından
53	Ziraat		20	22,5	42,5	3	1	4	4		4	360	317,5	
54	Hizmetkar				0		0,5	0,5	1		1	124	124	70 Hizmetkarlığından
55	Ziraat		30	2	32	2,5	2,5	5	3		3	137	105	
56	Ziraat		50	36	86	6	1,5	7,5	2		2	386	300	
57	Ziraat		20	11,5	31,5	3	1	4			0	115	83,5	
58	Ziraat		60	43,5	103,5	10	4	14	4		4	724	620,5	
	Hizmetkar				0			0			0	310	310	310 Hizmetkarlığından
59	Ziraat		75	84,5	159,5	16	6,5	22,5	5		5	1584	1424,5	
	Çiftlikandan		85	91,5	176,5	25	1	26			0	995	818,5	
60	Ziraat		58	49	107	10	3,5	13,5	5		5	872	765	
61	Ziraat		50	72,5	122,5	1	3	4	5		5	539	416,5	
62	Ziraat		50	40	90	9	2,5	11,5	4		4	654	564	
63	Ziraat		70	64	134	13	2	15	5		5	885	751	
64	Ziraat		15	10,5	25,5	3	1	4	2		2	135	109,5	
65	Kahveci		20	6	26	1	1	2			0	96	70	
66	Ziraat		200	153,5	353,5	40	9	49	5		5	1857	1503,5	

	Ticaret	ev:1			0			0	2		2	310	310	310 Hizmetkarlığından
67	Ziraat		300	281	581	60	15	75	7		7	3424	2843	1 sabuncu dükkanı
	Ticaret	ev:1			0			0			0	310	310	310 Hizmetkarlığından
	Ticaret	ev:1			0			0			0	300	300	300 Hizmetkarlığından
	Çiftlikandan		50	40	90	15	2	17			0	536	446	
	Asakiri Nizamiyye		10	16	26	4	0,5	4,5			0	175	149	
	Ziraat	a:1	30		30		2,5	2,5	2		2	174	144	
	Ziraat				0	6		6	3		3		0	
	Ziraat	ev:1	50	61,5	111,5	30	0,5	30,5	8	34	42	647	535,5	
	Ziraat		20	24	44	20	1,5	21,5	7	23	30	474	430	
	Ziraat	ev:1	20	22,5	42,5	8		8	1	8	9	225	182,5	
	Ziraat	ev:1	20	14	34	15	0,5	15,5	8	12	20	156	122	
	Ziraat	ev:1	20	17,5	37,5	20	0,5	20,5	1		1	185	147,5	
	Hizmetkar	ev:1	10		10		1,5	1,5			0	264	254	150 Hizmetkarlığından
	Hizmetkar	ev:1			0		1	1			0	216	216	150 Hizmetkarlığından
	Hizmetkar	ev:1	12		12		1,5	1,5	1		1	156	144	100 Hizmetkarlığından
	Hizmetkar	ev:1	25		25		2	2	1		1	245	220	125 Hizmetkarlığından
	Ticaret	ev:1	20		20		4,5	4,5	2		2	340	320	
	Ticaret	ev:1	20	3	23	2	2,5	4,5	1		1	330	307	
	Ticaret	a:1	15		15		4,5	4,5	2		2	510	495	
	Ticaret	ev:1	10		10		0,5	0,5	1		1	460	450	400 ticaretten
	Hancı	a:1	30		30		3,5	3,5	1		1	745	715	1 hane

	Hancı	a:1	30		30		2,5	2,5			0	810	780	1 hane
	Ticaret	ev:1	10		10		1,5	1,5	4		4	232	222	
	Ziraat	ev:1	10	13,5	23,5	2	2	4	3		3	215	191,5	
	Ziraat	ev:1	7	1	8	1	1,5	2,5	1		1	232	224	
	Ziraat	ev:1	30	75	105	6	1	7	3		3	850	745	
	Ticaret	ev:1		15	15		2	2			0	228	213	
	Semerci	ev:1	20		20		1,5	1,5			0	266	246	210 semerciliğinden
	Semerci	ev:1	20		20		1,5	1,5	1		1	300	280	150 semerciliğinden
	Hizmetkar	ev:1			0		1,5	1,5			0	200	200	150 Hizmetkarlığından
	Ziraat	ev:1	25		25	2,5	3	5,5	1		1	286	261	
	Hizmetkar	ev:1	6		6		2	2			0	270	264	150 Hizmetkarlığından
	Ziraat	ev:1	20		20		1	1	1		1	250	230	250 Hizmetkarlığından
	Hizmetkar	ev:1	5		5		0,5	0,5			0	182	177	150 Hizmetkarlığından
	Hizmetkar	ev:1	10		10		2	2	1		1	274	264	100 hizmetkarlığından
	Hizmetkar	ev:1			0		1,5	1,5			0	232	232	200 hizmetkarlığından
	Hizmetkar	ev:1	8		8		2	2			0	204	196	150 Hizmetkarlığından
	Ziraat		40	14,5	54,5	5	3	8	1		1	975	920,5	1 hane
	Ziraat	ev:1	16		16		1,5	1,5	3		3	126	110	

3.1.51. Dikdel Karyesi

Kocabaşı, Aylakçı ve Çitlikandan hanelerin bulunduğu Dikdel karyesinde 1405,8 kuruş vergi alınmıştır. Bunun yanında nüfusun tamamı gayrimüslim olduğu için cizye resmi de toplanmıştır. Toplam vergi-yi mahsusanın 256 kuruş olduğu karyede öşür 424,5 aded-i ağnam ise 725,3'tür. Çiftlikte yaşayan hanelerin çoğunluğu oluşturduğu Dikdel'de yıllık toplam temettuat 5455 kuruş olarak hesaplanmıştır. 233 dönüm mezru tarla bulunmaktadır. Diğer araziler diye sınıflandırılan tarlalardan mevcut değildir. 101'i büyükbaş 520'si küçükbaş olmak üzere Dikdel'de toplam 621 baş hayvan bulunmaktadır.[83]

Ayrıca "çiftlikandan idüğü" diye kaydedilen hanelerin ikisinde "şundan bundan günlükçülüğünden" diye ifade edilen gelirler bulunmaktadır. Dolayısıyla "çiftlikan" tabiri sosyal statüden daha çok bahsi geçen kişinin çiftlikte yaşadığı anlamına gelmektedir. Bu kişiler geliri yüksek toprak sahipleri olabiliyorken aynı zamanda günlükçülüğünden geliri olan düşük gelirli aileler de olabilmektedir.

---

[83] Bkz.Başbakanlık Osmanlı Arşivi,ML.VRD.TMT.d.15340

Hane Numara	Meslek	Cizye	Vergiyi Mahsusa	Öşür	Ağnam	Toplam Vergi	Ekili Arazi	Toplam Arazi	Büyük Baş	Küçük Baş	Toplam Hayvan	Gelir	Kullanılabilir Gelir	Diğer emlak,arazi ve gelirler
1	Kocabaşı	ev:2	40	37,5	56,25	133,75	25	25	1	46	47	350	216,25	
2	Çiftlikandan	ev:3 ed:3 a:1	40	93	140,3	273,3	40	40	19	66	85	930	656,7	
3	Çiftlikandan	ev:1 a:1 ed:1	35	55	82,5	172,5	25	25	12	64	76	930	757,5	
4	Çiftlikandan	ev:2	20	37	30	87	15	15	1	24	25	520	433	150 şundan bundan günlükçülüğünden
5	Çiftlikandan	ev:2	25	39	78,75	142,75	22	22	8	60	68	430	287,25	
6	Çiftlikandan	ev:1 ed:1		14,5		14,5	12	12	9		9	145	130,5	
7	Çiftlikandan	ev:2		20,75		20,75	12	12	6		6	357,5	336,75	150 şundan bundan günlükçülüğünden
8	Çiftlikandan	ev:1 a:1	24	37	116,25	177,25	25	25	10	90	100	390	212,75	
9	Çiftlikandan	ev:1 ed:1	42	34,75	112,5	189,25	25	25	11	86	97	347,5	158,25	
10	Çiftlikandan	ev:1	30	36,5	67,5	134	20	20	11	50	61	365	231	
11	Çiftlikandan	ev:1		19,5	41,25	60,75	12	12	8	34	42	190	129,25	
12	Aylakçiyan	ev:2				0		0	3		3	250	250	250 şundan bundan günlükçülüğünden
13	Aylakçiyan	ev:1				0		0	2		2	250	250	250 şundan bundan günlükçülüğünden

3.1.52. Bala Karyesi

1 kocabaşı ve "Ashabı ziraat" ile "Aylakçiyan" diye kayıt edilen hanelerin yaşadığı 62 haneli bu karyede gayrimüslimler yaşamaktadır. Verilen cizye resimlerinin yanında toplam 7381,5 kuruş vergi toplanmıştır. Buna karşılık elde edilen toplam temettuat 42.346,5 kuruş olarak hesaplanmıştır. Bala'nın toplanan toplam vergi-yi mahsusası ise 2158,5 kuruştur. Karyede 1043 dönümü mezru tarla, 103 dönümü diğer araziler olan toplam 1146 dönüm arazi ekilmektedir. Bu araziden elde edilen hasat için toplanan öşür miktarı 3169 kuruştur. Küçükbaş hayvanların bulunduğu karyede aded-i ağnam ise 2054 kuruş olarak hesaplanmıştır. Toplam büyükbaş hayvan sayısı 218 iken küçükbaş hayvanların sayısı 1629'dur.[84]

[84] Bkz.Başbakanlık Osmanlı Arşivi,ML.VRD.TMT.d.15341

Hane Numara	Meslek	Cizye	Vergiyi Mahsusa	Öşür	Ağnam	Toplam Vergi	Ekili Arazi	Diğer Arazi	Toplam Arazi	Büyük Baş	Küçük Baş	Toplam Hayvan	Gelir	Kullanılabilir Gelir	Diğer emlak,arazi ve gelirler
1	Kocabaşı	ev:1 ed:2	20	35	33,75	88,75	12	1,5	13,5	3	26	29	475	386,25	
2	Ziraat	a:1 ev:1 ed:1	35	71,75	75	181,75	15	3	18	6	55	61	1132	950,25	
3	Ziraat	ev:1 ed:1	37	52,25	123,75	213	35	3,5	38,5	8	100	108	885	672	
4	Ziraat	a:1 ev:2 ed:1	53	90	74,3	217,3	31	3	34	5	80	85	1360	1142,7	
5	Ziraat	a:1 ev:2 ed:1	65	126	46,8	237,8	35	4	39	3	35	38	1710	1472,2	
6	Ziraat	ev:2	35	89,5	33	157,5	20	1,5	21,5	3	25	28	1040	882,5	
7	Ziraat	ev:2	55	127,5	101,25	283,75	40	3,5	43,5	4	70	74	1590	1306,25	
8	Ziraat	ev:1	30	86,5	39,25	155,75	25	3	28	3	31	34	1091	935,25	
9	Ziraat	ev:2	35	61,5	24,6	121,1	20	2	22	4	20	24	665	543,9	
10	Ziraat	ev:2 ed:1	42	67,25	18,75	128	25	3,5	28,5	3	14	17	1272,5	1144,5	
11	Aylakçiyan	ev:1	18	14,25	9,3	41,55	6	0,5	6,5		9	9	297,5	255,95	120 dörtlemeciliğinden
12	Ziraat	ev:1 ed:1	48	67,75	45	160,75	25	2,5	27,5	6	36	42	847,5	686,75	
13	Ziraat	ev:1	24	19,75	28,1	71,85	12	0,5	12,5	3	21	24	252,5	180,65	
14	Aylakçiyan	ev:1	12			12		1	1			0	200	188	200 dörtlemeciliğinden
15	Ziraat	ev:1 ed:1	44	61	56,25	161,25	20	2,5	22,5	3	50	53	800	638,75	
16	Ziraat	ev:1 ed:1 a:1	90	77,5	60	227,5	30	1,5	31,5	5	32	37	775	547,5	
17	Ziraat	ev:1	34	53,75	37,5	125,25	20	1	21	4	28	32	672,5	547,25	
18	Ziraat	ev:1	36	60,75	26,25	123	20	1,5	21,5	5	22	27	807,5	684,5	
19	Ziraat	a:1 ev:1	52	80,75	63,75	196,5	20	2	22	6	58	64	987,5	791	
20	Ziraat	ev:2	24	50,75		74,75	17	1	18	2		2	612,5	537,75	
21	Ziraat	ev:1 ed:1	28	61,75	33,75	123,5	12	1	13	2	24	26	732,5	609	

22	Ziraat	ed:1	24	28	20,6	72,6	12	1	13	2	14	16	402,5	329,9	
23	Aylakçiyan	ev:2	23	21	43,1	87,1	8	0,5	8,5			0	470	382,9	200 hizmetkarlığından
24	Ziraat	ev:1 ed:1	41	45	13,1	99,1	18	1,5	19,5	3	28	31	657,5	558,4	
25	Ziraat	ev:3 ed:1	42	62	48,75	152,75	20	1	21	2	14	16	745	592,25	
26	Ziraat	ev:2	40	68,75	33,75	142,5	20	1	21	5	31	36	787,5	645	
27	Ziraat	ev:1	25	47,75	78,75	151,5	12	1,5	13,5	7	26	33	717,5	566	
28	Ziraat	ev:4 ed:1	90	93,5	33	216,5	30	2	32	7	52	59	1105	888,5	
29	Ziraat	ev:1	30	64,5	28,1	122,6	20	1,5	21,5	4	28	32	730	607,4	
30	Ziraat	ev:3 ed:1	24	24,25		48,25	15	1,5	16,5	2	23	25	307,5	259,25	
31	Ziraat	ev:1	12	18,75	15	45,75	8	1,5	9,5	2		2	232,5	186,75	
32	Ziraat	ev:1	12	15,75		27,75	6	0,5	6,5	2	8	10	237,5	209,75	
33	Aylakçiyan	ev:1	12	11,25		23,25	8	0,5	8,5			0	187,5	164,25	
34	Ziraat	ev:1	12		35,3	47,3	3	0,5	3,5		20	20	260	212,7	200 hizmetkarlığından
35	Ziraat	ev:3	24	55,5	24,6	104,1	20	2,5	22,5	2	31	33	665	560,9	
36	Ziraat	ev:1	23	24,25	45	92,25	15	0,5	15,5	2	19	21	302	209,75	
37	Ziraat	ev:1 ed:1	36	38,5		74,5	18	0,5	18,5	2	32	34	455	380,5	
38	Ziraat	ev:2	32	27,75		59,75	16	0,5	16,5	2		2	377,5	317,75	
39	Ziraat	ev:1 ed:1	20	24,25		44,25	12	0,5	12,5	2		2	322,5	278,25	
40	Ziraat	ev:2 ed:1	20	23,75		43,75	10	0,5	10,5	2		2	307,5	263,75	
41	Ziraat	ev:1 ed:1	50	69	60	179	30	2	32	3	42	45	750	571	
42	Ziraat	ev:3 ed:2	65	132,5	37,5	235	25	3	28	4	30	34	1495	1260	
43	Ziraat	ev:2	35	45,5	6,5	87	18	2	20	3		3	715	628	
44	Aylakçiyan	ev:2	16	16,5	42,8	75,3	6	1,5	7,5	1	31	32	235	159,7	
45	Ziraat	ev:1 ed:1	36	51	33,75	120,75	12	2,5	14,5	4	28	32	565	444,25	
46	Ziraat	ev:2 ed:1	45	57,25	37,5	139,75	25	1,5	26,5	3	30	33	712,5	572,75	

47	Ziraat	a:2 ev:4 ed:4	150	211,5	140,6	502,1	40	4,5	44,5	23	115	138	2660	2157,9	
48	Ziraat	ev:3 ed:2	48	120	131,25	299,25	25	2,5	27,5	8	94	102	1405	1105,75	
49	Ziraat	ev:3	25	22,5		47,5	10	1	11	3		3	325	277,5	
50	Ziraat	ev:3	40	66	50,3	156,3	16	1	17	6	39	45	855	698,7	
51	Aylakçiyan	ev:1	5			5	4	0,5	4,5	1		1	40	35	
52	Aylakçiyan	ev:2	18	22,75		40,75	10	0,5	10,5	5		5	287,5	246,75	
	Ticaret	ev:1	11			11	2	0,5	2,5			0	260	249	220 şundan bundan gündelikçiliğinden
53	Ziraat	ev:2 ed:2	25	71	51,3	147,3	15	2,5	17,5	5	40	45	660	512,7	
54	Ziraat	ev:1	20	15,75		35,75	8	3	11	3		3	397,5	361,75	
55	Ziraat	ev:2	35	45,25	21,25	101,5	16	1,5	17,5	3	20	23	572,5	471	
56	Ziraat	ev:1	20	29,5		49,5	14	1,5	15,5	3		3	400	350,5	
57	Ziraat	ev:1 ed:1	23	44	52,5	119,5	20	3	23	5	39	44	560	440,5	
58	Ziraat	ev:2	55	58,25	18,75	132	20	2,5	22,5	3	14	17	782,5	650,5	
59	Ziraat	ev:2	30	23,5	20,6	74,1	8	1,5	9,5	2	13	15	315	240,9	
60	Aylakçiyan	ev:1	12			12		0,5	0,5	1	12	13	310	298	250 kiracılığından
61	Aylakçiyan	ev:1 ed:1	20,5			20,5		0,5	0,5	2	20	22	180	159,5	120 dörtlemeciliğinden
62	Aylakçiyan	ev:1 ed:1	15	17,5		32,5	8	0,5	8,5	1		1	455	422,5	200 şundan bundan gündelikçiliğinden

3.1.53. Zekance Karyesi Ashab çiftliği

5 çiftlik sahibi Müslüman hanenin yanı sıra, gayrimüslim hizmetkârlar ve çiftlik sahiplerinin toprağını eken gayrimüslim çiftçilerin (ashab-ı ziraat) oluşturduğu bu karyede toplam 24 hane bulunmaktadır. Ayrıca 22 ve 24.hanelerde bulunan "doğancıyan reayasından" kaydı dikkat çekmektedir. Doğancı, İmparatorluk döneminde padişahın avcı kuşlarını yetiştiren, bunlara bakan ve av törenlerinde yardım eden görevlilere verilen addır. [85] Defterdeki bu kişilerin eskiden doğancı olduğu düşünülmektedir. Ekilen toplam 599 dönüm mezru tarlanın 486 dönümü 5 Müslüman çiftlik sahibi hanelere aittir. Diğer araziler ise 72 dönümdür. Bunun yanında toplanan toplam öşür 1257 kuruştur. Vergi-yi mahsusanın 1526 kuruş olduğu karyede aded-i ağnam ise 492,73 kuruştur. Dolayısıyla toplam vergi 3275,73 kuruş olarak hesaplanmıştır. Buna karşın hanelerin toplam geliri 14.144,5 kuruştur. Ayrıca yetiştirilen 499 baş hayvanın 113'ü büyükbaş, 386'sı küçükbaştır.[86]

---

[85] **Ötüken Türkçe Sözlük**, "Doğancı", İstanbul: Ötüken Neşriyat, 2007,s.1257
[86] Bkz.Başbakanlık Osmanlı Arşivi,ML.VRD.TMT.d.15342

Hane Numara	Meslek	Cizye	Vergiyi Mahsusa	Öşür	Ağnam	Toplam Vergi	Ekili Arazi	Diğer Arazi	Toplam Arazi	Büyük Baş	Küçük Baş	Toplam Hayvan	Gelir	Kullanılabilir Gelir	Diğer emlak,arazi ve gelirler
1	Çiftlikandan		464	189,5		653,5	200	12	212	12		12	2197,5	1544	1 Taş asiyab, 647,5 Şerikinden aldığı
	Ticaret	ev:1		2		2		0,5	0,5	3		3	240	238	240 Hizmetkarlığından
	Ticaret	ev:1				0			0	1		1	240	240	240 Hizmetkarlığından
	Ticaret	ev:1				0			0			0	240	240	240 Hizmetkarlığından
2	Ziraat	a:1	30	60,5	65,6	156,1		2,5	2,5	5	50	55	302,5	146,4	232,5 şeriki tenzili
3	Ziraat	a:1	30	61,5	41,12	132,62	1	1,5	2,5	7	22	29	640	507,38	1 taş asiyab
4	Ziraat	ev:1	30	15,5		45,5		2,5	2,5	3		3	201	155,5	60 şeriki tenzili
5	Ziraat	ev:1	15			15	15	2,5	17,5	2		2		-15	
6	Ziraat	ev:1	30	70	18,75	118,75		2,5	2,5	4	10	14	485	366,25	355 şeriki tenzili
7	Değirmenci	ev:1	15	20		35		1,5	1,5	3		3	365	330	200 değirmenciliğinden
8	Hizmetkar	ev:1	6	8	9,3	23,3		2,5	2,5	2	10	12	295	271,7	200 hizmetkarlığından
9	Çiftlikandan		487	148		635	200	12	212	9		9	2294,5	1659,5	749,5 şerikinden aldığı
	Ticaret	ev:1				0			0			0	240	240	240 Hizmetkarlığından
	Ticaret	ev:1				0			0			0	240	240	240 Hizmetkarlığından
	Ticaret	ev:1				0			0			0	240	240	240 Hizmetkarlığından
10	Ziraat	a:1	25	46,5	18,6	90,1		1	1	4	15	19	222,5	132,4	162,5 şeriki tenzili
11	Ziraat	a:1	20	83	103,12	206,12		3,5	3,5	9	75	84	575	368,88	280 şeriki tenzili

12	Ziraat	a:1	18	60,5	31,88	110,38		2,5	2,5	7	27	34	307,5	197,12	172,5 şeriki tenzili
13	Ziraat	ev:1	20	68,5	56,25	144,75	30	2	32	7	35	42	500	355,25	257 şeriki tenzili
14	Ziraat	ev:1	15	62,5	28,12	105,62	30	3,5	33,5	6	19	25	467,5	361,88	177,5 şeriki tenzili
15	Hizmetkar	a:1	5	2	43,12	50,12		1	1	3	31	34	210	159,88	200 hizmetkarlığından
16	Ziraat	a:1	30	50,5		80,5	10	3,5	13,5	4	39	43	718	637,5	
17	Çiftlikandan		30			30	24		24			0	142,5	112,5	
18	Ziraat	a:1	16	42,5	48,75	107,25		2	2	6	38	44	302,5	195,25	142,5 şeriki tenzili
19	Çiftlikandan		30			30	22	1	23			0	240	210	
20	Çiftlikandan		60			60	40		40	1		1	190	130	
21	Ziraat	ev:1		64		64		2,5	2,5	3		3	360	296	190 şeriki tenzili
22	Doğancıyan reayasından	ev:1	50	67,5		117,5		3	3	3		3	625	507,5	
23	Ziraat	a:1	50	52	28,12	130,12	12	1,5	13,5	3	15	18	622	491,88	
24	Doğancıyan reayasından	a:1	50	82,5		132,5	15	5	20	6		6	832	699,5	

3.1.54. Ğarat Karyesi

21 haneli karyede çiftlik sahibi ya da çiftlikten haneler, aylakçılar, ziraat ile uğraşanlar ve 1 kocabaşı bulunmaktadır. 3 hane hariç nüfusun tamamının gayrimüslim olduğu karyede cizyelerin yanı sıra 662 kuruş vergi-yi mahsusa toplanmıştır. Bunun haricinde 496,3 kuruş öşür ve 627,35 kuruş da aded-i ağnam resmi alınmıştır. Toplam alınan 1785,6 kuruş verginin yanında hanelerin toplam geliri 5300 kuruş olarak hesaplanmıştır. Bu karyede ekilen tarlaların toplamı 125 dönümdür. 5 dönüm ise diğer araziler bulunmaktadır. Yetiştirilen 641 baş hayvanın 77'si büyükbaş iken 564'ü küçükbaştır.[87]

[87] Bkz.Başbakanlık Osmanlı Arşivi,ML.VRD.TMT.d.15343

Hane Numara	Meslek	Cizye	Vergiyi Mahsusa	Öşür	Ağnam	Toplam Vergi	Ekili Arazi	Diğer Arazi	Toplam Arazi	Büyük Baş	Küçük Baş	Toplam Hayvan	Gelir	Kullanılabilir Gelir	Diğer emlak,arazi ve gelirler
1	Kocabaşı	a:1 ev:3	50	38,5	88,1	176,6	12		12	6	69	75	385	208,4	
2	Ziraat	ev:2 ed:1	28	39,5	20,75	88,25	14		14	5	17	22	385	296,75	
3	Ziraat	ev:1	30	21	30	81	16		16	3	27	30	210	129	
4	Ziraat	a:1	30	21	39,3	90,3	10		10	5	18	23	210	119,7	
5	Ziraat	a:1	30	21,5	22,5	74	10		10	4	20	24	210	136	
6	Ziraat		28	20,25	20,3	68,55	12		12	2	15	17	192,5	123,95	
7	Aylakçiyan	ev:1			11,25	11,25			0	1	10	11	200	188,75	200 şundan bundan günlükçülüğünden
8	Ziraat	ev:2 ed:1	31	12,75	26,25	70	8		8	1	21	22	122,5	52,5	
9	Aylakçiyan	ev:1			7,5	7,5			0	1	6	7	200	192,5	200 şundan bundan günlükçülüğünden
10	Aylakçiyan	a:1	95	7,5	35,5	138	8		8	3	24	27	70	-68	
11	Ziraat	ev:2	60	11,5	15	86,5	10		10	1	12	13	355	268,5	1 taş asiyab
12	Çiftlikandan		180	113		293	25		25	2	85	87	1090	797	
12	Çiftlikandan	a:1 ev:1 ed:1	50	29,75	48,75	128,5			0	7	36	43	184	55,5	113,5 şeriki tenzili
13	Aylakçiyan					0			0	3		3	120	120	120 şundan bundan aldığı
14	Çiftlikandan	a:1		21	24,3	45,3			0	3	20	23	157	111,7	53 şeriki tenzili
15	Çiftlikandan	ev:2		47,25	56,25	103,5		0,5	0,5	8	38	46	206	102,5	86,5 şeriki tenzili

16	Aylakçiyan	ev:1 ed:1		11	13	24		3,5	3,5	2	11	13	245	221	125 dörtlemeciliğinden
17	Çiftlikandan	a:1 ev:2	50	41,75	67,5	159,25			0	9	49	58	303,5	144,25	113,5 şeriki tenzili
18	Çiftlikandan	a:1		14,5	46,8	61,3		0,5	0,5	8	41	49	100	38,7	
19	Çiftlikandan	ev:1 ed:1		10,5	37,5	48		0,5	0,5		26	26	64,5	16,5	
20	Ziraat	ev:2 ed:1		14	16,8	30,8			0	2	13	15	140	109,2	
21	Aylakçiyan	ev:1				0			0	1	6	7	150	150	150 dörtlemeciliğinden

3.1.55. Turbiyo Karyesi

8 Haneli bu küçük çiftlik yapısındaki karyede nüfusun tamamı gayrimüslimdir ve 1 kocabaşı, 5 çiftlikandan, 2 hizmetkâr, 1 aylakçı ve 1 çiftçi bulunmaktadır. Karyede hemen her hanede ekilen çiftlik arazisinin yani mezru tarlanın yanı sıra "Mersumun kendi emlakı" diye kayıt bulunmaktadır ve bunun altında o hanenin çiftlik harici emlakı sıralanmıştır. Karyede bulunan 155 dönüm arazinin çoğu ortakçılıkla ekilmiştir. Diğer bağ, bostan vb. gibi araziler ise bulunmamaktadır. Alınan toplam vergi 1037,92 kuruştur ve bunun 270 kuruşu vergi-yi mahsusa, 141,8 kuruşu öşür, 626,17 kuruşu ise aded-i ağnamdır. Hanelerin toplam geliri 5741 kuruş olarak hesaplanmıştır. Beslenen hayvan sayısı 453'dir. Bunların 412'ü küçükbaş, 41'ü ise büyükbaştır.[88]

[88] Bkz.Başbakanlık Osmanlı Arşivi,ML.VRD.TMT.d.15344

Hane Numara	Meslek	Cizye	Vergiyi Mahsusa	Öşür	Ağnam	Toplam Vergi	Ekili Arazi	Toplam Arazi	Büyük Baş	Küçük Baş	Toplam Hayvan	Gelir	Kullanılabilir Gelir	Diğer emlak,arazi ve gelirler
1	Kocabaşı	ev:3	40	38,5	60	138,5	25	25	6	48	54	192,5	54	445 şeriki tenzili var
2	Ziraat/ Çiftlikandan	ev:1	40	8	197,12	245,12	25	25	8	75	83	372,5	127,38	372,5 şeriki tenzili var
	Ticaret	ed:1			20,3	20,3		0		17	17	120	99,7	120 hizmetkarlığından
3	Çiftlikandan	ev:1				0		0	1		1	150	150	150 hizmetkarlığından
4	Çiftlikandan	ev:1	50	26,25	48,75	125	30	30	7	38	45	473,12	348,12	473,12 şeriki tenzili
5	Çiftlikandan	a:1	50	39,5	75	164,5	30	30	6	53	59	531,25	366,75	531,25 şeriki tenzili
	Ticaret	ev:1			60	60		0	4	53	57	150	90	150 hizmetkarlığından
6	Çiftlikandan	a:1 ed:1	55	29,5	78,75	163,25	30	30	6	60	66	612,5	449,25	612,5 şeriki tenzili
7	Çiftlikandan	ev:1	20		41,25	61,25	15	15	1	32	33	250	188,75	250 şundan bundan
8	Aylakçiyan	ev:1	15		45	60		0	2	36	38	200	140	200 şundan bundan

3.1.56. Pedolkar-ı Zir Karyesi

Çoğunluğu Müslüman olan 37 haneli Pedolkar-ı Zir karyesinde ziraat ile uğraşanlar, hizmetkârlar ve çiftlik sahibi haneler bulunmaktadır. Pedolkar-ı Zir Karyesinde; 2007,5 kuruşu Vergi-yi Mahsusa, 2020 kuruşu Öşür, 90,25 kuruşu ise Aded-i Ağnam olmak üzere 4117,5 kuruş toplam vergi alınmaktadır. Buna karşın, toplam temettuat yani gelir ise 24.377 kuruştur. 635 dönüm mezru tarlası bulunan bu karyede diğer arazi ise 68,5 dönümdür. Toplam 135 hayvanın bulunduğu yerleşim biriminde bu hayvanların 94'ü büyükbaş 41'i ise küçükbaştır.[89]

---

[89] Bkz.Başbakanlık Osmanlı Arşivi,ML.VRD.TMT.d.15345

Hane Numara	Meslek	Cizye	Vergiyi Mahsusa	Öşür	Ağnam	Toplam Vergi	Ekili Arazi	Diğer Arazi	Toplam Arazi	Büyük Baş	Küçük Baş	Toplam Hayvan	Gelir	Kullanılabilir Gelir	Diğer emlak, arazi ve gelirler
1	Ziraat		110	125,5		235,5	35	3,5	38,5	5		5	1305	1069,5	
2	Ticaret	ev:1				0			0			0	250	250	250 hizmetkarlığından
3	Ziraat		85	23		108	14	3	17	6		6	1053	945	
4	Ticaret					0			0			0	220	220	220 hizmetkarlığından
5	Ziraat		100	125		225	30	3	33	7		7	1466	1241	
6	Ticaret					0			0			0	260	260	260 hizmetkarlığından
7	Ziraat		60	64		124	15	2	17	3		3	621	497	
8	Ziraat		110	117		227	25	2,5	27,5	6		6	1130	903	
9	Ticaret					0			0			0	280	280	280 hizmetkarlığından
10	Ticaret		20	21,25		41,25		2	2	3		3	305	263,75	100 hizmetkarlığından
11	Ziraat		20	42,5		62,5	2	3	5	2		2	355	292,5	200 hizmetkarlığından
12	Ziraat		200	139		339	50	4	54	4		4	1291	952	
13	Ticaret					0			0			0	280	280	280 hizmetkarlığından
14	Ziraat		105	122		227	30	3,5	33,5	5		5	1296,5	1069,5	
15	Ziraat		20			20	5	2,5	7,5	3		3	215	195	
16	Ziraat		60	88		148	12	2	14	3		3	894	746	
17	Ziraat		60	56		116	12	2,5	14,5	4		4	561	445	

18	Ziraat		85	130,5		215,5	25	6	31	6		6	1344	1128,5	
19	Ticaret					0			0			0	320	320	320 hizmetkarlığından
20	Hizmetkar			0,5		0,5		0,5	0,5	2		2	110	109,5	100 hizmetkarlığından
21	Ziraat	ev:1		4		4		0,5	0,5	3		3	116	112	100 hizmetkarlığından
22	Çiftlikandan		112,5	2		114,5	50	2	52	1		1	747	632,5	
23	Ziraat	a:1	120	125,5		245,5		2,5	2,5	4	23	27	675	429,5	675 şeriki tenzili
24	Çiftlikandan		465	345		810	120	6	126	7		7	2934,5	2124,5	
25	Ticaret	ev:1				0		1	1	2		2	377	377	345 hizmetkarlığından
26	Hizmetkar					0		1	1	1		1	361	361	345 hizmetkarlığından
27	Ticaret					0			0			0	345	345	345 hizmetkarlığından
28	Ziraat	ev:1		90	28,75	118,75		2	2	3	18	21	460	341,25	422,5 şeriki tenzili
29	Çiftlikandan					0		2	2	3		3	575	575	
30	Çiftlikandan			80	61,5	141,5	65	2,5	67,5			0	750	608,5	365 şerikinden aldığı, 500 icardan senevisi
31	Ticaret	ev:1				0			0			0	270	270	270 hizmetkarlığından
32	Ziraat		75	79		154		2	2	3		3	380	226	365 şeriki tenzili
33	Çiftlikandan		80	97,5		177,5	65	4,5	69,5	4		4	895	717,5	

34	Ticaret					0			0			0	280	280	280 hizmetkarlığından
35	Ticaret					0			0			0	320	320	320 hizmetkarlığından
36	Çiftlika ndan					0	80		80	1		1	662,5	662,5	
37	Ziraat	ev:1	120	142,5		262,5		2,5	2,5	3		3	672,5	410	662,5 şeriki tenzili

3.1.57. Vitoş Karyesi

Gayrimüslim ve Müslimlerin beraber yaşadığı bu karyede baştan 47.haneye kadar numara verilmiş sonrasında ise çoğunlukla gayrimüslim olan hanelere numara verilmemiştir. Tablo 57'de de karyenin kayıt edildiği deftere uygun biçimde "hane numara" sütunu boş bırakılmıştır. Vitoş karyesinde İmam, çiftçi(ashab-ı ziraat), hizmetkâr, kahya ve değirmenci gibi meslekler bulunmaktadır. 8, 12 ve 14 numaralı hanelerdeki kayıtlar dikkat çekmektedir. 8 ve 12 numaralı hanede defterde başka bir karyede çiftliği olduğu, 14 numaralı hanede ise başka bir karyede değirmeni olduğu kayıt edilmiştir. Buradan bazı temettuat defterlerinde ikamet edilen karye haricindeki emlak ve arazilerin de kayıt edildiği anlaşılmaktadır. 51 hanenin gayrimüslim 49 hanenin ise Müslüman olduğu Vitoş'ta alınan toplam vergi 13312,6 kuruştur. Bu verginin 4941,5 kuruşu vergi-yi mahsusa, 7615 kuruşu öşür ve 756,5 kuruşu da aded-i ağnamdır. Bu vergilerin yanında toplam gelir ise 95.069 kuruştur. Ekilen mezru tarlalar 916,5 dönümdür. Diğer araziler ise toplam 330,5 dönümdür. Karyede toplam 947 baş hayvan bulunmaktadır. Bunların 271'i küçükbaş 676'sı ise büyükbaştır.[90]

---

[90] Bkz.Başbakanlık Osmanlı Arşivi,ML.VRD.TMT.d.15346

Hane Numara	Meslek	Cizye	Vergiyi Mahsusa	Öşür	Ağnam	Toplam Vergi	Ekili Arazi	Diğer Arazi	Toplam Arazi	Büyük Baş	Küçük Baş	Toplam Hayvan	Gelir	Kullanılabilir Gelir	Diğer emlak,arazi ve gelirler
1	İmam			97		97	10	11	21	3		3	2017	1920	2 tokmak dibek,1 taş asiyab
2	Ziraat		150	333	131,6	614,6	30	2,5	32,5	4	120	124	4435	3820,4	
3	Hizmetkar	ev:1				0			0	1		1	420	420	420 hizmetkarlığından
4	Hizmetkar	ev:1				0			0			0	270	270	270 hizmetkarlığından
5	Ziraat		60	92,5		152,5	8	5	13	3		3	977	824,5	
6	Ziraat		80	178		258	15	5	20	4		4	1885	1627	
7	Hizmetkar	ev:1				0			0			0	460	460	460 hizmetkarlığından
8	Ziraat		150	371,5		521,5	30	9	39	6		6	5182,5	4661	başka bir karyede çiftlik, 1 taş değirmen 2 tokmek dibek
9	Hizmetkar	ev:1				0			0			0	450	450	450 hizmetkarlığından
10	Ziraat		130	299,5		429,5	20	6	26	5		5	2031,5	1602	
11	Hizmetkar	ev:1				0			0			0	240	240	240 hizmetkarlığından
12	Ziraat		35	16		51	2,5	3	5,5			0	166	115	başka bir karyede çiftlik
13	Ziraat		50	31		81	5	4	9			0	332	251	
14	Ziraat		300	330,5		630,5	30	16	46	8		8	4625	3994,5	başka bir karyede dibek değirmen, 1 hane icarda,3 değirmen,2 dibek
15	Hizmetkar	ev:1				0			0			0	820	820	820 hizmetkarlığından
16	Hizmetkar	ev:1				0			0			0	120	120	120 hizmetkarlığından
17	Ziraat		40	2		42	15	7	22	1		1	16	-26	
18	Ziraat		70	79		149	11	5,5	16,5	1		1	801	652	

19	Kahya					0		1	1			0	150	150	
20	Ziraat		130	129	93,75	352,75	20	7,5	27,5	5	65	70	1375	1022,25	
21	Ziraat		80	78,5		158,5	10	3,5	13,5	5		5	840	681,5	
22	Ziraat		70	97,5		167,5	15	4	19	4		4	995	827,5	
23	Ziraat		50	69		119	10	4	14	4		4	750	631	
24	Ziraat		60	129		189	15	3,5	18,5	3		3	1370	1181	
25	Ziraat		50	66		116	7	3,5	10,5	2		2	730	614	
26	Ziraat		50	37,5		87,5	7	3	10	2		2	458	370,5	
27	Ziraat		65	96		161	15	4	19	4		4	1090	929	
28	Ziraat		80	60,5		140,5	7	3,5	10,5	6		6	700	559,5	
29	Ziraat		60	48,5		108,5	5	4	9	4		4	535	426,5	
30	Ziraat		60	120,5		180,5	17	5,5	22,5	5		5	1285	1104,5	
31	Hizmetkar	ev:1				0			0			0	450	450	450 hizmetkarlığından
32	Ziraat		40	65,5		105,5	15	3,5	18,5	3		3	740	634,5	
33	Ziraat		60	104		164	20	3,5	23,5	3		3	1140	976	
34	Hizmetkar	ev:1				0			0			0	100	100	100 hizmetkarlığından
35	Ticaret		30	35		65	6	3	9	1		1	390	325	
36	Ziraat		70	90,5		160,5	20	3,5	23,5	6		6	1005	844,5	
37	Hizmetkar					0			0			0	150	150	150 hizmetkarlığından
38	Ziraat		95	179	93,75	367,75	24	4,5	28,5	5	70	75	2405	2037,25	
39	Hizmetkar					0			0			0	350	350	350 hizmetkarlığından
40	Hizmetkar	ev:1				0			0			0	100	100	100 hizmetkarlığından
41	Ziraat		25	22,5		47,5	2	1	3	1		1	290	242,5	
42	Ziraat		40	59		99	6	4	10	5		5	710	611	
43	Ziraat		100	270,5		370,5	25	9	34	6		6	2875	2504,5	
44	Hizmetkar					0			0			0	350	350	350 hizmetkarlığından
45	Ziraat		60	182,5		242,5	15	6,5	21,5	4		4	2062	1819,5	
46	Ziraat		75	74		149	12	4	16	5		5	890	741	
47	Ziraat		30	23		53	7	2	9	1		1	310	257	

	Ziraat		50	89,5		139,5	10	3,5	13,5	3		3	930	790,5	
	Hizmetkar		20	29		49	3	3	6	3		3	350	301	
	Ziraat		30	90,5		120,5	3	3,5	6,5	2		2	975	854,5	
	Ziraat		100	92,5		192,5	20	4,5	24,5	4		4	1065	872,5	
	Ziraat		20	53,5		73,5	5	3,5	8,5	2		2	570	496,5	
	Ziraat	a:1	75	144,5		219,5	15	5	20	4		4	1390	1170,5	
	Ziraat	a:1	40	194,5		234,5	15	5	20	6		6	2075	1840,5	
	Ziraat	ev:1	25	64,5		89,5	10	4,5	14,5	2		2	705	615,5	
	Ziraat	ev:1	20	8,5		28,5	2	3	5	2		2	430	401,5	
	Ziraat	a:1	30	39,5		69,5	7	4	11	3		3	750	680,5	250 arabacılığından
	Hizmetkar	ev:1	15	1		16			0	2		2	450	434	400 hizmetkarlığından
	Hizmetkar	ev:1	15	8		23	5	1	6	4		4	425	402	250 hizmetkarlığından
	Ziraat	a:1	50	60,5		110,5	6	3	9	3		3	705	594,5	
	Hizmetkar	ev:1	35	79,5		114,5	5	4	9	3		3	835	720,5	
	Ziraat	ev:1	75	77,5		152,5	7	3	10	3		3	1120	967,5	
	Ziraat	a:1	100	125,5	84,3	309,8	15	4,5	19,5	3	65	68	1440	1130,2	
	Ziraat	ev:1	50	85		135	16	4	20	4		4	980	845	
	Ziraat	ev:1	50	42		92	10	5,5	15,5	4		4	565	473	
	Ziraat	a:1	150	173,5	14	337,5	20	7	27	4	24	28	1900	1562,5	
	Ziraat	ev:1	40	129,5		169,5	10	4,5	14,5	4		4	1395	1225,5	
	Ziraat	ev:1	50	116		166	9	4,5	13,5	7		7	1220	1054	
	Ziraat	ev:1	40	67		107	12	3,5	15,5	5		5	775	668	
	Ziraat	ev:1	40	124		164	13	5	18	3		3	1335	1171	
	Ziraat	ev:1	20	7,5		27,5	2	0,5	2,5	3		3	102	74,5	
	Ziraat	ev:1	7	4		11	1	1	2	1		1	167	156	
	Ziraat	ev:1	40	112,5		152,5	10	5	15	3		3	1205	1052,5	
	Ziraat	a:1	40	63		103	9	2	11	1		1	720	617	
	Ziraat		60	190,5		250,5	11	5	16	6	62	68	1295	1044,5	

	Ziraat	a:1	80	157,5	56	293,5	30	7	37	4	33	37	1655	1361,5	
			230			230	30		30			0	575	345	2 değirmen,2 dibek
	Ziraat	a:1	40	116,5	45	201,5		1,5	1,5	4	32	36	625	423,5	575 şeriki tenzili
	Hizmetkar					0			0	1		1	200	200	200 hizmetkarlığından
	Ticaret	ev:1	10			10		1	1	3		3	432	422	400 dinkçiliğinden
	Ticaret	ev:1	30	7,5		37,5	0,5	1	1,5	2		2	602	564,5	500 dinkçiliğinden
	Ticaret	ev:1	17,5	1		18,5		1	1	3		3	382	363,5	350 dinkçiliğinden
	Hizmetkar	ev:1	12	1		13		1	1	1		1	232	219	200 hizmetkarlığından
	Ziraat		30	58,5	18,5	107	10	2	12	3	14	17	625	518	
	Ticaret	ev:1	20	0,5		20,5	0,5	0,5	1	2		2	214	193,5	
	Ziraat		80	111,5	66	257,5	15	5,5	20,5	4	44	48	1315	1057,5	
	Ziraat	a:1	60	119	73,1	252,1	12	5	17	4	57	61	1290	1037,9	
	Ziraat	a:1	65	112,5		177,5	25	5	30	3		3	1220	1042,5	
	Ziraat	a:1	100	127,1	2	229,1	15	4	19	3	10	13	1265	1035,9	
	Ziraat	a:1	75	80,5	18,75	174,25	20	3,5	23,5	4	18	22	895	720,75	
	Ziraat	a:1	90	104,5	46,75	241,25	15	4,5	19,5	4	37	41	1270	1028,75	
	Ziraat	a:1	75	145,5		220,5	12	4	16			0	1500	1279,5	
	Ziraat	ev:1	75	222	13	310	17	8,5	25,5	3	25	28	2275	1965	
	Hizmetkar	ev:1	25	53,5		78,5	2	3,5	5,5	3		3	645	566,5	
	Hizmetkar	ev:1	25	1		26		1	1	1		1	500	474	400 hizmetkarlığından
	Hizmetkar	ev:1	35	1		36		1	1	1		1	500	464	400 hizmetkarlığından
	Hizmetkar	ev:1				0			0	1		1	500	500	500 hizmetkarlığından
	Değirmenci	ev:1	35	53,5		88,5	5	2	7	3		3	635	546,5	

3.1.58. Boyalodekça Karyesi

Bu karyede diğer karyelerden ayrı olarak aksine çiftçi ve toprak sahiplerinin aksine 12 hanenin 8 hanesi aylakçı, 1 değirmenci, 1 tüccar ve 2 de çiftlikandan hane bulunmaktadır. "Çiftlikandan idüğü" diye kayıt edilen 11 ve 12 numaralı hanelerin tanım kaydında "Koçanadan çalımzade mehmed ağanın şeriki yetko veledi istanku kesimat verdiği" şeklinde kayda rastlanılmıştır. Bu kayıt neticesinde koçana merkezinden bir ağanın bu karyede bir gayrimüslim hane ile ortakçılık ilişkisi vasıtasıyla tarım yaptığı anlaşılmaktadır. Bunun yanında karyedeki son altı hane zaim olarak kaydedilmişlerdir. Zaim Osmanlı'da zeamet sahipleri için kullanılan bir tabirdir. Dolayısıyla kesin olmamakla birlikte bu kişilerin zeamet(tımar) sahibi olduğu düşünülmektedir.

Boyalodekça karyesinden toplam 764,55 kuruş vergi alınmıştır. Bunun 533 kuruşu vergi-yi mahsusa, 120 kuruşu öşür, 111,55 kuruşu ise aded-i ağnamdır. Toplanan bu vergilerin yanında elde edilen gelir 5844,5 kuruş olarak hesaplanmıştır. 61 dönüm mezru tarla ekilen bu karyede diğer araziler 7,5 dönümdür. Toplam 268 baş hayvanın 37'si küçükbaş, 231'i büyükbaştır.[91]

[91] Bkz.Başbakanlık Osmanlı Arşivi,ML.VRD.TMT.d.15347

Hane Numara	Meslek	Cizye	Vergiyi Mahsusa	Öşür	Ağnam	Toplam Vergi	Ekili Arazi	Diğer Arazi	Toplam Arazi	Büyük Baş	Küçük Baş	Toplam Hayvan	Gelir	Kullanılabilir Gelir	Diğer emlak,arazi ve gelirler
1	Aylakçiyan	ev:1		1	9,3	10,3		1	1	1	5	6	180	169,7	150 Gündelikçiliğinden
2	Aylakçiyan	ev:1 a:1	70	3		73	1		1	1	15	16	280	207	1 Taş asiyab
3	Değirmenci	ev:1 ed:1	40	1	7,5	48,5		1	1	2	8	10	180	131,5	
4	Ticaret	ev:2	51	1	19,75	71,75		1	1	2	10	12	302,5	230,75	120 Değirmenciliğinden 130 dörtlemeciliğinden
5	Aylakçiyan	ev:1	30	12,5		42,5	10	0,5	10,5	4		4	315	272,5	150 dörtlemeciliğinden
6	Aylakçiyan	ev:1		0,5		0,5		0,5	0,5	1	13	14	140	139,5	120 dörtlemeciliğinden
7	Aylakçiyan	ev:1		0,5		0,5		1	1	9		9	290	289,5	100 değirmenci 150 dörtlemeciliğinden
8	Aylakçiyan	ev:2 ed:1		1		1	6	1	7	3	25	28	185	184	140 dörtlemeciliğinden
9	Aylakçiyan			8	75	83	4	1	5	2	40	42	220	137	110 Şundan Bundan
10	Aylakçiyan			0,5		0,5		0,5	0,5	3	6	9	40	39,5	
11	Çiftlikandan	ev:5		42		42	20		20	6	51	57	420	378	
12	Çiftlikandan	ev:1 a:1		49		49	20		20	3	58	61	490	441	
	Zaim					0			0			0		0	1 asiyab
	Zaim		114			114			0			0	544	430	asiyab değirmen
	Zaim					0			0			0	509	509	asiyab değirmen
	Zaim		114			114			0			0	621	507	asiyab değirmen
	Zaim		114			114			0			0	619	505	asiyab değirmen
	Zaim					0			0			0	509	509	asiyab değirmen

3.1.59. Çeşnofça Karyesi

Çiftlik sahipleri, çiftçi(ashab-ı ziraat), tüccar ve hizmetkârların bulunduğu bu karyede çoğunluk gayrimüslim olmak üzere az sayıda da Müslüman yaşamaktadır. Bazı defterlerde olduğu gibi bu karyenin defterinde de hane ve numarası yazılmamıştır. Tablo 59'da da hane numara sütunu bu yüzden boş bırakılmıştır. Gayrimüslimlerden alınan cizyelerin yanında hesaplanan toplam vergi 2966 kuruştur. Bu verginin 1267 kuruşu vergi-yi mahsusa, 1165 kuruşu öşür ve 533,75 kuruşu da aded-i ağnamdır. Bu vergilerin yanında toplam gelir ise 14.410 kuruştur. Tarlaların önemli bir kısmının ortakçılıkla ekildiği Çeşnofça'da toplam ekili arazi 893 dönümdür. Diğer araziler ise toplam 52,5 dönümdür. Karyede toplam 482 baş hayvan bulunmaktadır. Bunların 111'i küçükbaş 371'i ise büyükbaştır.[92]

[92] Bkz.Başbakanlık Osmanlı Arşivi,ML.VRD.TMT.d.15348

Hane Numara	Meslek	Cizye	Vergiyi Mahsusa	Öşür	Ağnam	Toplam Vergi	Ekili Arazi	Diğer Arazi	Toplam Arazi	Büyük Baş	Küçük Baş	Toplam Hayvan	Gelir	Kullanılabilir Gelir	Diğer emlak,arazi ve gelirler
	Çiftlikandan		40			40	60	2	62	2		2	385	345	
	Ziraat	ev:1	20	38	18,75	76,75		1	1	4	10	14	206, 5	129,75	184,5 şeriki tenzili
	Ziraat	ev:1	20	3,5	18,75	42,25		1	1	7	8	15	210, 5	168,25	182,5 şeriki tenzili
	Çiftlikandan		40			40	50		50	3		3	470	430	
	Ziraat	a:1	30	50	43,1	123,1		5,5	5,5	7	31	38	361	237,9	235 şeriki tenzili
	Ziraat	a:1	30	50	37,5	117,5		2	2	8	5	13	339	221,5	235 şeriki tenzili
	Çiftlikandan		60			60	100		100	4		4	557, 5	497,5	
	Ziraat	a:1	35	67	16,8	118,8		2,5	2,5	3	11	14	392	273,2	340 şeriki tenzili
	Ziraat	ev:1	3	44,5	11,25	58,75		2	2	3	10	13	253, 5	194,75	217,5 şeriki tenzili
	Hizmetkar	ev:1				0		2	2	1		1	100	100	100 hizmetkarlığından
	Ziraat	ev:1	40	32,25		72,25	8	0,5	8,5	3			327, 5	255,25	
	Ziraat	a:1	50	55	7,5	112,5	9	2,5	11,5	3	7	10	640	527,5	
	Ziraat	a:1	60	69,5	37,5	167	30	3,5	33,5	6	20	26	823	656	
	Ziraat	ev:1	40	24,5	7,5	72	10	1	11	5	6	11	245	173	
	Ziraat	a:1	50	83,5	48,75	182,25	20	2,5	22,5	4	32	36	855	672,75	
	Ziraat	ev:1	50	82,5	48,75	181,25	20	5	25	5	33	38	851	669,75	
	Ziraat	a:1	160	89,5	66,25	315,75	60	4,5	64,5	8	57	65	114 5	829,25	
	Hizmetkar	ev:1	15	1		16		0,5	0,5	1		1	216	200	200 hizmetkarlığından

	Çiftlikandan					0	50		50	1		1		0	
	Ziraat	ev:1	20	31,5	20,75	72,25	1		1	3	14	17	247, 5	175,25	147,5 şeriki tenzili
	Çiftlikandan					0	50		50	1		1		0	
	Ziraat		20	24	22,5	66,5		2,5	2,5	3	17	20	160	93,5	105 şeriki tenzili
	Çiftlikandan		100			100	90		90			0	602, 5	502,5	
	Çiftlikandan	a:1	30	76	17,5	123,5		1,5	1,5	1	15	16	665	541,5	465 şeriki tenzili
	Ziraat	a:1	30	30,5	18,75	79,25		1	1	2	12	14	173, 5	94,25	132,5 şeriki tenzili
	Ziraat	ev:1	20	28,5	21,25	69,75	8	1	9	2	14	16	334	264,25	
	Ziraat	a:1	50	32	22	104	20	1	21	4	22	26	315	211	
	Ziraat	ev:1	50	20,5	16,8	87,3	5	1	6	3	13	16	270	182,7	
	Ziraat	ev:1	4	17		21	2	1	3	2		2	166	145	
	Ziraat	ev:1		1		1		0,5	0,5	1		1	116	115	100 ticaretten aldığı
	Hizmetkar	ev:1	30	3		33		1	1	2	11	13	282	249	240 hizmetkarlığından
	Çiftlikandan		60			60	50	2	52	2		2	315	255	
	Ziraat	ev:1	30	62	31,8	123,8		2	2	3	23	26	336	212,2	295 şeriki tenzili
	Çiftlikandan		80	148,5		228,5	250		250	4		4	193 0	1701,5	
	Ticaret	ev:1				0			0	111	371	482	120	120	120 hizmetkarlığından

3.1.60. Noycan Karyesi

Çoğunluğunu çiftçilerin oluşturduğu bu karyede 2 aylakçı, 1 tüccar ve 1 kocabaşı mevcuttur. Bunun yanında bazı "ashab-ı ziraat" olarak kaydedilen hanelerin hafriyatçılığından gelirleri bulunmaktadır. Noycan'da nüfusun tamamı gayrimüslimdir. Toplanan toplam verginin 7327 kuruş olduğu bu karyede toplam vergi-yi mahsusa 3070,5 kuruş, Öşür 2088 kuruş, aded-i ağnam ise 2169 kuruştur. Buna karşılık hanelerin toplam geliri ise 25.187,5 kuruştur. Toplam 842 dönüm arazi ekilirken diğer araziler ise 43,5 dönümdür. 1747 baş hayvanın bulunduğu karyede bunların 186'sı büyükbaş, 1561'i ise küçükbaştır.[93]

---

[93] Bkz.Başbakanlık Osmanlı Arşivi,ML.VRD.TMT.d.15349

Hane Numara	Meslek	Cizye	Vergiyi Mahsusa	Öşür	Ağnam	Toplam Vergi	Ekili Arazi	Diğer Arazi	Toplam Arazi	Büyük Baş	Küçük Baş	Toplam Hayvan	Gelir	Kullanılabilir Gelir	Diğer emlak,arazi ve gelirler
1	Kocabaşı	ev:1	30	29,5	37,5	97	10	0,5	10,5	4	26	30	345	248	
2	Ziraat	a:1 ev:3 ed:2	75	75	95	245	25	2	27	9	12	21	720	475	
3	Ziraat	ev:1	33	46,25	41,25	120,5	18	1	19	5	34	39	447,5	327	
4	Ziraat	ev:3 a:1	135	45,75	99,6	280,35	20	1,5	21,5	7	69	76	562,5	282,15	
5	Ziraat	ev:1	95	69		164	22	1	23	8		8	780	616	1 Kovan
6	Ziraat	ev:2	48	19,25	28,1	95,35	13	0,5	13,5	1	27	28	442,5	347,15	120 şundan bundan aldığı
7	Ziraat	ed:1	10	74	82,5	166,5	28	2	30	9	66	75	890	723,5	
8	Ziraat	ev:1	70	139	131,25	340,25	25	2	27	11	98	109	1425	1084,75	
9	Ziraat	ev:1	180	66,75	167	413,75	35	1,5	36,5	8	98	106	727,5	313,75	
10	Ziraat	ev:3 ed:1	89	54,75	90	233,75	20	1	21	1	74	75	597,5	363,75	
11	Ticaret	ev:2	18			18		0,5	0,5	1		1	395	377	375 şundan bundan aldığı
12	Ziraat	ev:1	30	42,75		72,75	15	0,5	15,5	2		2	422,5	349,75	
13	Ziraat	ev:1	39	31,5	18,75	89,25	15	0,5	15,5	2	15	17	352,5	263,25	
14	Ziraat	a:1 ed:2	130	98,5	275,6	504,1	55	2	57	11	201	212	1222,5	718,4	
15	Ziraat	ev:1	36	27,75		63,75	14	0,5	14,5	2		2	317,5	253,75	
16	Ziraat	a:1 ev:1 ed:1	80	90,5	78,75	249,25	30	2	32	8	63	71	915	665,75	
17	Ziraat	ev:1	40	83,25		123,25	15	0,5	15,5	4		4	882,5	759,25	
18	Ziraat	a:1 ev:3 ed:1	80	84,25	67,5	231,75	30	1,5	31,5	5	60	65	1002,5	770,75	
19	Ziraat	ev:1	51	50	52	153	15	1	16	1	38	39	555	402	
20	Ziraat	ev:3	60	35		95	12	1	13	3	40	43	510	415	

21	Ziraat	ev:1	48	35,5	78,75	162,25	18	0,5	18,5	6	52	58	400	237,75	
22	Ziraat	ev:2 ed:1	42	35,75		77,75	18	0,5	18,5	2		2	367,5	289,75	
23	Ziraat	ev:1	35	35,75		70,75	18	1	19	2		2	367,5	296,75	
24	Ziraat	a:1 ev:3	220	54,25	93,75	368	30	1	31	7	49	56	680	312	
25	Ziraat	a:1	100	62	43,1	205,1	25	1	26	4	37	41	665	459,9	
26	Ziraat	ev:1 ed:1	70	54,25	93,75	218	20	1	21	6	70	76	647,5	429,5	
27	Ziraat	ev:1 ed:1	60	22,25		82,25	12	0,5	12,5	2		2	222,5	140,25	
28	Ziraat	a:1 ed:1	75	22,75	33,75	131,5	18	0,5	18,5	2	30	32	282,5	151	
29	Ziraat	ev:1	45	21		66	12	0,5	12,5	4		4	270	204	
30	Ziraat	ev:1	18	3		21		0,5	0,5			0	300	279	220 hafriyatcılığınd an
31	Ziraat	a:1 ev:1 ed:1	71	62,5	105	238,5	16	1	17	7	76	83	670	431,5	
32	Ziraat	a:2 ev:6	100	78,5	78,75	257,25	40	2	42	9	62	71	290	32,75	
33	Ziraat	ev:1 ed:1	40	25	15	80	12	0,5	12,5	2	13	15	290	210	
34	Ziraat	a:1 ev:2 ed:1	120	17,25		137,25	8	1	9	1		1	632,5	495,25	250 hizmetkarlığın dan
35	Ziraat	ev:1 ed:1	45	29,75	22,5	97,25	12	0,5	12,5	2	20	22	367,5	270,25	
36	Ziraat	ev:1	45	40,5	22,5	108	20	0,5	20,5	3	20	23	285	177	
37	Ziraat	ev:1	60	48,5	37,5	146			0			0		-146	
38	Ziraat	ev:1 ed:1	90	65,25	52,5	207,75	20	1	21	6	36	42	717,5	509,75	

39	Ziraat	ev:1	25	20,75		45,75	12	1	13	3		3	247,5	201,75	
40	Ziraat	ev:1	30			30	6	0,5	6,5	1		1	260	230	220 dörtlemeciliğin den
41	Ziraat	ev:1	30		30	60	7		7		16	16	260	200	230 şundan bundan aldığı
42	Aylakçiy an	ev:1	20			20	8	0,5	8,5			0	250	230	230 dörtlemeciliğin den
43	Ziraat	ev:1	12,5			12,5			0			0	250	237,5	250 hafriyatcılığınd an
44	Ziraat	ev:1	40	19	43,1	102,1	6	0,5	6,5	1	33	34	230	127,9	
45	Ziraat	ev:1	30	14		44	10	0,5	10,5			0	300	256	120 şundan bundan aldığı
46	Ziraat	ev:1	45	33,75	33,75	112,5	20	0,5	20,5	3	28	31	377,5	265	
47	Ziraat	ev:1	60	32		92	12	1	13	2		2	400	308	
48	Aylakçiy an	ev:1 ed:1	15	14		29	8		8	2		2	280	251	140 dörtlemeciliğin den
49	Ziraat	a:1 ev:1 ed:1	120	77,5	109,25	306,75	30	2,5	32,5	4	86	90	1095	788,25	
50	Ziraat	ev:1 ed:1	30		11,25	41,25	7		7	3	12	15	270	228,75	250 hizmetkarlığın dan

3.1.61. Çorlak Karyesi

9 Çiftçi hane, 4 aylakçı ve 1 hizmetkârın bulunduğu gayrimüslim karyesinde defterin sonunda 3 Müslim hane bulunmaktadır. Bu hanelerin Koçana'daki başka kişilere ait çiftliklerden aldıkları paylar belirtilmiştir. Bunun haricinde başka gelir veya emlak kaydı yoktur. Ayrıca 12 numaralı hanede aylakçı olmasının yanında çobanlığından geliri bulunmaktadır. Çorlak karyesinde alınan toplam vergi 1235,25 kuruştur ve bunun 343 kuruşu vergi-yi mahsusa, 398'i öşür, 494,25 kuruşu ise aded-i ağnamdır. Hanelerin toplam geliri 5150 kuruş olarak hesaplanmıştır. Ekilen toplam mezru tarlalar 197 dönümdür. Bu çalışmada diğer arazi olarak tanımlanan bağ, bostan, duhan, pirinç, çayır, yaylak gibi arazilerden ise yoktur. Beslenen hayvan sayısı 405'dir. Bunların 358'i küçükbaş, 47'si ise büyükbaştır.[94]

[94] Bkz.Başbakanlık Osmanlı Arşivi,ML.VRD.TMT.d.15350

Hane Numara	Meslek	Cizye	Vergiyi Mahsusa	Öşür	Ağnam	Toplam Vergi	Ekili Arazi	Toplam Arazi	Büyük Baş	Küçük Baş	Toplam Hayvan	Gelir	Kullanılabilir Gelir	Diğer emlak,arazi ve gelirler
1	Ziraat	a:1 ed:1	62,5	60,75	84,3	207,55	30	30	4	63	67	612,5	404,95	
2	Ticaret	ev:1				0		0	2	11	13	180	180	180 şundan bundan hizmetkarlığından
3	Ziraat	ev:2 ed:1	62,5	50,5	37,5	150,5	30	30	2	27	29	505	354,5	
4	Ziraat	ev:2 ed:1	48	37,5	75	160,5	20	20	8	53	61	375	214,5	
5	Aylakçıyan	ev:1		7	16,8	23,8	6	6	5	12	17	220	196,2	150 şundan bundan hizmetkarlığından
6	Ziraat	a:1 ev:3 ed:1	55	57	65,25	177,25	20	20	5	37	42	570	392,75	
7	Ziraat	ev:3 ed:1	62,5	58	45	165,5	20	20	5	28	33	780	614,5	300 şundan bundan aldığı
8	Ziraat	a:1 ev:1 ed:1	52,5	26	37,5	116	20	20	5	26	31	260	144	
9	Ziraat	a:1 ev:1 ed:1		25	16,8	41,8	10	10		21	21	470	428,2	220 şundan bundan hizmetkarlığından
10	Ziraat	a:1 ev:1 ed:1		27,75	61,8	89,55	20	20	8	41	49	277,5	187,95	120 şundan bundan aldığı
11	Ziraat	ev:3		38	24,3	62,3	15	15	1	17	18	380	317,7	
12	Aylakçıyan	ev:2		10,5	30	40,5	6	6	1	22	23	250	209,5	150 şundan bundan çobanlığından

13	Aylakçıyan	ev:1 ed:1				0		0	1		1	120	120	120 şundan bundan gündelikçiliğinden
14	Aylakçıyan	ev:1				0		0			0	150	150	150 şundan bundan gündelikçiliğinden
	Çiftlikandan					0		0			0	56	56	56 çiftliğinden aldığı
	Çiftlikandan					0		0			0	68	68	68 çiftliğinden aldığı
	Çiftlikandan					0		0			0	650	650	650 çiftliğinden aldığı

3.1.62. Zernofçe Karyesi

Koçana'daki kalabalık karyelerden olan Zernofçe karyesi Müslümanlar ve gayrimüslimler beraber yaşamaktadır. Karyede İmam, çiftçi, hizmetkâr, tüccar, değirmenci, dinkçi, kahveci, Asakir-i nizamiyye ve aylakçı gibi meslekler bulunmaktadır. 118 haneli Zernofça'da hanelerin zirai gelirlerinin yanında emlak gelirleri de mevcuttur. Örneğin bazı hanelerde dükkân kiraları bazılarında ise tarla icaresinden gelirler vardır. Koçana'da genelde karyelerde mezru tarlaların yanında duhan tarlalarına da sık rastlanmaktadır. Bu karyede 91 ve 92 numaralı haneler çiftçi olmalarının yanında duhan ticaretinden gelirleri bulunmaktadır. Dolayısıyla Koçana'da tütün ekiminin yanında ticareti yapmaktadırlar.

Toplanan toplam verginin 15.550,8 kuruş olduğu Zernofçe'de diğer karyelerde olduğu gibi imamlardan vergi-yi mahsusa alınmamıştır. Bunun haricinde toplam vergi-yi mahsusa 6236 kuruş, Öşür 7388 kuruş, aded-i ağnam ise 1926,8 kuruştur. Buna karşılık hanelerin toplam geliri ise 100.527 kuruştur. Toplam 1051,5 dönüm arazi ekilirken diğer araziler ise 466,5 dönümdür. 1948 baş hayvanın bulunduğu karyede bunların 416'i büyükbaş, 1532'i ise küçükbaştır.[95]

---

[95] Bkz.Başbakanlık Osmanlı Arşivi,ML.VRD.TMT.d.15351

Hane Numara	Meslek	Cizye	Vergiyi Mahsusa	Öşür	Ağnam	Toplam Vergi	Ekili Arazi	Diğer Arazi	Toplam Arazi	Büyük Baş	Küçük Baş	Toplam Hayvan	Gelir	Kullanıla bilir Gelir	Diğer emlak,arazi ve gelirler
1	İmam		1,5			1,5	6	4	10	1		1	46	44,5	1 taş asiyab
2	İmam			83,25		83,25	15	4	19	6		6	732	648,75	1 taş asiyab
	Ticaret	ev:1	5			5		0,5	0,5	2		2	214	209	190 hizmetkarlığından
3	Ziraat		250	408		658	65	15,5	80,5	7		7	2265	1607	2 taş asiyab 2 tokmak dibek
	Hizmetkar					0			0			0	290	290	
	Ziraat	ev:1	80	10,5		90,5		1,5	1,5	3		3	1435	1344,5	
	Ticaret	ev:1				0			0			0	220	220	220 hizmetkarlığından
4	Ziraat		100	30,5		130,5	14	4,5	18,5	6		6	1279	1148,5	1 taş asiyab
	Hizmetkar					0			0			0	225	225	
5	Ziraat		130	140,8		270,75	25	9	34	6		6	1987	1716,25	
	Ticaret				26,25	26,25			0		15	15	340	313,75	340 hizmetkarlığından
6	Ziraat		120	135	206,25	461,25	24	8	32		113	113	1688	1226,75	
	Ticaret			0,25		0,25		0,5	0,5	3		3	157,5	157,25	
7	Ziraat		200	258,5		458,5	40	10	50	7	85	92	2835	2376,5	
	Ticaret	ev:1				0			0			0	250	250	250 hizmetkarlığından
	Ticaret	ev:1				0			0			0	120	120	120 hizmetkarlığından
	Ticaret					0			0			0	150	150	150 hizmetkarlığından
8	Ziraat		180	183,8		363,75	35	9,5	44,5	4	40	44	2234	1870,25	1 taş asiyab

	Ticaret					0		0,5	0,5	2	30	32	66	66	50 hizmetkarlığından
9	Ziraat		120	170,8	43	333,75	20	8,5	28,5	7	33	40	1702	1368,25	
10	Ziraat		80	59,25		139,25	12	4	16	5		5	652,5	513,25	
	Ticaret					0			0			0	220	220	220 hizmetkarlığından
11	Ziraat		40	38,25		78,25	5	2	7	5		5	487	408,75	
12	Ziraat		100	124,3		224,25	16	6,5	22,5	6		6	1000	775,75	
13	Ziraat		60	76,5		136,5	10	4,5	14,5	4		4	927	790,5	
14	Ziraat		40	30,5		70,5	5	3	8	2		2	447,5	377	80 Kahveciliğinden
	Ticaret					0			0			0	130	130	130 hizmetkarlığından
15	Ziraat		40	73		113	12	3	15	4		4	782	669	
16	Ziraat		10			10	3	0,5	3,5			0	16	6	
17	Ziraat		45	53		98	4	3	7	4		4	585,5	487,5	
18	Ziraat		65	63		128	6	4,5	10,5	3		3	753	625	
19	Ziraat		180	144,8		324,75	17	7	24	7		7	1792	1467,25	
	Ticaret					0		2	2			0	282,5	282,5	200 hizmetkarlığından
20	Ziraat		60	82,5		142,5	15	5	20	3		3	1537, 5	1395	
	Ticaret					0			0			0	200	200	200 hizmetkarlığından
21	Ziraat		20	29,25		49,25	4	3	7	3		3	319,5	270,25	
22	Ziraat		40	52,25		92,25	10	3	13	6		6	597,5	505,25	
23	Ziraat		30	47,5		77,5	8	1	9	5		5	499	421,5	
24	Ziraat		162,5	124	225	511,5	45	10	55	8	165	173	2415	1903,5	

	Ticaret					0		0,5	0,5	2		2	322	322	290 hizmetkarlığından
	Ticaret					0		0,5	0,5	2		2	208	208	200 hizmetkarlığından
	Ticaret				9,3	9,3			0	1	8	9	150	140,7	150 hizmetkarlığından
	Ticaret				45	45			0	1	32	33	150	105	150 hizmetkarlığından
25	Ziraat		60	88,75		148,75	10	4	14	4		4	1055	906,25	
	Ticaret			5	16,75	21,75		0,5	0,5	2	13	15	330	308,25	180 hizmetkarlığından
26	Ziraat		10	20,25		30,25	1	2	3	4		4	171	140,75	
27	Ziraat		162,5	199,5		362	45	11	56	7	60	67	1980	1618	
	Hizmetkar					0			0			0	200	200	200 hizmetkarlığından
	Hizmetkar					0			0			0	220	220	220 hizmetkarlığından
	Hizmetkar				15	15			0		8	8	140	125	140 hizmetkarlığından
	Hizmetkar					0			0			0	120	120	120 hizmetkarlığından
28	Ziraat		10	8		18		1	1	2		2	241	223	
29	Ziraat		30	52,5		82,5	4	4,5	8,5	2		2	385	302,5	
30	Ziraat		80	80		160	12	5,5	17,5	3		3	843,5	683,5	
	Hizmetkar					0			0			0	80	80	80 hizmetkarlığından
31	Ziraat		35	23,5		58,5	5	3	8	3		3	344,2 5	285,75	5 dönüm tarla icaresinden

32	Ziraat					0	5		5			0	80	80	5 dönüm tarla icaresinden
	Asakir-i Nizamiyye					0	5		5			0	80	80	5 dönüm tarla icaresinden
33	Ziraat		45,5	51		96,5	10	5	15	2		2	163	66,5	
34	Ziraat		20	22,5		42,5	8	1,5	9,5	4		4	175	132,5	
35	Ziraat		80	156,8		236,75	14	4	18	3		3	1600	1363,25	
36	Ziraat		60	67,75		127,75	10	3,5	13,5	5		5	855	727,25	
37	Ziraat		50	106,5		156,5	8	4,5	12,5	5		5	1290	1133,5	
	Ticaret					0			0			0	130	130	130 hizmetkarlığından
38	Ziraat		10	7,5		17,5		0,5	0,5	1		1	142,5	125	105 Bekçiliğinden
39	Ziraat		35	44,75		79,75	5	2,5	7,5	3		3	725	645,25	
40	Ziraat		40	62,25		102,25	6	4,5	10,5			0	633	530,75	
41	Ziraat		80	50		130		3,5	3,5	2		2	674	544	1 taş asiyab
42	Ziraat		80	83,75		163,75	12	3	15	5		5	1063,5	899,75	1 kovan
43	Ziraat		60	67,1		127,1	10	6	16	4		4	802	674,9	1 taş asiyab
44	Ziraat		50	65,5		115,5	10	3,5	13,5	6		6	666	550,5	
45	Ziraat					0	15		15			0	230	230	1 dükkan, 15 dönüm tarla icaresinden
46	Ziraat		35	89		124	5	3,5	8,5	5		5	689	565	
	Hizmetkar					0			0			0	150	150	150 hizmetkarlığından
47	Ziraat		40	63		103	6	4	10	4		4	540	437	
48	Ziraat		55	59,75		114,75	12	4	16	5		5	886,5	771,75	
49	Ziraat		60,5	39,25		99,75	10	3	13	4		4	652	552,25	

	Ticaret					0			0			0	150	150	150 hizmetkarlığından
50	Ziraat		60	67,25		127,25	12	4,5	16,5	3		3	1047, 5	920,25	
51	Ziraat		50	78,75		128,75	10	5	15	5		5	637,5	508,75	
	Ticaret					0			0			0	135	135	135 hizmetkarlığından
52	Ziraat		60	77		137	14	6	20	5		5	869,5	732,5	
	Ticaret					0			0			0	220	220	220 hizmetkarlığından
53	Ziraat		120	115,3		235,25	26	7,5	33,5	7		7	1482, 5	1247,25	3 tokmak dibek
	Ticaret					0			0	1		1	300	300	300 hizmetkarlığından
	Ticaret					0			0			0	160	160	160 hizmetkarlığından
54	Ziraat		60	34,25		94,25	6	1,5	7,5	4		4	397	302,75	
55	Ziraat		15	6,25		21,25		3	3	2		2	168	146,75	
56	Ziraat		50	69,25		119,25	12	4,5	16,5	5		5	1052, 5	933,25	
57	Ziraat		40	36,5	13,1	89,6	6	2,5	8,5	3	10	13	352	262,4	
58	Ziraat		40	47,25		87,25	7	3	10	2		2	539,5	452,25	
59	Ziraat		10	42,5		52,5	2	1,5	3,5	1		1	367,5	315	
60	Ziraat		60	26,25		86,25	10	3,5	13,5	4		4	475,5	389,25	
61	Ziraat		75	59		134	10	6,5	16,5	4		4	1225, 5	1091,5	
62	Ziraat		35	39,75	46,8	121,55	12	6	18	3	33	36	240,5	118,95	205 şeriki tenzili
	Ziraat		35	33,6	28,1	96,7			0	1	15	16	251	154,3	
63	Ziraat		40	45,5		85,5	8	3	11	4		4	369	283,5	

64	Ziraat		35	56		91	7	4	11	3		3	538,2 5	447,25	
65	Ziraat		40	45,25		85,25	7	3	10	2		2	625	539,75	
66	Ziraat		70	104,5		174,5	13	5,5	18,5	4		4	985	810,5	
67	Ziraat		35	44,5		79,5	8	3	11	3		3	453	373,5	
	Hizmetkar					0			0			0	110	110	110 hizmetkarlığından
68	Ziraat		40	46		86	12	4	16	3		3	472	386	
69	Ziraat		70	57,25		127,25	13	4,5	17,5	4		4	448	320,75	
	Ticaret					0			0			0	300	300	300 hizmetkarlığından
70	Ziraat		40	41,5		81,5	5	2	7	3		3	390	308,5	
	Ticaret					0			0			0	100	100	100 hizmetkarlığından
71	Ziraat	a:1	42	85,5	93,5	221	6	4,5	10,5	6	53	59	1105	884	
72	Ziraat	a:1	135	239,5	106,6	481,1	26	10,5	36,5	5	74	79	2591	2109,9	
	Hizmetkar	ev:1				0			0			0	150	150	150 hizmetkarlığından
73	Ziraat	a:1	60	189,5	76,5	326	13	7,5	20,5	4	39	43	2578, 5	2252,5	
74	Ticaret	ev:1	15	10,5		25,5		0,5	0,5	1		1	382	356,5	
75	Ziraat	ev:1	19	80,5	13,1	112,6	2	6,5	8,5	2	6	8	644	531,4	
76	Ziraat	ev:1	19		11,25	30,25	5		5	2	10	12	30	-0,25	
77	Ziraat	a:1	61	183,1	153,5	397,6	14	7	21	2	95	97	2265, 5	1867,9	
	Ticaret	ev:1				0			0			0	160	160	160 hizmetkarlığından
78	Ziraat	a:1	59	144,5	105,5	309	26	6,5	32,5	3	79	82	1509	1200	

79	Ziraat	a:1	180	236,8	387,5	804,25	26	12,5	38,5	15	235	250	3346, 25	2542	
80	Ziraat		12	7,5		19,5	3	1	4	1		1	344	324,5	1 taş asiyab
81	Ziraat	ev:1	12	27	5,6	44,6	0,5	1,5	2		6	6	318	273,4	
82	Ticaret	ev:1	14	15,5		29,5	0,5	1,5	2	1		1	187	157,5	1 taş asiyab
83	Ticaret	ev:1	10	15,5	9,3	34,8		1,5	1,5	1	9	10	190	155,2	
84	Ziraat	ev:1	12	14	5,6	31,6		2	2	2	4	6	215	183,4	
85	Ticaret	ev:1	7,5	8	37,5	53	1		1		27	27	341	288	250 ırgatlığından
86	Ziraat	ev:1	14	27,5		41,5		2,5	2,5	3		3	245	203,5	
87	Ziraat	ev:1	20	53,25		73,25	3	5	8	3	7	10	716	642,75	
88	Ziraat	ev:1	20	12		32	2	2	4	1	9	10	318	286	
89	Ziraat	ev:1	30	27		57	3	2	5	1	50	51	414	357	200 hizmetkarlığından
90	Ziraat	ev:1	20			20		2,5	2,5		6	6	817	797	250 ırgatlığından
91	Ziraat	a:1	90	67,5		157,5	8	6,5	14,5	5		5	1014	856,5	350 duhan ticaretinden
92	Ziraat	ev:1	60	27,5		87,5		4,5	4,5	7		7	844	756,5	195 duhan ticaretinden
93	Ticaret	ev:1	8			8			0	1		1	175	167	175 bakkal sanatından
94	Ziraat	ev:1	20	16,75	7,5	44,25	1,5	3	4,5	1	4	5	181	136,75	
95	Ziraat	ev:1	15	20,5		35,5		1,5	1,5	1		1	166	130,5	
96	Ziraat	ev:1	25	16,5		41,5		3	3	2		2	241	199,5	
97	Ziraat	ev:1	12	4,25	16	32,25		1,5	1,5		13	13	287	254,75	287 ondan bundan hizmetkarlığından
98	Ticaret	ev:1	10	0,5		10,5		0,5	0,5			0	105	94,5	100 ondan bundan hizmetkarlığından

99	Aylakçiyan	ev:1	12	0,75		12,75		0,5	0,5	3		3	308	295,25	260 şundan bundan hizmetkarlığından
100	Değirmenc i	ev:1	40	28,5		68,5	2	1	3	3		3	625	556,5	150 değirmenciliğinde n
101	Ziraat	ev:1	85	74	22	181	10,5	6	16,5	6	16	22	1246	1065	
102	Ziraat	a:1	100	125	30	255	8	5,5	13,5	4	23	27	1259	1004	
	Ticaret	ev:1				0			0			0	150	150	150 hizmetkarlığından
103	Ziraat	ev:1	50	64,25		114,25	6	3,5	9,5	3		3	608	493,75	
104	Ziraat	a:1	70	50	26,25	146,25	10	6	16	4	19	23	593,5	447,25	
	Ticaret	ev:1				0			0			0	140	140	140 hizmetkarlığından
105	Ziraat	ev:1	20	18		38		1,5	1,5	1		1	273	235	50 ırgatlıktan
106	Ziraat	a:1	30	27,5	75	132,5	4,5	2,5	7	7	57	64	389	256,5	
107	Ticaret	ev:1	15	20,5		35,5		1,5	1,5			0	348	312,5	100 ırgatlıktan
	Ticaret					0			0			0	100	100	100 hizmetkarlığından
108	Ziraat	ev:1	20	33	38	91	3,5	3	6,5	3	7	10	808	717	
109	Ziraat	ev:1	40	35,5		75,5	2	3,5	5,5	4		4	463	387,5	
110	Ziraat	a:1	80	77,75		157,75	9	5,5	14,5	4		4	797,5	639,75	
111	Ziraat	a:1	50	54,25		104,25	4	5	9	5		5	1050	945,75	1 tokmak dibek
112	Ticaret	ev:1	20	20		40		1,5	1,5	1		1	424	384	200 değirmenciliğinde n
113	Ticaret	ev:1	30	15,5		45,5		1,5	1,5	1		1	349	303,5	100 şundan bundan hizmetkarlığından

114	Ticaret	ev:1	20			20		0,5	0,5	1		1	524	504	500 kacarlığından
115	Ziraat	ev:1	60	25		85	4,5	1,5	6	2		2	705	620	550 dinkçiliğinden
116	Ticaret	ev:1	15	10,5		25,5		2	2	1		1	366	340,5	250 şundan bundan hizmetkarlığından
117	Ziraat	ev:1	20	55,25	32	107,25	3	4	7	4	24	28	593	485,75	
118	Ticaret	ev:1	30	16		46		2	2	3		3	622	576	250 terzi sanatından

3.1.63. Sakolarca Karyesi

"Çiftlikandan idüğü" diye kayıt edilen 4 Müslüman hanenin haricinde nüfusun tamamının gayrimüslim olduğu karyede 65 hane bulunmaktadır. Sakolarca'da ziraat ile uğraşan hanelerin yanında aylakçı ve hizmetkârlar da mevcuttur. Toplanan cizyelerin yanı sıra 6582,75 kuruş vergi-yi mahsusa, 4992 kuruş öşür, 2290,7 kuruş aded-i ağnam olmak üzere toplam 13.865,75 kuruş vergi toplanmıştır. Buna karşılık elde edilen gelir ise 51.254 kuruştur. 1213,5 dönüm mezru tarla bulunan karyede diğer araziler 350 dönümdür. 1910 küçükbaş hayvan beslenirken, 346 büyükbaş hayvan vardır.[96]

[96] Bkz.Başbakanlık Osmanlı Arşivi,ML.VRD.TMT.d.15352

Hane Numara	Meslek	Cizye	Vergiyi Mahsusa	Öşür	Ağnam	Toplam Vergi	Ekili Arazi	Diğer Arazi	Toplam Arazi	Büyük Baş	Küçük Baş	Toplam Hayvan	Gelir	Kullanıla bilir Gelir	Diğer emlak,arazi ve gelirler
1	Ziraat	ed:1	45	61,5	31,8	138,3	9	1,5	10,5	4	17	21	328,5	190,2	
2	Ziraat	a:1	500	165,5	146,25	811,75	30	9,5	39,5	14	118	132	1729	917,25	
3	Hizmetkar	ev:1	25	10,5		35,5		1	1	1		1	454	418,5	400 hizmetkarlığından
4	Ziraat	a:1	200	143	110,6	453,6	15	6,5	21,5	13	84	97	1422	968,4	
5	Ziraat	a:1	70	32,5		102,5	10	3	13	4		4	676	573,5	
6	Ziraat	a:1	60	21,25	39,3	120,55	10	4,5	14,5	3	26	29	34,5	-86,05	
7	Ziraat	a:1	160	153	103,1	416,1	30	11,5	41,5	10	80	90	1549	1132,9	
8	Ziraat	ev:1	60	52,25	7,5	119,75	10	5	15	2	6	8	456,5	336,75	
9	Ziraat	a:1	400	321	90	811	90	12,5	102,5	12	78	90	3230,5	2419,5	
10	Ziraat	ev:1	180	112,5		292,5	30	6,5	36,5	3	14	17	1011	718,5	
11	Ziraat	ev:1	100	71,1		171,1	10	3,5	13,5	5	16	21	506	334,9	
12	Ziraat	a:1	120	75,5	30	225,5	20	5,5	25,5	6	22	28	881	655,5	
13	Ziraat	ev:1	70	47,5	9	126,5	7	4,5	11,5	3	8	11	383,5	257	
14	Ziraat	a:1	150	103,5	94,75	348,25	30	9	39	11	65	76	1140	791,75	
15	Ziraat	a:1	130	136,5	82,5	349	28	9	37	10	66	76	1540	1191	
16	Ziraat	a:1	80	65,5	60	205,5	25	5,5	30,5	7	44	51	811	605,5	
17	Ziraat	a:1	80	53,75	26,25	160	10	6	16	3	21	24	398,5	238,5	
18	Ziraat	ed:1	18,75	45,5		64,25	13	2,5	15,5	4		4	461	396,75	
19	Ziraat	ev:1	18,75	46,75	16,8	82,3	13	2	15	1	13	14	403,5	321,2	
20	Ziraat	a:1	120	82	46,8	248,8	22	7	29	6	30	36	807	558,2	
21	Ziraat	ev:1	70	67,5	48,75	186,25	18	5,5	23,5	3	20	23	632	445,75	
22	Ziraat	ev:1	37	100,5		137,5	13	10	23	5		5	755	617,5	
23	Ziraat	a:1	120	159	54,3	333,3	40	11	51	9	41	50	1491	1157,7	
24	Ziraat	a:1	70	45	37,5	152,5	18	3,5	21,5	4	27	31	568	415,5	

25	Ziraat	a:1	195	159,8	131,25	486	24	12,5	36,5	4	94	98	1683	1197	
26	Ziraat	a:1 ev:1 ed:1	205	205,8	82,5	493,25	25	11	36	11	62	73	2204,5	1711,25	
27	Ziraat	a:1 ev:2 ed:2	100	75	156,25	331,25	15	4	19	4	45	49	679,5	348,25	
28	Ziraat	a:1 ev:2 ed:1	90	69	37,5	196,5	20	4,5	24,5	4	25	29	643,5	447	
29	Ziraat	ev:2	75	96,5	24,1	195,6	13	5,5	18,5	3	19	22	774,5	578,9	
30	Ziraat	a:2 ev:4 ed:2	110	138,5	78,75	327,25	24	7	31	8	57	65	1308	980,75	
31	Ziraat	ev:1	53	64		117	13	3,5	16,5	3		3	593	476	
32	Ziraat	ev:1 ed:1	55	53,5		108,5	10	4	14	3	22	25	514,5	406	
	Çiftlikandan					0	18		18			0	233,5	233,5	
33	Ziraat	a:1 ev:1	90	111	103,1	304,1	16	7	23	7	80	87	772	467,9	
34	Ziraat	a:2 ev:5 ed:1	100	102,5		202,5	30	12	42	16	125	141	1831	1628,5	
35	Ziraat	ev:1 ed:2	130	81		211	20	5,5	25,5	15	70	85	643,75	432,75	
36	Ziraat	ev:2 ed:2	110	111,8	81,3	303,05	20	4	24	9	63	72	1321,75	1018,7	

37	Ziraat	a:1 ed:1	95	84	28,1	207,1	20	6	26	6	21	27	885,5	678,4	
38	Ziraat	ev:1	85	79,25	56,25	220,5	20	6	26	3	45	48	726,5	506	
39	Ziraat	ev:1	60	35,5	11,75	107,25	10	4	14	2	8	10	399,5	292,25	
40	Ziraat	a:1	65	51,5	20,6	137,1	10	4,5	14,5	3	15	18	441	303,9	
41	Ziraat	a:1	300	160	146,25	606,25	60	10,5	70,5	11	108	119	1840	1233,75	
42	Hizmetkar	ev:1	10			10			0	1		1	250	240	250 hizmetkarlığından
43	Hizmetkar	ev:1	12	11		23		2	2	1		1	316	293	300 hizmetkarlığından
44	Ziraat	ev:1	25	37,25	9,3	71,55	6	3	9	1	5	6	277,5	205,95	
45	Ziraat	ev:1	30	36,5		66,5	2	2	4	1		1	162	95,5	
46	Ziraat	ev:1	107	60,5		167,5	12	5,5	17,5	3		3	530	362,5	
47	Ziraat	ev:1	35	47	28,1	110,1	13	2,5	15,5	3	20	23	391	280,9	
	Çiftlikandan		160			160	120	8	128	4		4	465	305	
48	Ziraat	a:1	150	96	75	321		5,5	5,5	12	56	68	624	303	465 şeriki tenzili
49	Ziraat	a:1	75	81,5	22,25	178,75		2,5	2,5	6	17	23	509	330,25	347,5 şeriki tenzili
50	Ziraat	ev:1	75	51		126		4,5	4,5	4		4	553	427	85 şeriki tenzili
51	Ziraat	ev:1	30	15,5		45,5		4,5	4,5			0	143	97,5	
52	Aylakçıyan	ev:1	60	9,25		69,25	8	3	11	2		2	277	207,75	147,5 hizmetkarlığından
53	Aylakçıyan	ev:1	30	10		40	5	0,5	5,5			0	100	60	100 hizmetkarlığından
54	Aylakçıyan	ev:1	40	10		50		0,5	0,5	1		1	100	50	
55	Ziraat	ev:1	36	48,75		84,75	1,5	3	4,5	1		1	551,5	466,75	
56	Hizmetkar	ev:1		0,5		0,5		0,5	0,5	1		1	106	105,5	100 hizmetkarlığından

57	Ziraat	a:1	60	58,75		118,75	17	5	22	3		3	638,5	519,75	
58	Çiftlikandan		45			45	40		40	1		1	322,5	277,5	
59	Ziraat		45	77,75		122,75		2,5	2,5	7	4	11	706	583,25	
60	Ziraat	ev:1	102	39,75		141,75	5	2,5	7,5	4		4	331	189,25	
	Çiftlikandan		103,25			103,25	40	3	43	1		1	880	776,75	
61	Ziraat	a:1	140	133	150	423		12,5	12,5	17	120	137	485	62	880 şeriki tenzili
62	Ziraat	ev:1	60	25,25		85,25	17	5,5	22,5	3		3	212,5	127,25	
63	Hizmetkar	ev:1	40	16		56	2	1	3	1		1	360	304	200 hizmetkarlığından
64	Ziraat	ev:1	240	200		440	45	8	53	9	24	33	2070	1630	
65	Ziraat	ev:1	70	76	13,1	159,1	11	5	16	4	9	13	730	570,9	

3.1.64. Paşacık Karyesi

Daha önce defter kayıtlarının incelendiği Paşacık karyesinin yanında yine ayrıca bir Paşacık isimli karye incelenmiştir. Bunun isim benzerliği mi yoksa bir hata mı olduğu tam olarak bilinmemektedir. Ancak burada bahsi geçen Paşacıkta tarlalar çiftlik yapısında ekilmiştir. Ayrıca her hanenin Koçana'daki bir şahıstan geliri bulunmaktadır. Bu gelirler "kesimatdan aldığı" şeklinde kaydedilmiştir. 5 haneli bu küçük karyede bir çiftçi ve 4 çiftlikandan hane yer almaktadır. 5 hane de gayrimüslimdir. Alınan cizyelerin yanı sıra toplam vergi 823,45 kuruştur ve bunun 250 kuruşu vergi-yi mahsusa, 176,8'i öşür, 396,7 kuruşu ise aded-i ağnamdır. Bu karyede ekilen mezru tarlalar toplam 110 dönümdür. Diğer araziler ise yoktur. Hanelerin toplam geliri 1807,5 kuruş olarak hesaplanmıştır. Beslenen hayvan sayısı 303'tür. Bunların 275'i küçükbaş, 28'i ise büyükbaştır.[97]

---

[97] Bkz.Başbakanlık Osmanlı Arşivi,ML.VRD.TMT.d.15353

Hane Numara	Meslek	Cizye	Vergiyi Mahsusa	Öşür	Ağnam	Toplam Vergi	Ekili Arazi	Toplam Arazi	Büyük Baş	Küçük Baş	Toplam Hayvan	Gelir	Kullanılabilir Gelir	Diğer emlak,arazi ve gelirler
1	Ziraat	ev:5	60	33,25	106,8	200,05	25	25	6	76	82	332,5	132,45	100 koçanandan aldığı
2	Çiftlikandan	a:1 ev:2 ed:1	50	50	80,6	180,6	25	25	6	52	58	500	319,4	59 koçanandan aldığı
3	Çiftlikandan	a:1 ev:1 ed:1	45	31	75	151	20	20	3	64	67	310	159	28 koçanandan aldığı
4	Çiftlikandan	ev:3	45	21,5	35	101,5	20	20	7	26	33	255	153,5	59 koçanandan aldığı
5	Çiftlikandan	ev:3 ed:1	50	41	99,3	190,3	20	20	6	57	63	410	219,7	48 koçanandan aldığı

3.1.65. Dargopaya Karyesi

Çoğunluğu gayrimüslim olan bu karyede ziraat ile uğraşan 41 hanenin yanında, 1 kocabaşı, 1 tüccar ve 2 çiftlikandan hane bulunmaktadır. 4 numaralı hanenin Tablo 65'de de görüldüğü gibi değirmenciliğinden geliri bulunmaktadır. Toplanan cizyelerin yanı sıra 3598,5 kuruş vergi-yi mahsusa, 1567 kuruş öşür ve 1599,8 kuruş aded-i ağnam resmi alınmıştır. Dolayısıyla hanelerin yıllık 16.827 kuruş gelirlerine karşılık 6765,35 kuruş toplam vergi alınmıştır. Dargopaya'daki mezru tarlaların toplamı 948 dönümdür. Bunun haricinde diğer araziler 92,5 dönümdür. Yetiştirilen 1498 baş hayvanın, 1275'i küçükbaş hayvan iken 223'ü büyükbaş hayvandır. Daha önceki karyelerdeki gibi Tablo 65'de görüldüğü üzere bazı hanelerin kullanılabilir gelirleri negatif çıkmıştır. Bu durum defteri tutan imamın ya da kocabaşının yanlış hesaplamasından kaynaklanabileceği gibi daha çok sosyal hayattaki normal bir duruma da işaret edebilir. Hanelerin yıllık vergilerden arındırılmış gelirlerinin negatif olması, o hanenin geçimini sosyal yardımlarla ve ya kaydedilmemiş ek gelirlerle sağladığı sonucunu ortaya çıkarmaktadır.[98]

[98] Bkz.Başbakanlık Osmanlı Arşivi,ML.VRD.TMT.d.15354

Hane Numara	Meslek	Cizye	Vergiyi Mahsusa	Öşür	Ağnam	Toplam Vergi	Ekili Arazi	Diğer Arazi	Toplam Arazi	Büyük Baş	Küçük Baş	Toplam Hayvan	Gelir	Kullanılabilir Gelir	Diğer emlak,arazi ve gelirler
1	Kocabaşı	ev:1	80	45,25	62,1	187,35	37	1,5	38,5	7	45	52	510,75	323,4	
2	Ziraat	ev:1	98	7,5	28	133,5	6	0,5	6,5		20	20	54,25	-79,25	
3	Ziraat	a:1 ev:1	150	51,5	75	276,5	18	4,5	22,5	12	64	76	532	255,5	
4	Ziraat	a:1 ev:1 ed:1	20,5	11		31,5	12		12	1		1	602,5	571	380 değirmenciliğinden, 1 taş asiyab
5	Ziraat	ev:1	40			40	20	1	21	1		1	195	155	150 şundan bundan aldığı
6	Ziraat	ev:2	85	54,75	43,1	182,85	14	1,5	15,5	6	34	40	500,5	317,65	
7	Ziraat	a:1 ev:1	60	48	22	130	20	2	22	6	16	22	555	425	
8	Ziraat	a:1 ev:4 ed:1	65	35,5	73,1	173,6	24	1	25	7	57	64	380	206,4	
9	Ziraat	ev:1	75	23	21,6	119,6	35	1,5	36,5		17	17	188	68,4	
10	Ziraat	ev:1	35	22,5	24	81,5	10	1	11	3	19	22	228	146,5	
11	Ziraat	ev:1	30	24,5		54,5	16	2	18		17	17	228	173,5	
12	Ziraat	ev:1	25	21,25	11,25	57,5	10	1,5	11,5		11	11	220,5	163	
13	Ziraat	ev:1	35	27,25	15	77,25	10	1,5	11,5		14	14	290,5	213,25	
14	Ziraat	ev:1	12	7,5	11,25	30,75	4	1	5	1	8	9	93	62,25	
15	Ziraat	a:1 ev:1	200	76,5	52,5	329	25	4,5	29,5	7	47	54	969	640	
16	Ziraat	a:1	55	23,25	13,1	91,35	15	1	16	6	10	16	247,5	156,15	
17	Ziraat	a:1 ev:1	76	33,25	59,8	169,05	15	2,5	17,5	6	43	49	361,5	192,45	1 kovan, 1 asiyab
18	Ziraat	a:1 ev:1	110	45	28,1	183,1	35	3	38	8	23	31	516	332,9	
19	Ziraat	ev:1	30	14,5	22,5	67	9	3	12	4	12	16	147,5	80,5	
20	Ziraat	ev:1 ed:1	15	16,25	20,6	51,85	12	1	13	5	15	20	172,5	120,65	

21	Ziraat	a:1 ev:2	210	59	78,75	347,75	24	2,5	26,5	8	61	69	591	243,25	
22	Ziraat	a:1 ev:1	130	35,75	89,3	255,05	35	1,5	36,5	9	58	67	370	114,95	
23	Ziraat	a:1 ev:4	150	27	56,25	233,25	38	1	39	9	44	53	260	26,75	
24	Ziraat	a:1 ev:1	50	52,5	54,3	156,8	26	3,5	29,5	9	36	45	633	476,2	
25	Ziraat	ev:2	24	27,5		51,5	10	2,5	12,5	3		3	289	237,5	
26	Ziraat	a:1 ev:1 ed:1	120	36,25	37,5	193,75	24	3	27	5	30	35	424	230,25	
27	Ziraat	a:1 ev:3 ed:1	56	40,75	24,3	121,05	28	2	30	7	19	26	474	352,95	
28	Ziraat	a:1 ev:1 ed:1	80	52,25	41,25	173,5	27	3	30	9	34	43	540	366,5	
29	Ziraat	ev:1	25	34,25		59,25	10	3,5	13,5	1		1	270	210,75	
30	Ziraat	a:1 ev:1 ed:3	285	81,5	90	456,5	34	5	39	11	70	81	864	407,5	
31	Ziraat	ev:1	25	11,5	33,5	70	13	1	14	1	25	26	135,5	65,5	
32	Ziraat	ev:2	40	16,75	16,75	73,5	18	1,5	19,5	4	12	16	180,5	107	
33	Ziraat	ev:1 ed:1	35	30,25		65,25	10	1,5	11,5	2		2	282,5	217,25	
34	Ziraat	ev:1	30	56,6		86,6	20	0,5	20,5	6	30	36	240	153,4	
35	Ziraat	ev:1	25	33	7,5	65,5	10	2	12	1	6	7	227,5	162	
36	Ziraat	a:2 ev:2	350	88,25	187,5	625,75	32	2	34	10	144	154	775	149,25	2 kovan
37	Ziraat	ev:1	20	9,75		29,75	7,5	1,5	9	4	10	14	110	80,25	
	Ticaret			1		1		1,5	1,5			0	43	42	
38	Ziraat	a:1 ev:3	120	56,5	71,25	247,75	36	2	38	9	53	62	535	287,25	
39	Ziraat	a:2 ev:1	300	54,5	127,5	482	45	2,5	47,5	28	98	126	595	113	
40	Ziraat	ev:1	12	10,75	16,8	39,55	12,5	2	14,5		13	13	110,5	70,95	
	Ziraat	a:1	60	26	84,3	170,3	37	6	43	5	60	65	300	129,7	
41	Ziraat		40	23		63	37	5,5	42,5			0	367,5	304,5	
42	Ziraat		18	31,25		49,25	18		18			0	312,5	263,25	

	Ziraat		20	20,75		40,75	20		20			0	207,5	166,75	
	Ziraat		45	43,75		88,75	14		14	2		2	440	351,25	
	Çiftlikan dan		12			12			0			0		-12	
	Çiftlikan dan		20	18,5		38,5	15		15			0	257,5	219	1 taş asiyab

DÖRDÜNCÜ BÖLÜM

XIX. YÜZYIL KOÇANA KAZASINDA MERKEZ VE KARYELERDE GELİR VE MESLEK DAĞILIMI

4.1. Koçana Kazasında Mesleki Dağılımlar

Koçana kazasında gelir dağılımı değerlendirmesinin yanı sıra mesleklerin de dikkate alınması gerekmektedir. Çünkü bazı meslekler sadece birkaç kişinin gelir kaynağı iken bazı meslekler hanelerin büyük bir bölümünün uğraştığı meslekler olarak ortaya çıkmıştır. Örneğin; ziraat Koçana kazasında hanelerin % 55,6'sının gelir kaynağıdır. Bunun dışında % 9'luk kesim "çiftlikandan idüğü" şeklinde kaydedilmiş ve çiftlik sahibi ya da çiftlikte yaşayan haneler olduğu belirtilmiştir. Koçana nüfusunun %10'u "erbab-ı ticaret" ibaresi ile kayıt altına alınmıştır. Bu kişilerin bir kısmı sadece tüccarlık yaparken büyük bir bölümünün ise hizmetkar olarak geçimini sağladığı görülmüştür. Bu Ticaret erbabının nüfusun % 7'sini oluşturan adi hizmetkarlardan kesin farkları olmamakla birlikte bir kısmına tahsis edilen merkeplerle pazarda yanında çalıştığı kişi için ticaret yaptığı düşünülmektedir. Yine daha önce belirtildiği gibi hizmetkar tabirinin günümüz işçi tanımına yakın olduğu söylenebilir. Aynı zamanda Koçana kazası defterlerinde sıkça karşılaşılan mesleklerden biri de "Aylakçılardır". Koçana'daki nüfus içerisinde payları yaklaşık % 7 olan "Aylakçiyan" olarak kaydedilen bu geçici işçiler, çeşitli işlerden gelir elde etmektedirler.

Koçana kazası temettuat defterlerinde dikkat çekici mesleklere rastlanmıştır. Örneğin; Teranca karyesinde bir hanenin Ramazan sahurculuğundan geliri bulunmaktadır. Bu kişinin Ramazan'da sahur vaktinde davul çaldığı düşünülmektedir. Yine Koçana kazası merkezinde bir kişinin pirinç bekçiliği yaptığı anlaşılmıştır. Pirinç ekiminin yaygın olduğu Koçana'da, toplanan pirinçler için bir bekçinin bulunması pirince verilen önemi göstermektedir. Yılanca karyesinde bir hane için türbedar ibaresi yazılmıştır. Bu bağlamda, Yılanca 'da bir türbenin bulunduğu anlaşılmıştır. Dikkat çekici diğer mesleklerden biri de mutafcılıktır. Mutaf, keçi kılından örülmüş çuvala verilen addır.[99] Koçana kazasında küçükbaş hayvan yetiştiriciliğinin olduğu düşünülürse, defterde bulunan iki gayrimüslim

---

[99] **Ötüken Türkçe Sözlük**, "Mutaf", İstanbul: Ötüken Neşriyat, 2007,s.3477

mutafcı, keçi kılından çuval örme işini yapmaktadırlar. Bunun yanı sıra, Osmanlı İmparatorluğu döneminde 19.yy öncesi var olan bazı mesleklere rastlanmıştır. Bunlardan biri doğancılardır. Doğancı, padişahın avcı kuşlarını yetiştiren, bunlara bakan ve av törenlerinde yardım eden görevlilere verilen addır.[100] Yine bazı hanelerde "sekban güruhundan idüğü" şeklinde kayıtlar mevcuttur. Sekban ise eskiden sarayda padişahın av köpeklerini yetiştirip eğiten görevlilere verilen addır.[101] Osmanlı devletinde daha önceden kaldırılmış olan bu saray gruplarının Koçana kazası defterlerinde yer alması, bu kişilerin daha önceden bu gruplardan olduğunu ya da babaları veya dedelerinin doğancı ya da sekban olduğunu göstermektedir. Koçana kazası temettuat defterlerinde karşılaşılan bir diğer dikkat çekici meslek de sığırtmaçlıktır. Sığırtmaç kelimesi halen Türkiye'de Trakya Bölgesi'nde halk arasında kullanılan bir tabirdir. Sığırtmaç, küçükbaş ya da büyükbaş hayvanları otlatmaya götüren onlara çobanlık ve bekçilik yapan kişilere denmektedir. Ayrıca Yuneş karyesinde 14 kişi madencilik yapmaktadır. Bu madencilerin kaydedilmesi, Koçana'da bir maden ocağının bulunduğunu göstermektedir. Koçana'da imam ve kocabaşıların sayısı dini yapılar konusunda ipuçları vermektedir. Bu bağlamda, defterlerde 28 imam, 23 kocabaşı bulunmaktadır. Her ne kadar her imam ya da kocabaşının görevli olduğu bir ibadethane bulunmasa da, yine de bu sayılardan hareketle Koçana'da cami ya da mescitlerin, kilise ya da şapellere nazaran daha fazla olduğu düşünülmektedir.

Defterlerde bazı hanelerde meslek tanımlaması bulunmamaktadır. Bu kişiler nüfusun yaklaşık %2'sini oluşturmakta olup karyelerin ilgili tablolarında meslek sütunu boş bırakılmıştır. Bunun yanı sıra Koçana'daki diğer bazı meslekler aşağıdaki Tablo 66'da gösterilmiştir.

---

[100] **Ötüken Türkçe Sözlük**, "Doğancı", İstanbul: Ötüken Neşriyat, 2007,s.1257
[101] **Ötüken Türkçe Sözlük**, "Sekban", İstanbul: Ötüken Neşriyat, 2007,s.4123

Tablo 66

Koçana'da Meslekler ve Sayıları

Meslek	Kişi Sayısı	Meslek	Kişi Sayısı
Ziraat	1812	Amelmande	4
Ticaret	337	Papaz	3
Çiftlikandan	316	Sığırtmaç	3
Hizmetkar	239	Kasap	3
Aylakçı	229	Sekban	3
Bilinmeyen	78	Boyacı	3
İmam	28	Dülger	3
Kocabaşı	23	Müezzin	2
Değirmenci	14	Muhtar	2
Madenci	14	Mutafcı	2
Nalbant	13	Alil	2
Terzi	13	Kahya	2
Bakkal	9	Mektep Hocası	1
Berber	9	Oduncu	1
Semerci	9	Subaşı	1
Kahveci	7	Taşçı	1
Çoban	7	Sabuncu	1
Kiracı	6	İskeleci	1
Bekçi	6	Pirinç bekçisi	1
Zaim	6	Saraç	1
Hancı	6	Tüfekçi	1
Asker	5	Doğramacı	1
Kürekçi	5	Türbedar	1
Derbent	5	Hamamcı	1

4.2. Gini Katsayısı ve Lorenz Eğrisi

Kişisel gelir dağılımı, ülke ya da bir bölge gelirinin hane halkı arasındaki dağılımı olup çeşitli yöntemlerle değerlendirilebilir. Bunlardan biri, hane halkının en düşük gelir düzeyinden en yüksek gelir düzeyine doğru sıralanması ve sonra hane halkı sayısının beş eşit sayıya bölünüp her grubun gelirden aldığı payı belirtmektir.[102] Koçana kazasında gelir dağılımını ortaya koymak için de, Koçana kazasının tümü ve ayrıca Koçana merkezi yani daha çok kent olarak tanımlanabilecek yerleşim yeri ve Koçana karyeleri (kırsal yerleşim bölgeleri) için ayrı ayrı gelir grupları çıkarılmıştır. Bu gelir gruplarının dağılımı Lorenz eğrisi ile gösterilmiş ve yorumlanmıştır.

Lorenz eğrisi belirli bir dönemde yaratılan reel gelirin yüzde olarak kişisel bölüşümünü inceleyen ve gösteren bir eğridir.[103] Eğri bir karenin köşegenini uç noktalarda keser. Karenin dikey kenarında gelirin birikimli payları, yatay kenarında ise nüfusun birikimli payları yüzde olarak gösterilir. Köşegen doğru, gelirin nüfus arasında eşit dağılımını (mutlak eşitlik) gösterir.[104] Lorenz eğrisi, mutlak eşitlik doğrusuna ne kadar yakın olursa gelir dağılımında o kadar az, mutlak eşitlik doğrusundan ne kadar uzak olursa gelir dağılımında o kadar çok eşitsizlik vardır.[105] Örneğin Türkiye'de 2012 yılında Yüzde 20'lik gruplarda, en yüksek gelire sahip son gruptakilerin toplam gelirden aldığı pay %46,6 iken, en düşük gelire sahip ilk gruptakilerin toplam gelirden aldığı pay %5,9'dur.[106]

4.3. Koçana Kazası Gelir Dağılımları ve Lorenz Eğrileri

Koçana kazasının tamamının, ayrıca tüm karyelerinin ve kent nüfusunun gelir gruplarına göre inceleneceği bu bölümde Lorenz eğrileri yardımıyla gelir dağılımı ortaya konulmuştur. Osmanlı vergi yapısı düşünüldüğünde gelir olarak, hem toplam gelir hem de kullanılabilir gelir

---

[102] Tümay Ertek, **Mikro Ekonomi Teorisi**, 1.Baskı, İstanbul: Beta Yayınevi, 2009, s.396
[103] Rona Turanlı,Tamer İşgüden, **Ekonomi Sözlüğü**, 1.Baskı, Eskişehir: Bilim Teknik Yayın Evi, 1987, s.204
[104] Türkiye İstatistik Kurumu, "Tanım ve Kavramla-gelir dağılımı eşitsizlik ölçüleri", 2011, http://www.tuik.gov.tr/MicroVeri/GYKA_Panel_2011/turkce/metaveri/tanim/gelir-daggiiliimii-essitsizlik-oelccuetleri/index.html (05.06.2014),s.1
[105] Ertek, s.396
[106] Türkiye İstatistik Kurumu, "Gelir ve Yaşam Koşulları Araştırması", 2012, http://www.tuik.gov.tr/PreHaberBultenleri.do?id=13594 (05.06.2014), s.1

(vergiler çıkartıldıktan sonraki gelir) dikkate alınarak ayrı Lorenz eğrileri oluşturulmuştur.

Koçana kazasında toplam gelire göre yüzde 20'lik gruplarda, en yüksek gelire sahip son gruptakilerin toplam gelirden aldığı pay %50,3 iken, en düşük gelire sahip ilk gruptakilerin toplam gelirden aldığı pay %4,8'dir. Dolayısıyla, en yüksek gelirli son yüzde 20'lik grubun toplam gelirden aldığı pay, en düşük gelire sahip ilk yüzde 20'lik gruba göre 10 kat daha fazladır. İkinci, üçüncü ve dördüncü en yüksek gelire sahip gruplar Tablo 66'da görüldüğü gibi sırasıyla toplam gelirin % 9,3, % 13,8, ve % 21,5'ini almaktadırlar.

Aynı değerlendirme kullanılabilir gelir dikkate alınarak da yapılabilir. Vergi sonrası gelirleri içerdiğinden, sonuçlarının iktisadi yorum için önemli olduğu düşünülmektedir. Kullanılabilir gelire göre yüzde 20'lik gruplarda, en yüksek gelire sahip son gruptakilerin toplam gelirden aldığı pay %51,02 iken, en düşük gelire sahip ilk gruptakilerin toplam gelirden aldığı pay %4,7'dir. İkinci, üçüncü ve dördüncü en yüksek gelire sahip gruplar Tablo 66'da görüldüğü gibi sırasıyla toplam gelirin % 9,4, % 13,7, ve % 20,9'unu almaktadırlar. Toplam gelire kıyasla, kullanılabilir gelirin kullanılması gelir elde edemeyip vergi veren hanelerin hesaplamadan çıkarılmasını sağlamıştır. Bu sonuca göre Koçana kazasının tamamı için kullanılabilir gelir kullanıldığında en zengin yüzde 20'lik grubun gelirden aldığı pay daha fazla çıkmıştır.

Tablo 67

Koçana Kazasında Hanelerin Toplam Gelirden Aldıkları Paylar

Yüzde 20'lik fert grupları	**Toplam Gelire göre Gelirden aldığı pay(%)**	**Kullanılabilir Gelire göre Gelirden aldığı pay(%)**
ilk yüzde 20	4,8	4,7
İkinci yüzde 20	9,3	9,4
üçüncü yüzde 20	13,8	13,7
dördüncü yüzde 20	21,5	20,9
son yüzde 20	50,3	51,02

Koçana kazasının gelir dağılımını gösteren Lorenz eğrisi ise Grafik 1'de görüldüğü gibi oluşmuştur. Lorenz eğrisinden hareketle Gini katsayısı belirtilebilir. Kişisel gelir dağılımını ölçmek için, yaygın olarak kullanılan dağılım ölçüsü Gini katsayısı

$G = \frac{\left[\frac{1}{N^2}\sum_{i=1}^{N}\sum_{j=1}^{N}|Yi-Yj|f(Yi)f(Yj)\right]}{2\bar{Y}}$ formülasyona göre hesaplanmaktadır. Formülde Y_i: i.grubun toplam geliri, Y_j: j.grubun toplam geliri, $f(Y_i)$: i.grubun gelir çokluğu, $f(Y_j)$: j.grubun gelir çokluğu, N: Birim sayısı ve $\bar{Y}$: Gelirlerin aritmetik ortalamasını ifade etmektedir.[107] Ayrıca Lorenz eğrisinden hareketle Gini katsayısı, $G = \frac{A}{A+B}$ formülü ile ifade edilebilir. Grafik 1.'de görüldüğü gibi A alanı A+B alanına göre ne kadar küçük ise gelir dağılımındaki eşitsizlik o kadar az, ne kadar büyük ise gelir dağılımındaki eşitsizlik o kadar fazladır.

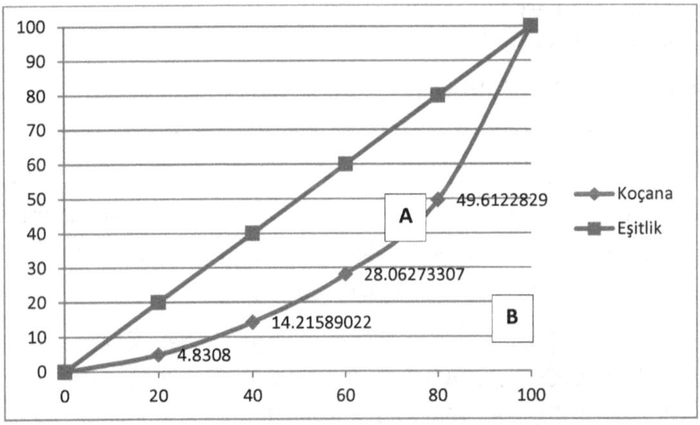

Grafik 1. Toplam gelire göre Koçana Kazası Lorenz Eğrisi

[107] Türkiye İstatistik Kurumu, "Tanım ve Kavramla-gelir dağılımı eşitsizlik ölçüleri", 2011, http://www.tuik.gov.tr/MicroVeri/GYKA_Panel_2011/turkce/metaveri/tanim/gelir-daggiiliimii-essitsizlik-oelccuetleri/index.html (05.06.2014),s.1

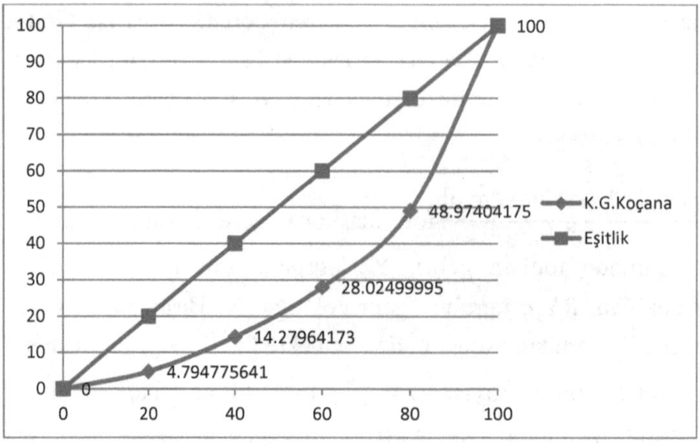

Grafik 2. Kullanılabilir Gelire göre Koçana Kazası Lorenz Eğrisi

Gini Katsayısı 0 ile 1 arasında değerler alır. 0 tam eşitliği (herkesin aynı gelire sahip olduğu) 1 ise tam eşitsizliği (1 kişinin bütün geliri aldığı ve diğer hanelerin gelirden hiç pay almadıkları) ifade etmektedir. Gerçek hayatta Gini Katsayısı bu iki uç değer arasında bir yerde olup, sıfıra yaklaştıkça gelir dağılımındaki eşitsizliğin azaldığı, 1'e yaklaştıkça arttığı söylenebilir.[108]

Lorenz eğrisi grafiğinde ise Lorenz eğrisi mutlak eşitlik doğrusuna ne kadar yakınlaşırsa gelir dağılımındaki eşitsizliğin azaldığı anlaşılmaktadır. Aynı şekilde Lorenz eğrisi mutlak eşitlik doğrusundan ne kadar uzaklaşırsa gelir dağılımındaki adaletsizliğin arttığı söylenebilir.

Genellikle Gini Katsayısının 0,5 veya daha fazla olması gelir dağılımında önemli derecede eşitsizliği, 0,40 ile 0,5 arasında olması orta düzeyde eşitsizliği , 0,40'dan az olması ise eşitsizliğin az olduğunu ifade eder.[109] Örneğin Türkiye İstatistik Kurumu verilerine göre Türkiye'de 2011 yılında Gini katsayısı 0,404 iken 2012 yılında 0,402 olmuştur. Bu katsayısı Türkiye'de kent nüfusu için 2011 yılında 0,394, 2012 yılında ise 0,391'dir. Türkiye kırsalında ise katsayı 2011 yılı için 0,385 hesaplanmış iken 2012 yılında 0,377'dir.[110] Cumhuriyet döneminden itibaren Türkiye'de toplam

[108] Ertek, s.399
[109] Ertek, s.399
[110] Türkiye İstatistik Kurumu, "Gelir ve Yaşam Koşulları Araştırması", 2012, http://www.tuik.gov.tr/PreHaberBultenleri.do?id=13594 (05.06.2014), s.1

nüfus için yapılan gelir dağılımı araştırmalarından 1963 yılına ait hesaplamada Gini katsayısı 0,55 olarak ortaya çıkmıştır. Daha sonra yapılan araştırmalarda bu katsayının, her ne kadar konjonktüre bağlı dalgalanmalar yaşansa da, giderek sıfıra yakınlaşma eğiliminde olduğu görülmektedir.

Örneğin 1973'te 0,51 olan Gini katsayısı 1986'da 0,46 1994'te ise 0,44 olarak hesaplanmıştır.[111] Osmanlı Devleti Üsküp Eyaleti'ndeki Koçana kazası için toplam gelire göre Gini katsayısı 0,449 olarak hesaplanmıştır. Bu oran kullanılabilir gelir için ise 0,452'dir.

Bu katsayı Koçana kazasında orta düzeyde bir gelir eşitsizliği olduğu sonucunu ortaya çıkarmaktadır. Ancak 0,50'yi geçmemesi gelir dağılımında önemli bir eşitsizliğin olmadığını gösterir. Koçana kazası kent ve kırsalı için Lorenz eğrileri ve Gini katsayıları kıyaslama yapmak açısından ayrı olarak incelenmiştir. Böylelikle Koçana kent nüfusu ile karyelerdeki kırsalda yaşayan nüfus arasında gelir dağılımı açısından mukayeseli yorumlar yapılabilmektedir. Grafik 3 ve Grafik 4'teki Lorenz eğrilerine bakıldığında Koçana kırsalını temsil eden yeşil renkli eğrinin mutlak eşitlik doğrusuna daha yakın olduğu görülmektedir. Lorenz eğrilerinden hareketle hem toplam gelir hem de kullanılabilir gelire göre Koçana kırsalında, kente göre daha adaletli bir gelir dağılımının olduğu söylenebilir. Bu durum yüzde 20'lik gruplar halinde hanelerin gelirden aldıkları payları gösteren Tablo 67'de de görülmektedir.

---

[111] Zafer Yükseler, "2002 Hanehalkı bütçe anketi : Gelir dağılımı ve Tüketim harcamalarına ilişkin sonuçların değerlendirilmesi", Türkiye Ekonomi Kurumu, 2003, http://www.econstor.eu/bitstream/10419/83258/1/dp_2003-06.pdf (03.06.2014), s.3

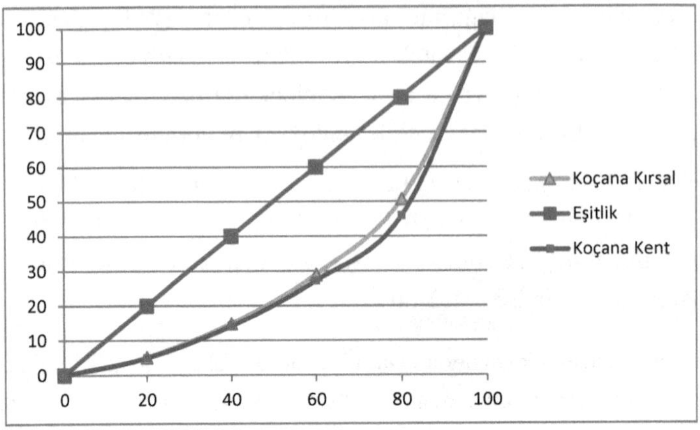

Grafik 3. Toplam Gelire göre Koçana Kazası Kent ve Kırsalı Lorenz Eğrisi

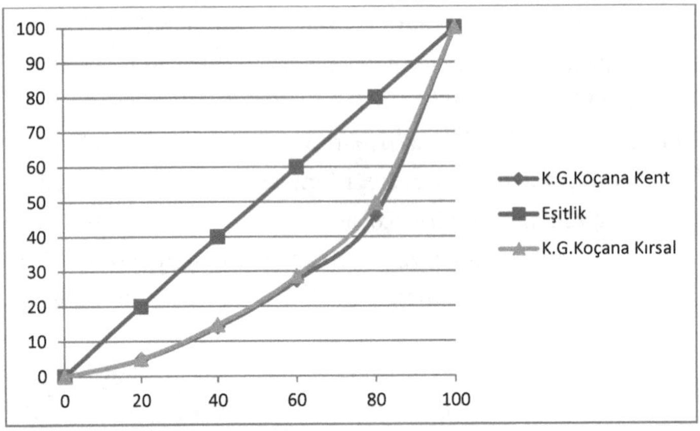

Grafik 4. Kullanılabilir Gelire göre Koçana Kazası Kent ve Kırsalı Lorenz Eğrisi

Tablo 67'de görüldüğü gibi Koçana kazası kent nüfusu için oluşturulan yüzde 20'lik gruplarda, en düşük gelir düzeyine sahip yüzde 20'lik grup toplam gelire göre gelirin %4,9'unu almaktadır. Buna karşın en yüksek gelire sahip son yüzde 20'lik grubun gelirin 54,14'ünü aldığı görülmektedir. Dolayısıyla en yüksek gelirli son yüzde 20'lik grubun toplam gelirden aldığı pay, en düşük gelire sahip ilk yüzde 20'lik gruba göre 11 kat daha fazladır. İkinci, üçüncü ve dördüncü en yüksek gelire sahip gruplar ise sırasıyla toplam gelirin % 9,1, % 13,1, ve % 18,6'sını almaktadırlar. Bu değerlendirme kullanılabilir gelir için yapılırsa en düşük gelir grubunun payı % 4,7 olur iken, en yüksek gelire sahip yüzde 20'lik grubun payı % 53,8 olarak ortaya çıkmaktadır.

Koçana kazası kırsalında ise gelir dağılımının daha adaletli olduğu ortaya çıkmıştır. Tablo 67'de de görüldüğü gibi toplam gelire göre en düşük gelir grubu toplam gelirden % 5,1 oranında pay almaktadır. Bunun yanında en yüksek yüzde 20'lik gelir grubunun payı %49,3'tür. İkinci, üçüncü ve dördüncü en yüksek gelire sahip gruplar sırasıyla toplam gelirin % 9,6, % 14,1, ve % 21,6'sını almaktadırlar. Bu sonuçlar Koçana kazası kırsalında, kente göre daha adaletli gelir dağılımının olduğu sonucunu ortaya koymaktadır.

Kullanılabilir gelir dikkate alındığında ise en düşük gelir grubunun payı %5,1'den % 4,9'a düşerken en yüksek yüzde 20'lik gelir grubunun toplam gelirden aldığı pay ise %49,3'ten %50,3'e çıkmıştır. Kent ve kırsal için hesaplamada Kullanılabilir gelirler kullanıldığında da Koçana kazası kırsalının daha adil bir gelir dağılımına sahip olduğu söylenebilir.

Tablo 68

Koçana Kazası Kent ve Kırsal için Gelir Dağılımı

Yüzde 20'lik fert grupları	Kent		Kırsal	
	Toplam Gelire göre Gelirden aldığı pay(%)	Kullanılabilir Gelire göre Gelirden aldığı pay(%)	Toplam Gelire göre Gelirden aldığı pay(%)	Kullanılabilir Gelire göre Gelirden aldığı pay(%)
ilk yüzde 20	4,92	4,78	5,10	4,95
İkinci yüzde 20	9,16	9,26	9,67	9,69
üçüncü yüzde 20	13,10	13,35	14,17	13,93
dördüncü yüzde 20	18,65	18,76	21,67	21,05
son yüzde 20	54,14	53,84	49,37	50,36

Koçana kazası kent ve kırsalı gelir dağılımındaki ayrımı değerlendirmek için kullanılan yukarıdaki Tablo ve Grafiklerde ortaya çıkan sonuçların başka bir hesaplamayla ifade şekli de Gini katsayısıdır. Osmanlı Devleti Koçana kazası kent ve kırsalı için hesaplanan Gini katsayıları Tablo 68'de gösterilmiştir. Buna göre Gini katsayıları, Lorenz eğrileri ve yüzde 20'lik grupların kullanıldığı tablolarda ortaya çıkan sonuçları doğrular niteliktedir. Koçana kırsal nüfusu için toplam gelire göre hesaplanan Gini Katsayısı 0,43 olarak bulunmuştur. Bu oran hem Koçana merkezi hem de Koçana'nın toplam nüfusu için hesaplanan Gini katsayılarına göre daha adil bir gelir dağılımını göstermektedir. Yine kullanılabilir gelir dikkate alındığında 0,44 olarak hesaplanan Gini katsayısı orta düzeyde bir gelir dağılımı eşitsizliğini ifade etmektedir. Koçana kent nüfusunda ise Gini katsayısı toplam gelire göre 0,48, kullanılabilir gelire göre ise 0,47'dir. Kent ve kırsal için hesaplanan Gini Katsayıları Grafik 3 ve Grafik 4'te Lorenz eğrisi ile ortaya çıkan sonuçlarla örtüşmektedir.

Tablo 69

Koçana Kazası Gini Katsayıları

		Koçana Kırsal	Koçana Kent
GİNİ KATSAYISI	Kullanılabilir Gelire Göre	**0,44**	**0,47**
	Toplam Gelire Göre	**0,43**	**0,48**

Osmanlı Devleti'nde bir yenileşme hareketi olan Tanzimat ile birlikte hem iktisadi hem de sosyal bir çok ıslahat öngörülmüştür. 19.yy'daki Tanzimat fermanı ile birlikte getirilen mali ve iktisadi yenilikler dikkat çekmektedir.

Tanzimat fermanında geçtiği gibi [112]*:*

" Vergilerin belirli olması noktasına gelince, bir devlet ülkesini korumak için elbette askere muhtaçtır ve bunun için gereken masrafı yapmak zorundadır. Bu masraf ise tebaanın vergisiyle meydana geleceğinden bunun daha iyi bir hale getirilmesi yollarını aramak önemlidir. Eskiden bir gelir kaynağı sayılmış olan tekel belasından yakında kurtulduk. Fakat şimdiye kadar asla bir faydası görülmeyen yıkıcı iltizam usulü bugün de yürürlüktedir. Bu usul bir memleketin siyasi ve mali işlerini bir adamın keyfine ve hatta baskısı altına teslim etmek demektir. Eğer bir de o adamın iyi bir karakteri yoksa yalnız kendi çıkarına bakıp her işi zulümden ibaret olacaktır. İşte bu sebeple bundan sonra herkesin emlakine ve kudretine uygun bir vergi tayin olunarak kimseden fazla bir şey alınmayacak ve devletin kara ve deniz askeri masrafları ile diğer giderlerini gerekli kanunlarla sınırlandırıp belli ederek masraflar ona göre yapılacaktır."

Vergi usulünde ve iktisadi yapıdaki böyle bir değişikliğin önemli bir adımı hanelerin vergi ve gelirlerinin tespiti olmuştur. Bu çerçevede önce 1840'da daha sonra 1844-45'te Maliye Nezareti kontrolünde temettuat tahrirleri yapılmıştır. Bu kitabın da konusunu oluşturan temettuat tahrirleri, yapıldığı bölge ile ilgili önemli iktisadi ve sosyal bilgiler vermektedir.

Bu kitapta, 1844-45 yılı temettuat tahrirleri neticesinde oluşturulan defterlerden Üsküp Eyaleti Köstendil Sancağı'na bağlı Koçana kazası defterleri incelenmiştir. Koçana kazası defterleri, Başbakanlık Osmanlı Arşivi'nde Maliye Nezareti Varidat Kalemi defterlerinden " ML.VRD.TMT.d" koduyla tasnif edilen defter serilerinin içerisinde yer almaktadır. Bu defter serileri neticesinde Koçana kazası ile ilgili önemli iktisadi, mali ve sosyal verilere ulaşılmıştır. İncelenen ML.VRD.TMT.d kodlu 15286 ile 15354 sıra numaraları arasındaki toplam 65 defter, günümüz Türkçesine çevrilmiş ve tek tek bilgiler tablo haline getirilmiştir. Defterlerdeki kişi adları, hayvan çeşitleri, öşür vergisinin hangi mahsulden ne

[112] Halil İnalcık, Mehmet Seyitdanlıoğlu, **Tanzimat Değişim Sürecinde Osmanlı İmparatorluğu**, Ankara: Türkiye İş Bankası Kültür Yayınları, 2008, s.101

kadar alındığı, arazilerin çeşitleri gibi detaylı bilgiler incelemeye ve yorumlamaya dahil edilmesine rağmen, bu kitabın konusu açısından ihmal edilebilir veri olarak görüldüğünden tablolarda yer almamıştır. Tablolarda; hanelerin numaraları, vergi çeşitleri (vergi-yi mahsusa, öşür, cizye, aded-i ağnam), ekili arazi ve diğer araziler, büyükbaş ve küçükbaş hayvanlar, gelir ve kullanılabilir gelir sütunları oluşturulmuştur.

Temettuat defterlerinin çoğunda olduğu gibi Koçana kazası temettuat defterlerinde de başlangıcında hane reisinin yazılı olduğu uzun bir çizgi ve bu çizginin üzerinde vergiler, tanımlayıcı bilgiler yer almaktadır. Hane reisi isminin olduğu çizginin altında ise o hanenin sahip olduğu emlak ve araziler ve bunların gelirleri yer almaktadır. Daha sonra ise en altta bu hanenin toplam yıllık geliri hesaplanıp kaydedilmiştir. (Bkz.Ek 1 ve Ek 2) Defter haricinde bu çalışmada hanelerin toplam yıllık gelirinin yanında toplam verdiği vergi, toplam arazi, ve toplam hayvanları da hesaplanmıştır.

Bir iktisat tarihi çalışması olarak bu kitapta Osmanlı Türkçesinden günümüz Türkçesine transkripsiyonun yanı sıra gelir dağılımı, mesleki dağılım, ortalama ve toplam gelir, üretim yapısı ve refah analizi gibi bazı tahliller yapılmıştır. Bu analizler neticesinde bölge ile ilgili önemli iktisadi sonuçlara ulaşılmıştır.

Koçana kazası gelir dağılımı Gini katsayısı ve Lorenz eğrileri yardımıyla incelenmiştir. Osmanlı vergi yapısı düşünüldüğünde gelir dağılımı ölçümü için hem vergi öncesi hem de vergi sonrası gelir dikkate alınmıştır. Öncelikle Koçana kazasının tümü, Koçana kent merkezi ve Koçana kırsalı için yüzde 20'lik beş gelir grubu oluşturulmuştur. Bu gelir gruplarının toplam gelirden aldıkları paylar hesaplanmıştır. Bu gelir gruplarından yararlanılarak, Lorenz eğrisi grafikler halinde gösterilmiştir. Daha sonra Lorenz eğrisinden hareketle Gini katsayıları hesaplanmıştır.

Koçana kazasında hanelerin toplam gelirden aldıkları paylar tablo şeklinde gösterilmiştir. Elde edilen sonuçlara göre vergiler çıkarılmadan önceki toplam gelir dikkate alınırsa ; Koçana kazasında toplam gelire göre yüzde 20'lik gruplarda, en yüksek gelire sahip son gruptakilerin toplam gelirden aldığı pay %50,3 iken, en düşük gelire sahip ilk gruptakilerin toplam gelirden aldığı pay %4,8'dir. İkinci, üçüncü ve dördüncü en yüksek gelire sahip gruplar sırasıyla toplam gelirin % 9,3, % 13,8, ve % 21,5'ini almaktadırlar. Vergilerden arındırılmış kullanılabilir gelir dikkate alındığında ise, kullanılabilir gelire göre yüzde 20'lik gruplarda, en yüksek gelire sahip son gruptakilerin toplam gelirden aldığı pay %51,02 iken, en düşük gelire sahip ilk gruptakilerin toplam gelirden aldığı pay %4,7'dir. İkinci, üçüncü ve dördüncü en yüksek gelire sahip gruplar sırasıyla toplam gelirin % 9,4, % 13,7, ve % 20,9'unu almaktadırlar.

Lorenz eğrileri yardımıyla Koçana kazası için Gini katsayıları hesaplanmıştır. Koçana kazası için toplam gelire göre Gini katsayısı 0,449 olarak hesaplanmıştır. Bu oran kullanılabilir gelir için ise 0,452'dir. Bu katsayıya göre Koçana kazasında orta düzeyde bir gelir eşitsizliği sonucu ortaya çıkmaktadır. Ancak 0,50'yi geçmemesi gelir dağılımında önemli bir eşitsizliğin olmadığını gösterir. Bu sonuçlar ile 1844 yılı Osmanlı Devleti'nde gelir dağılımının Türkiye'nin 20.yy'ın son on yılındaki Gini katsayılarına yakın olduğu anlaşılmıştır. Bu sonuçla, Osmanlı Devleti'nin yaklaşık son 100 yılında dahi gelir dağılımı açısından sosyal ve iktisadi hayatın sanılanın aksine adaletsiz ve kötü olmadığı düşünülmektedir. Koçana kazasının tümü için yapılan bu hesaplama iktisadi mukayese için Koçana kent merkezi ve kırsal yerleşim bölgeleri için de ayrı ayrı yapılmıştır. Koçana kazası Kent nüfusu için oluşturulan yüzde 20'lik gruplarda, en düşük gelir düzeyine sahip yüzde 20'lik grup toplam gelire göre gelirin %4,9'unu almaktadır. Buna karşın en yüksek gelire sahip son yüzde 20'lik grubun gelirin 54,14'ünü aldığı görülmektedir. İkinci, üçüncü ve dördüncü en yüksek gelire sahip gruplar ise sırasıyla toplam gelirin % 9,1, % 13,1, ve % 18,6'sını almaktadırlar. Bu değerlendirme kullanılabilir gelir kullanılarak yapılırsa en düşük gelir grubunun payı % 4,7 olur iken, en yüksek gelire sahip yüzde 20'lik grubun payı % 53,8 olarak ortaya çıkmaktadır. Koçana kazası kırsalında ise toplam gelire göre en düşük gelir grubu toplam gelirden % 5,1 oranında pay almaktadır. Bunun yanında en yüksek yüzde 20'lik gelir grubunun payı %49,3'tür. İkinci, üçüncü ve dördüncü en yüksek gelire sahip gruplar sırasıyla toplam gelirin % 9,6, % 14,1, ve % 21,6'sını almaktadırlar. Kullanılabilir gelir dikkate alındığında ise en düşük gelir grubunun payı %5,1'den % 4,9'a düşerken en yüksek yüzde 20'lik gelir grubunun toplam gelirden aldığı pay ise %49,3'ten %50,3'e çıkmıştır. Bu sonuçlar Koçana kazası kırsalında, kente göre daha adaletli gelir dağılımının olduğu sonucunu ortaya koymaktadır. Ayrıca bu verilerden hareketle oluşturulan Lorenz eğrileri göstermektedir ki vergi öncesi ve vergi sonrası gelirlerin dikkate alındığı her iki hesaplamada da grafik 3 ve 4'te Koçana kırsal bölge nüfusunu temsil eden eğri, mutlak eşitlik doğrusunda daha yakındır. Bu sonuçtan hareketle yine Koçana kazası kırsal yerleşim bölgelerinde Koçana kent merkezine göre daha adil bir gelir dağılımı olduğu ortaya çıkmıştır. Lorenz eğrisinden sonra Kent ve karyeler için Gini katsayıları hesaplanmıştır. Koçana kırsal nüfusu için toplam gelire göre hesaplanan Gini Katsayısı 0,43 olarak bulunmuştur. Bu oran hem Koçana Kenti hem de Koçana'nın toplam nüfusu için hesaplanan Gini katsayılarına göre daha adil bir gelir dağılımını göstermektedir. Yine kullanılabilir gelir dikkate alındığında 0,44 olarak hesaplanan Gini katsayısı orta düzeyde bir gelir dağılımı eşitsizliğini ifade etmektedir. Koçana kent nüfusunda ise Gini katsayısı toplam gelire göre 0,48, kullanılabilir gelire göre ise 0,47'dir.

Bu kitapta 1844 yılı Koçana kazasında 3259 hane olduğu ve bu hanelerin 403'ünün kentte 2856'sının ise kırsal yerleşim bölgelerinde yaşadığı anlaşılmıştır. Osmanlı İmparatorluğu çocuk sayıları düşünüldüğünde 3259 hanenin yaklaşık 10.000 nüfusa eşit olduğu anlaşılmaktadır. Osmanlı ailesinde çok çocukluluk istisnadır. En fazla tekerrür edenler bir, iki, üç çocuklu ailelerdir.[113] 1948 yılında ise Koçana'nın nüfusu 6657 iken 2002'de yapılan nüfus sayımına göre Koçana'nın nüfusu 38.092 olmuştur.[114] Koçana'da 1844'ten 1948'e nüfus azalmıştır. 2002'deki nüfus sayımına göre ise 19.yy'dan günümüze yaklaşık 3 kat artmıştır. Bunun yanı sıra, 1844 yılı Koçana'da hanelerin 48 ayrı meslekten gelirleri olduğu ortaya çıkmıştır. Hanelerin en önemli geçim kaynağı ziraattır ve nüfusun %55,6'sı ziraat ile geçimini sağlamaktadır. Bunun yanında nüfusun %10'unun erbab-ı ticaret, %7'sinin hizmetkarlar, %9'unu çiftlikte yaşayan veya çiftlik sahibi olanlar, %7'sini ise aylakçılar oluşturmaktadır.

Mesleklerin yanı sıra hanelerin ortalama gelirleri de hesaplanmıştır. Buna göre Koçana azasında ortalama gelir 529,7 kuruştur. Koçana'nın kırsal bölgelerinde ise hanelerin ortalama geliri 556,2 kuruş iken Koçana kent merkezinde 341,5 kuruştur. Dolayısıyla kırsal nüfusun ortalama daha çok gelir elde ettiği ve daha zengin olduğu anlaşılmaktadır. Ayrıca Koçana

---

[113] Ahmet Tabakoğlu, **İktisat Tarihi Toplu Makaleler**, İstanbul: Kitabevi, 2005, s.389
[114] Municipality of Kochani, "Economy of Kochani",http://www.kocani.gov.mk/English/naselenie.htm(1.04.2014),s.1

kazasında en zengin hane Molla Abdullah Çiftliği'nin sahibi Molla Abdullah'tır ve geliri 12.441 kuruştur. (Bkz. Tablo 10)

Bu çalışmanın sonucunda Koçana kazasında ekimi yapılan en önemli mahsulün pirinç olduğu ve hanelerin bir çoğunun pirinç yetiştiriciliği veya üretim aşamalarından gelirleri olduğu ortaya çıkmıştır. Bu sonuç, günümüzde Makedonya'daki Koçana'da pirinç yetiştiriciliğinin tarihsel kökeninin en azından 19.yy Osmanlı devleti Üsküp Eyaleti'ndeki Koçana kazasına dayandığı anlaşılmaktadır. Pirincin yanı sıra Tütün(Duhan) yetiştiriciliği de oldukça yaygındır ve ticareti yapılmaktadır.

Temettuat defterleri çalışmalarının bir araya getirilerek incelenmesi veya tüm temettuat çalışmalarının tek bir araştırmada iktisadi ve sosyal analizler için kullanılması 19.yy Tanzimat dönemi Osmanlı Devleti'nin mali ve iktisadi görünümünün net bir şekilde ortaya çıkmasına yardımcı olacaktır.

KAYNAKÇA

Arşiv Belgeleri

Başbakanlık Osmanlı Arşivi, ML.VRD.TMT.d. 15286

Başbakanlık Osmanlı Arşivi, ML.VRD.TMT.d. 15287

Başbakanlık Osmanlı Arşivi, ML.VRD.TMT.d. 15288

Başbakanlık Osmanlı Arşivi, ML.VRD.TMT.d. 15289

Başbakanlık Osmanlı Arşivi, ML.VRD.TMT.d. 15290

Başbakanlık Osmanlı Arşivi, ML.VRD.TMT.d. 15291

Başbakanlık Osmanlı Arşivi, ML.VRD.TMT.d. 15292

Başbakanlık Osmanlı Arşivi, ML.VRD.TMT.d. 15293

Başbakanlık Osmanlı Arşivi, ML.VRD.TMT.d. 15294

Başbakanlık Osmanlı Arşivi, ML.VRD.TMT.d. 15295

Başbakanlık Osmanlı Arşivi, ML.VRD.TMT.d. 15297

Başbakanlık Osmanlı Arşivi, ML.VRD.TMT.d. 15298

Başbakanlık Osmanlı Arşivi, ML.VRD.TMT.d. 15299

Başbakanlık Osmanlı Arşivi, ML.VRD.TMT.d. 15300

Başbakanlık Osmanlı Arşivi, ML.VRD.TMT.d. 15301

Başbakanlık Osmanlı Arşivi, ML.VRD.TMT.d. 15302

Başbakanlık Osmanlı Arşivi, ML.VRD.TMT.d. 15303

Başbakanlık Osmanlı Arşivi, ML.VRD.TMT.d. 15304

Başbakanlık Osmanlı Arşivi, ML.VRD.TMT.d. 15305

Başbakanlık Osmanlı Arşivi, ML.VRD.TMT.d. 15306

Başbakanlık Osmanlı Arşivi, ML.VRD.TMT.d. 15307

Başbakanlık Osmanlı Arşivi, ML.VRD.TMT.d. 15308

Başbakanlık Osmanlı Arşivi, ML.VRD.TMT.d. 15309

Başbakanlık Osmanlı Arşivi, ML.VRD.TMT.d. 15310

Başbakanlık Osmanlı Arşivi, ML.VRD.TMT.d. 15311

Başbakanlık Osmanlı Arşivi, ML.VRD.TMT.d. 15312

Başbakanlık Osmanlı Arşivi, ML.VRD.TMT.d. 15313

Başbakanlık Osmanlı Arşivi, ML.VRD.TMT.d. 15314

Başbakanlık Osmanlı Arşivi, ML.VRD.TMT.d. 15315

Başbakanlık Osmanlı Arşivi, ML.VRD.TMT.d. 15316

Başbakanlık Osmanlı Arşivi, ML.VRD.TMT.d. 15317

Başbakanlık Osmanlı Arşivi, ML.VRD.TMT.d. 15318

Başbakanlık Osmanlı Arşivi, ML.VRD.TMT.d. 15319

Başbakanlık Osmanlı Arşivi, ML.VRD.TMT.d. 15320

Başbakanlık Osmanlı Arşivi, ML.VRD.TMT.d. 15321

Başbakanlık Osmanlı Arşivi, ML.VRD.TMT.d. 15322

Başbakanlık Osmanlı Arşivi, ML.VRD.TMT.d. 15323

Başbakanlık Osmanlı Arşivi, ML.VRD.TMT.d. 15324

Başbakanlık Osmanlı Arşivi, ML.VRD.TMT.d. 15325

Başbakanlık Osmanlı Arşivi, ML.VRD.TMT.d. 15326

Başbakanlık Osmanlı Arşivi, ML.VRD.TMT.d. 15327

Başbakanlık Osmanlı Arşivi, ML.VRD.TMT.d. 15328

Başbakanlık Osmanlı Arşivi, ML.VRD.TMT.d. 15329

Başbakanlık Osmanlı Arşivi, ML.VRD.TMT.d. 15330

Başbakanlık Osmanlı Arşivi, ML.VRD.TMT.d. 15331

Başbakanlık Osmanlı Arşivi, ML.VRD.TMT.d. 15332

Başbakanlık Osmanlı Arşivi, ML.VRD.TMT.d. 15333

Başbakanlık Osmanlı Arşivi, ML.VRD.TMT.d. 15334

Başbakanlık Osmanlı Arşivi, ML.VRD.TMT.d. 15335

Başbakanlık Osmanlı Arşivi, ML.VRD.TMT.d. 15336

Başbakanlık Osmanlı Arşivi, ML.VRD.TMT.d. 15337

Başbakanlık Osmanlı Arşivi, ML.VRD.TMT.d. 15338

Başbakanlık Osmanlı Arşivi, ML.VRD.TMT.d. 15339

Başbakanlık Osmanlı Arşivi, ML.VRD.TMT.d. 15340

Başbakanlık Osmanlı Arşivi, ML.VRD.TMT.d. 15341

Başbakanlık Osmanlı Arşivi, ML.VRD.TMT.d. 15342

Başbakanlık Osmanlı Arşivi, ML.VRD.TMT.d. 15343

Başbakanlık Osmanlı Arşivi, ML.VRD.TMT.d. 15344

Başbakanlık Osmanlı Arşivi, ML.VRD.TMT.d. 15345

Başbakanlık Osmanlı Arşivi, ML.VRD.TMT.d. 15346

Başbakanlık Osmanlı Arşivi, ML.VRD.TMT.d. 15347

Başbakanlık Osmanlı Arşivi, ML.VRD.TMT.d. 15348

Başbakanlık Osmanlı Arşivi, ML.VRD.TMT.d. 15349

Başbakanlık Osmanlı Arşivi, ML.VRD.TMT.d. 15350

Başbakanlık Osmanlı Arşivi, ML.VRD.TMT.d. 15351

Başbakanlık Osmanlı Arşivi, ML.VRD.TMT.d. 15352

Başbakanlık Osmanlı Arşivi, ML.VRD.TMT.d. 15353

Başbakanlık Osmanlı Arşivi, ML.VRD.TMT.d. 15354

Kitaplar

Akgündüz, Ahmet. Öztürk Sait, **Yozgat Temettuat defterleri**, Cilt 1, İstanbul: Yimpaş Holding, 2000

Arı Bülent, Anadolu'da Paranın Tarihi, Ankara: Türkiye Cumhuriyeti Merkez Bankası, 2011

Ertek, Tümay. **Mikro Ekonomi Teorisi**, 1.Basım, İstanbul: Beta Yayınevi, 2009

Faroqhi Suraiya, Osmanlı Tarihi Nasıl İncelenir, Zaynep Altok(çev.), İstanbul: Tarih Vakfı Yurt Yayınları, 1999

Genç, Mehmet. **Osmanlı İmparatorluğunda Devlet ve Ekonomi**, 8.Basım, İstanbul: Ötüken Neşriyat, 2012

Güran, Tevfik. **19.yüzyıl Osmanlı Tarımı**, İstanbul: Eren Yayıncılık,1998

İnalcık, Halil, Seyitdanlıoğlu Mehmet. **Tanzimat Değişim Sürecinde Osmanlı İmparatorluğu**, Ankara: Türkiye İş Bankası Kültür Yayınları, 2008

İnalcık, Halil. **Osmanlı İmparatorluğu Toplum ve Ekonomi**, 3.Basım, İstanbul: Eren Yayıncılık, 2009

Kutlar, Aziz. **Uygulamalı Ekonometri**, 2.Basım, Ankara: Nobel Yayın Dağıtım, 2005

Mutlu, Abdullah. **Tanzimat'tan Günümüze Türkiye'de Vergileme Zihniyetinin Gelişimi**, Ankara: Maliye Bakanlığı Strateji Geliştirme Başkanlığı, Yayın No:2009/390, 2009

Narin, Resul. **Temettuat Defterlerine göre Adapazarı Kazası**, 1.Basım, Sakarya: Sakarya İl Kültür Turizm Müdürlüğü, 2011

Tabakoğlu, Ahmet. **Türkiye İktisat Tarihi**, 9.Basım, İstanbul: Dergâh Yayınları, 2009

Tabakoğlu, Ahmet. **Toplu Makaleler İktisat Tarihi**, İstanbul: Kitabevi, 2005

Turanlı, Rona, İşgüden Tamer. **Ekonomi Sözlüğü**, 1.Basım, Eskişehir: Bilim Teknik Yayın Evi, 1987

T.C. Başbakanlık Devlet Arşivleri Genel Müdürlüğü, **Başbakanlık Osmanlı Arşivi Rehberi**, 3.Baskı, İstanbul: Başbakanlık basımevi, 2010

Ünal, Mehmet Ali. **Osmanlı Devri Üzerine Makaleler-Araştırmalar**, 2.Basım, Isparta: Fakülte Kitabevi, 2008

Makaleler

Bizbirlik Alpay, Atar Zafer. "XIX. Yüzyıl Osmanlı Tarihinde Temettuat Defterleri'nin Yeri: Saruhan Sancağı Mütevelli Çiftliği Temettuat Defteri Örneği", **Sakarya Üniversitesi Fen Edebiyat Dergisi**, 2009, s.37-57

Çağatay, Neşet. "Osmanlı İmparatorluğunda Reayadan Alınan Vergi ve Resimler", **Ankara Üniversitesi Dil ve Tarih-Coğrafya Fakültesi Dergisi**, 1947,s.483-511

Çakır, Coşkun. "Tanzimat Dönemi Vergi Uygulamalarında Karşılaşılan Güçlükler ve Vergi İhtilalleri, İstanbul Üniversitesi", **İstanbul Üniversitesi İktisat Fakültesi Mecmuası**, 2001, s.71-95

Çakmak, Zafer. "1875 Hersek İsyanı", **Fırat Üniversitesi İlahiyat Fakültesi dergisi**, 2003, s.245-246

Tezler

Koyuncu Derviş Tuğrul, Osmanlı Zirai Sektörünün Kapitalist Dünya Pazarlarına Eklemlenmesi, **Yayınlanmamış Yüksek Lisans Tezi**, Osmangazi Üniversitesi SBE, 2010

Okay Meltem, "Hendek Kazası Temettuat Defterleri", **Yayınlanmamış Yüksek Lisans Tezi**, Sakarya Üniversitesi SBE, 2008

Solmaz Emrah, "Osmanlı Tarihi açısından Temettuat defterlerinin önemi üzerine bir inceleme örneği İncir Karyesi Temettuat Defteri", **Yayınlanmamış Yüksek Lisans Tezi**, Selçuk Üniversitesi SBE, 2009

İnternet Kaynakları

Arslan İsmail, "XIX.yy Osmanlı Tarihinde Temettuat defterlerinin yeri: İğdiç Selimağa Köyü Temettuat defteri örneği, Balıkesir Üniversitesi Sosyal Bilimler Dergisi, http://sbe.balikesir.edu.tr/dergi/edergi/c5s8/makale/c5s8m4.pdf", (13 Nisan 2014), s.57-86

Jandarma Genel Komutanlığı, "Jandarma Genel Komutanlığı Tarihçesi", http://www.jandarma.gov.tr/ust_menu/, (12 Haziran 2014)

Kochani Macedonia – "The City of Rice", http://www.whereismacedonia.org/where-to-go-in-macedonia/towns-in-macedonia/35-kocani-macedonia(05.04.2014)

Municipality of Kochani, "Economy of Kochani", http://www.kocani.gov.mk/English/zemjodelstvo.htm(11.04.2014)

Municipality of Kochani, "Ecology of Kochani", http://www.kocani.gov.mk/English/ekologija.htm(11.04.2014)

Municipality of Kochani, "History of Kochani", http://www.kocani.gov.mk/English/istorija.htm(11.04.2014)

Municipality of Kochani, "Population of Kochani", http://www.kocani.gov.mk/English/naselenie.htm(1.04.2014)

Türkiye İstatistik Kurumu, "Gelir ve Yaşam Koşulları Araştırması", http://www.tuik.gov.tr/PreHaberBultenleri.do?id=13594 (05.06.2014)

Türkiye İstatistik Kurumu, "Tanım ve Kavramla-gelir dağılımı eşitsizlik ölçüleri, http://www.tuik.gov.tr/MicroVeri/GYKA_Panel_2011/turkce/metaveri/tanim/gelir-daggiiliimii-essitsizlik-oelccuetleri/index.html" (05.06.2014)

Yükseler Zafer, "2002 Hanehalkı bütçe anketi : Gelir dağılımı ve Tüketim harcamalarına ilişkin sonuçların değerlendirilmesi", Türkiye Ekonomi Kurumu, 2003, http://www.econstor.eu/bitstream/10419/83258/1/dp_2003-06.pdf (03.06.2014)

Sözlükler

Osmanlıca-Türkçe Ansiklopedik Lugat, Asâkir-i Nizamiyye, Ankara: Aydın kitabevi, 2011

Ötüken Türkçe Sözlük, "Dink", İstanbul, Ötüken Neşriyat, 2007

Ötüken Türkçe Sözlük, "Doğancı", İstanbul, Ötüken Neşriyat, 2007

Ötüken Türkçe Sözlük, "Kavaf", İstanbul, Ötüken Neşriyat, 2007

Ötüken Türkçe Sözlük, "Sekban", İstanbul, Ötüken Neşriyat, 2007

Türkçe/Osmanlıca-İngilizce Redhouse Sözlüğü, "Aylakçı", İstanbul: Redhouse yayınevi, 2000

Broşürler

Samsun Valiliği Gıda Tarım ve Hayvancılık İl Müdürlüğü, Çeltik Yetiştiriciliği, 2013

Kolibri 360 GmbH
Ferdinand-Jühlke-Straße 7
99095 Erfurt, Deutschland
produktsicherheit@kolibri360.de

Druck:
CPI Druckdienstleistungen GmbH
im Auftrag der
Kolibri 360 GmbH
Ferdinand-Jühlke-Str. 7
99095 Erfurt